Stéphane Etrillard

Mit Diplomatie zum Ziel

Stéphane Etrillard

Mit Diplomatie zum Ziel

Wie gute Beziehungen Ihr Leben leichter machen

GABAL

Bibliografische Information der Deutschen Nationalbibliothek

Die Deutsche Nationalbibliothek verzeichnet diese Publikation in der Deutschen Nationalbibliografie; detaillierte bibliografische Daten sind im Internet über http://dnb.d-nb.de abrufbar.

ISBN 978-3-86936-473-5

Lektorat: Sabine Rock, Frankfurt am Main | www.druckreif-rock.de
Umschlaggestaltung: Martin Zech Design, Bremen | www.martinzech.de
Satz und Layout: Das Herstellungsbüro, Hamburg | www.buch-herstellungsbuero.de
Druck und Bindung: Salzland Druck, Staßfurt

2. Auflage 2013

www.gabal-verlag.de
www.twitter.com/gabalbuecher
www.facebook.com/Gabalbuecher

Inhalt

Einleitung

Beziehungen zu anderen Menschen gehören zweifellos zu den wichtigsten Dingen in unserem Leben – allen voran die privaten Beziehungen: zur Familie, zum Lebenspartner und zu Freunden. Aber auch die Kontakte im Berufs- und Geschäftsleben sind wichtig. Funktionierende Beziehungen geben uns Halt, machen uns glücklich und zufrieden, fangen uns auf, wenn wir einmal in Not sind, und machen das Leben leichter.

Doch es ist nicht immer einfach, gute Beziehungen aufzubauen und diese dauerhaft zu erhalten. Manchmal stehen wir uns selbst im Weg, manchmal missglücken wichtige Gespräche, manchmal wirken wir auf andere ganz anders als gedacht, manchmal gibt es Missverständnisse, die niemand bemerkt, und manchmal hat einer der Beteiligten seine Emotionen nicht unter Kontrolle und sagt etwas, das ihm später leidtut. Dann scheitern viele Beziehungen, noch bevor sie überhaupt richtig angefangen haben. Bestehende Beziehungen nehmen vielleicht Schaden oder gehen gar ganz in die Brüche.

Doch solche Entwicklungen sind keine unabänderlichen Naturphänomene. Wir können sie beeinflussen und haben es letztlich selbst in der Hand, wie wir die Beziehungen zu unseren Mitmenschen gestalten. Die Kunst der Diplomatie halte ich für eines der wirkungsvollsten Mittel, um gute Beziehungen zu gestalten. Diplomatie hat keineswegs nur für die politischen Bande zwischen Staaten eine Bedeutung; ihre Prinzipien lassen sich auch direkt auf unsere persönlichen Beziehungen übertragen. Und das Beste daran: Jeder kann die Kunst der Diplomatie erlernen und im Alltag anwenden. Sie ist kein starres Regelwerk für politische Funktionsträger und auch kein verstaubter Polit-Knigge. Sie beschreibt vielmehr eine ganz bestimmte Einstellung zu sich selbst und zum Gegenüber.

Ausschlaggebend sind dabei vor allem Aspekte wie gegenseitige Wertschätzung, faire Kommunikation, Aufmerksamkeit und Interesse für den anderen sowie die eigene Charakterstärke – und diese Punkte gehen uns alle an. Diplomatische Grundsätze lassen sich auf alle Arten von zwischenmenschlichen Beziehungen übertragen, ganz gleich, ob Ihr Gegenüber ein Kollege, eine Vorgesetzte, eine gute Freundin, ein Familienmitglied, Ihr Lebenspartner oder ein wichtiger Geschäftskontakt ist.

Deshalb möchte ich Ihnen in diesem Buch die Kunst der Diplomatie nahebringen und Ihnen zeigen, was Sie von Diplomaten lernen können, um im Privat- und Berufsleben gute Beziehungen aufzubauen und zu festigen. Dabei werden Sie eine Menge über sich selbst erfahren und nach der Lektüre Ihre Mitmenschen vielleicht mit anderen Augen sehen. Sie werden lesen, wie Sie Ihr eigenes Auftreten und Ihre Überzeugungskraft verbessern und mit Emotionen richtig umgehen, wenn diese außer Kontrolle zu geraten drohen. Auch die zentrale Bedeutung eines guten Gespräches und einer fairen Kommunikation wird ein Thema sein. Und Sie werden sehen, wie Sie mithilfe der Diplomatie schwierige Situationen und heikle Gespräche souverän meistern und dabei Ihre persönlichen Ziele verwirklichen.

Denn eines dürfen Sie nicht vergessen: Diplomatie bedeutet nicht, stets zurückhaltend, sanft und nachgiebig zu sein und die eigenen Bedürfnisse immer zurückzustellen. Diplomatie ist vielmehr eine besondere Art der Durchsetzungskraft: mit leisen Tönen, Konsequenz und Fairness und mit einem feinen Gespür für das Gegenüber und die Situation.

Nutzen Sie also die Kunst der Diplomatie, um Ihre Ziele zu erreichen und dabei die Beziehungen zu Ihren Mitmenschen zu stärken!

Ich wünsche Ihnen eine aufschlussreiche und anregende Lektüre.

Ihr Stéphane Etrillard

1. »Dann mach doch deinen Kram alleine!« – wie Streit entsteht

»Komm, lass mich das doch schnell erledigen.«
»Nein danke, mir macht das Spaß.«
»Aber bei dir dauert das doch Ewigkeiten. Außerdem benutzt du das falsche Werkzeug.«
»Ja, ich weiß schon, du kannst alles besser als ich.«
»Was soll denn das jetzt heißen? Ich will dir doch nur helfen.«
»Ich will deine Hilfe aber jetzt gar nicht.«
»Donnerwetter, bist du kompliziert! Statt da ewig rumzufummeln, könnte ich das in fünf Minuten erledigen.«
»Ich will gar nicht in fünf Minuten fertig sein, kapierst du das nicht!?«
»Jetzt motz mich doch nicht gleich so an!«
»Dann lass mich doch einfach in Ruhe!«
»Lass dir doch einfach mal helfen! – Manchmal verhältst du dich wirklich eigenartig.«
»Wer sich hier eigenartig benimmt, das bist du!«
»Dann mach doch deinen Kram alleine!«

Ein paar wenige, unbedachte Sätze – und schon haben die beiden den Salat und stecken mitten in einem Beziehungskonflikt. Dabei ging es ursprünglich lediglich darum, ein Fahrrad zu reparieren. Die Ursachen für das Dilemma? Vielleicht war einer der beiden ohnehin auf Streit gebürstet, auf jeden Fall fehlte es beiden an Weitsicht und Fingerspitzengefühl und sie schossen mit ihren Formulierungen weit übers Ziel hinaus.

Etliche Gespräche sind erstaunlich ineffektiv, kosten Zeit und Nerven – und oft auch Geld –, machen die Sachlage nur noch komplizierter und tragen nicht gerade dazu bei, irgendetwas zu klären. Manchmal steckt man urplötzlich mittendrin in einer eskalierenden Situation und fragt sich: Wie bin ich bloß hier hineingeraten? Und wie komme ich sauber wieder heraus? Die zweite Frage ist beinahe noch wichtiger, schließlich möchte niemand einen Scherbenhaufen hinterlassen. Auch wenn ein Wort zum anderen kommt und sich die Emotionen so lange hochschaukeln, bis sie schließlich überkochen – es muss eine Möglichkeit geben, die Situation wieder zu entschärfen. Denn mit den meisten Menschen wollen oder müssen wir eine gemeinsame Basis (wieder)finden, um einander ohne Frust und Zorn begegnen zu können. Alles andere würde nur zu größten Spannungen führen.

Ist die Beziehung zu einem anderen Menschen belastet oder gar zerstört, bedeutet das in jedem Fall unnötigen Stress. Und oft sind die Folgen gravierend. Ihrem Nachbarn, den Sie einmal grundlos angeraunzt haben, können Sie vielleicht noch aus dem Weg gehen. Doch Sie werden jedes Mal, wenn Sie an seiner Wohnung vorbeikommen, an ihn denken und sich ärgern. Auf Dauer ist auch das ermüdend. Bei einem Arbeitskollegen oder Vorgesetzten wird die Sache noch wesentlich schwieriger: Ist die Basis erst einmal zerstört, kostet es größte Mühen, sie wieder zu kitten. Meist wird keiner der beiden Streithähne dazu bereit sein, Vergangenes vergangen sein zu lassen und voller Besonnenheit einen Neuanfang einzuleiten. In solchen Fällen kostet die zerrüttete Beziehung uns nicht nur Nerven, sondern oft auch noch Geld und manchmal sogar den Job.

In unserem Privatleben ist es nicht minder prekär: Beziehungskonflikte entzünden sich oft an kleinen Belanglosigkeiten. Schon ein einziges (falsches) Wort kann hier einen gehörigen Krach auslösen. Dann braucht es viele gute Worte, viel Geduld und viel Einfühlungsvermögen, um die Wogen wieder zu glätten. So richtig clever ist es also nicht, sich zuerst wie der Elefant im Porzellanladen zu verhalten und anschließend die Scherben mühsam wieder aufzusammeln und notdürftig zusammenzukleben. Eine ernsthaft beschädigte Beziehung lässt sich oft nur mit größerem Aufwand und manchmal auch überhaupt nicht mehr reparieren.

Manche Menschen resignieren deshalb und beißen sich lieber auf die Lippen, als ein vermeintlich falsches Wort zu sagen. Andere verheddern sich in ewigen, nervtötenden Diskussionen und reden dabei hoffnungslos aneinander vorbei. Bei aufbrausenden Temperamenten fliegen schnell die Fetzen, es hagelt gegenseitige Vorwürfe und Verletzungen. Der Anlass für diese Streitereien und Missverständnisse ist oft nichtig, und wenn ein völlig harmloses, ganz alltägliches Gespräch plötzlich in eine unerwartete Richtung geht, ist es meistens schon zu spät. Ist erst einmal ein handfester Streit entbrannt, weiß nachher niemand mehr, wie das Ganze überhaupt begonnen hat. Der ursprüngliche Funke gerät schnell in Vergessenheit, weil nun ein ganzer Flächenbrand zu löschen ist. Wo es an Weitsicht, Einfühlungsvermögen und Fingerspitzengefühl mangelt, laufen Gespräche schnell aus dem Ruder, kurz: Es fehlt an Diplomatie.

Diplomatie ist kein Zaubermittel. Wer es jedoch versteht, diplomatisch aufzutreten und zu reden, wird im Leben auf wesentlich weniger Widerstand stoßen und seltener (ungewollt) in Konflikte hineingeraten. Statt Beziehungen zu belasten oder im Extremfall sogar zu ruinieren, wird der diplomatisch auftretende Mensch seine Beziehungen nicht nur besser aufrechterhalten, sondern sogar stärken. Das ist nicht nur in alltäglichen Situationen von großer Bedeutung. Vor allem dann, wenn es darum geht, schwierige Gespräche souverän zu meistern, gute Lösungen zu finden, sich durchzusetzen und andere zu überzeugen, ist ein diplomatischer Ansatz genau richtig. Wer so agiert, läuft kaum Gefahr, verbrannte Erde zu hinterlassen.

2. Was wir von Diplomaten lernen können

Über die Diplomatie wird gerne gesagt, sie sei das zweitälteste Gewerbe der Welt. Sie ist sicherlich fast so alt wie die Menschheit – und dafür gibt es einen guten Grund: Wo auch immer sich Menschen zu Gruppen zusammengeschlossen haben, hat es sich als vorteilhaft erwiesen, Beziehungen zu anderen Gemeinschaften aufzunehmen und zu pflegen. Das war die Geburtsstunde der Diplomatie. Wo keine Möglichkeit besteht, Probleme auf diplomatischem Wege zu lösen, bleibt (bis heute) nur der Griff zu den Waffen. Fehlende oder schlechte diplomatische Beziehungen konnten also lebensgefährlich sein. Zwar hieß das Ganze in der Frühzeit noch nicht Diplomatie, doch das Prinzip hat sich seitdem kaum geändert. Allerdings ist die moderne Diplomatie – also das Führen von Verhandlungen zwischen bevollmächtigten Repräsentanten verschiedener Gruppen oder Nationen – mittlerweile wesentlich professioneller als in den Anfängen und folgt auch klareren Regeln.

Diplomatie ist fast so alt wie die Menschheit.

Erstaunlich ist, dass es Diplomatie zwar schon immer gab, es jedoch recht lange dauerte, bis sie zur festen Institution von Staaten wurde. Bis die europäischen Monarchen verstanden hatten, dass es klüger ist, mehr in die Vermeidung von Auseinandersetzungen mithilfe diplomatischer Mittel zu investieren, verging viel Zeit. Die moderne Diplomatie geht auf die norditalienischen Stadtstaaten der frühen Renaissance zurück. Die ersten Botschaften wurden im 13. Jahrhundert gegründet. Bis ein erstes Übereinkommen mit klaren Regeln für die gegenseitige Anerkennung von Diplomaten getroffen wurde, sollte es sogar noch bis zum Jahr 1815 dauern. Und die zwischenstaatliche Diplomatie, wie wir sie heute kennen, existiert tatsächlich erst seit dem Wiener Abkommen von 1961.

Der lange Weg in den diplomatischen Dienst

Die Diplomatie wurde also seit Menschengedenken fast immer genutzt, um sich durch gute Beziehungen zu schützen und Vorteile zu sichern. Heute gilt der Diplomat vielen als Traumberuf, auch weil sein »Arbeitsplatz die Welt ist«, wie es gerne heißt. Tatsächlich gelingt es nur wenigen, sich für den Beruf des Diplomaten zu qualifizieren, denn die Anforderungen sind enorm hoch, und das aus gutem Grund. Deutsche Diplomatinnen und Diplomaten sind an 230 Auslandsvertretungen weltweit eingesetzt, alle drei Jahre wechseln sie den Einsatzort und das Sachgebiet. Bis dahin ist es jedoch ein weiter Weg. Bewerber werden bei einem Aufnahmetest des Auswärtigen Amts auf Herz und Nieren geprüft.

Besonders der Wissenstest in den Kategorien Völker-, Europa- und Staatsrecht, Wirtschaftswissenschaften, Geschichte und Politik sowie Allgemeinwissen ist eine harte Nuss. Doch auch damit haben es die angehenden Diplomaten noch lange nicht geschafft. Wenn sie die Wissensfragen erfolgreich hinter sich gebracht haben, prüft die Behörde die Fremdsprachenkenntnisse. Schulenglisch und -französisch reichen bei Weitem nicht aus, um auch diese Runde zu überstehen. Beim anschließenden Aufsatz zu einem vorgegebenen Thema müssen die Bewerber wieder viel eigenes Wissen einfließen lassen. Danach durchleuchtet ein psychologischer Eignungstest die geistige Verfassung der potenziellen Diplomaten. Allein der schriftliche Teil dauert drei Stunden, der Haupttest einen ganzen Tag.

Wer den Aufnahmetest besteht, den erwartet ein Jahr Vollzeitunterricht in der Diplomatenschule. Hier stehen Geschichte, Politik, Völkerkunde und Volkswirtschaft auf dem Stundenplan. Doch auch wer dieses Jahr erfolgreich überstanden hat, ist noch längst kein Diplomat. Denn jetzt absolvieren die Teilnehmer ein Jahr lang ein Praktikum im Auswärtigen Amt, um sich auf ihre Arbeit im Amt vorzubereiten. Dann folgt eine Laufbahnprüfung, die es in sich hat – und erst mit bestandener Prüfung ist die Übernahme in den diplomatischen Dienst besiegelt.

Der Beruf des Diplomaten ist sowohl in fachlicher als auch in persönlicher Hinsicht eine große Herausforderung.

Doch noch sind die Absolventen keine Botschafter. Sie erhalten nun einen ersten Posten, zum Beispiel als Pressereferent in Nairobi, als Referentin für Rechts- und Konsularwesen in Wilna oder vielleicht auch als Vertreter des Botschafters in einem sehr kleinen Land. Bis der Neuling im diplomatischen Dienst selbst Chef einer Botschaft wird – und das zunächst in einer kleinen Auslandsvertretung –, vergehen meist rund 15 Jahre. Vom ersten Tag an ist der diplomatische Dienst geprägt vom Wechsel zwischen In- und Ausland, wobei auch das jeweilige Arbeitsgebiet sich ändern kann. Alle Bediensteten des Auswärtigen Amtes können an jedem Platz der Welt eingesetzt und mit jeder Aufgabe ihrer Laufbahn betraut werden. Eine Beschränkung auf einen bestimmten Arbeitsbereich oder eine bestimmte Region ist nicht möglich.

Interessenten für die Diplomatenlaufbahn müssen daher mehr mitbringen als ein überdurchschnittliches Allgemeinwissen und eine ausgezeichnete Auffassungsgabe. Ein Hochschulstudium (mindestens mit einem Master oder einem vergleichbaren Abschluss) ist ein Muss. Gefragt sind stabile Persönlichkeiten mit strategischem Weitblick, einem ausgeprägten Sinn für Zusammenhänge und großer intellektueller Flexibilität, die sich schnell in neue Sachverhalte einarbeiten und diese nicht nur verstehen, sondern auch Gestaltungsspielräume erkennen und konkrete Handlungsvorschläge machen können. Nicht minder wichtig sind eine hohe soziale und interkulturelle Kompetenz, ein ausgeprägtes Kommunikationsverhalten, ein insgesamt souveränes Auftreten sowie eine sowohl körperlich als auch psychisch überaus robuste Konstitution. Von Diplomaten wird erwartet, dass sie fremde Kulturen, Systeme und Menschen verstehen, die eigenen Interessen freundlich, jedoch nachdrücklich vertreten und Gemeinsamkeiten als Grundlage für konstruktive Problemlösungen finden.

Die Anforderungen an Diplomaten sind also außergewöhnlich hoch. Und längst nicht jeder hat das Zeug zum Botschafter. Von den 1200 bis 1600 Bewerbern, die sich jedes Jahr dem Auswahlverfahren beim Auswärtigen Amt stellen, bleiben am Ende nur 35 bis 45 übrig, die tatsächlich die Ausbildung beginnen. Aber das sollte uns als »Normalbürger« nicht allzu sehr beeindrucken oder gar abschrecken. Auch wenn wir selbst den Test vielleicht nicht bestehen würden, können wir das Wissen der Diplomaten wunderbar für uns selbst nutzen. Dabei stehen vor allem die Grundsätze der diplomatischen Kommunikation und das persönliche Verhalten in Gesprächen im Vordergrund. Diplomatisches Geschick ist heute aus gutem Grund so gefragt wie nie.

Was auf Staaten zutrifft, gilt auch für private und berufliche Beziehungen

Diplomatie meint ursprünglich die Pflege der Beziehungen zwischen Staaten durch Verhandlungen und die dabei angewandten Methoden. Wer diplomatisch vorgeht, möchte auf diese Weise die eigenen Ziele erreichen, ohne dabei die Beziehung zum Gesprächspartner zu belasten. Angespannte Beziehungen stellen immer eine Belastung für künftige Gespräche und Verhandlungen dar und behindern eine effektive Kommunikation. Was für die Diplomatie zwischen Staaten zu-

Diplomatisches Geschick ist auch außerhalb der staatstragenden Beziehungspflege gefragt.

trifft, gilt in gleicher Weise für die Kommunikation im Beruf und in ganz alltäglichen privaten Situationen. Die Kunst der Diplomatie beherrschen allerdings nur wenige Menschen richtig, was in der Praxis oft zu Kommunikationsstörungen führt – die wiederum Konflikte, Missverständnisse, Demotivation und Vertrauensverlust nach sich ziehen können.

Mit Taktgefühl heikle Gesprächssituationen zu meistern und Gespräche so zu führen, dass sie auf keinen Fall eskalieren – das ist längst nicht jedem Menschen gegeben. Von der Kunst der Diplomatie kann deshalb fast jeder profitieren. Statt mit der Brechstange vorzugehen, ist es weitaus effektiver und auch weitsichtiger, eine für beide Seiten akzeptable Lösung zu finden, also ein Ergebnis zu erzielen, das den eigenen Zielsetzungen gerecht wird und gleichzeitig die Interessen der Gesprächspartner berücksichtigt. Das wesentliche Ziel der Diplomatie besteht darin, gute, stabile und belastbare Beziehungen herzustellen, sie zu erhalten und sie möglichst weiter auszubauen. Das ist jedoch einfacher gesagt als getan. Damit es gelingt, ist permanente Aufmerksamkeit gefordert. Und hierbei geht es nicht nur um die Befindlichkeiten des anderen, sondern primär um die eigenen Emotionen. Wer die eigenen Gefühle und ihre Ursachen nicht kennt und entsprechend gut einschätzen kann, fährt leichter aus der Haut und vergreift sich im Ton. Und damit werden unter Umständen langwierige Bemühungen mit einem Schlag wieder zunichtegemacht. Es kann also nicht schaden, sich mit diplomatischer Kommunikation zu beschäftigen und die wesentlichen Prinzipien anzuwenden.

Die Kunst der Diplomatie hilft im beruflichen wie im privaten Alltag, Gespräche erfolgreich zu führen und Beziehungen zu stärken.

Diese Prinzipien klingen zunächst recht einfach. Unverzichtbar für eine diplomatische Gesprächsführung ist es:

- jeden Gesprächspartner grundsätzlich ernst zu nehmen und ihm aufmerksam zuzuhören;

- den Gesprächspartner in jeder Situation sein Gesicht wahren zu lassen und ihn nicht unnötig in die Enge zu treiben;
- einen Gesprächspartner niemals vor anderen bloßzustellen;
- in allen Gesprächen und Verhandlungen nach Vorteilen für beide Seiten zu suchen, um so eine Win-win-Situation zu schaffen;
- die Absichten und Wünsche aller Beteiligten möglichst gut zu kennen und zutreffend einschätzen zu können;
- einen langfristigen Nutzen im Blick zu behalten, statt durch kurzfristige (Einmal-)Erfolge dauerhafte Nachteile in Kauf zu nehmen;
- das gegenseitige Vertrauen auszubauen und sich als glaubwürdiger Gesprächspartner zu erweisen;
- wenn es darauf ankommt, schweigen zu können.

Wie sehr dieser letzte Punkt von Diplomaten beachtet wird, zeigt sich übrigens darin, dass viele gelungene Schachzüge der Diplomatie niemals bekannt geworden sind – eben weil sie von den Protagonisten nicht an die große Glocke gehängt wurden. Der Hintergrund all dieser diplomatischen Prinzipien: Man möchte die Beziehungen zum Gesprächspartner möglichst dauerhaft erhalten und sie stärken. Denn wenn eine Beziehung tatsächlich einmal abgebrochen wird, bleiben uns nicht mehr allzu viele Möglichkeiten, sie zu retten.

3. Wenn das Tischtuch zerschnitten ist

Wenn Menschen sich derart entzweien, dass eine Versöhnung unmöglich erscheint, heißt es, das Tischtuch zwischen ihnen sei zerschnitten. Diese Redensart kommt ursprünglich aus dem Mittelalter. Damals wurde bei Ehescheidungen das von den beiden Partnern gehaltene Tischtuch in der Mitte zerschnitten. Obwohl sich die Zeiten geändert haben, ändert das nichts am Ergebnis: Wo diese Redensart heute zutrifft, gibt es offenbar unüberbrückbare Differenzen. Der persönliche Umgang wird abgebrochen oder auf das Unvermeidliche reduziert. In einigen Situationen mag das der einzig konsequente Schritt sein. In vielen anderen bringt es Nachteile für beide Seiten und war oft in dieser drastischen Form auch gar nicht gewollt. Gehen Beziehungen – berufliche oder private – in die Brüche, entsteht Stress und es geht ein wichtiger Rückhalt verloren.

Der Mensch ist ein Beziehungswesen und strebt nach Kooperation, Zugehörigkeit und Anerkennung. Belastete Beziehungen versetzen ihn in eine Art Alarmzustand.

Menschen sind per se keine Einzelkämpfer, sie zeichnen sich vielmehr durch ihre Fähigkeit zur Kooperation aus. Tatsächlich fühlen sich Menschen am wohlsten, wenn sie auf stabile Beziehungen setzen können und Teil einer soliden Gemeinschaft sind. Der Mensch ist also schon seiner Veranlagung nach voll und ganz ein Beziehungswesen und strebt nach Kooperation, Zugehörigkeit und Anerkennung. All dies finden wir in stabilen Beziehungen. Das gibt uns Sicherheit.

Sind die Beziehungen jedoch belastet, befinden wir uns in einer Art Alarmzustand. Gute Beispiele für diesen Alarmzustand sind Beziehungskrisen, Mobbing am Arbeitsplatz oder belastete Freundschaften – in all diesen Fällen stehen die Betroffenen unter starkem Druck. Dieser kann sich zu erheblichem Leidensdruck ausweiten, die Leistungsfähigkeit und Motivation deutlich reduzieren und sogar krank machen. Genau das ist übrigens auch der Grund dafür, dass weitsichtige Unternehmen heute verstärkt in ein positives Betriebsklima investieren. Das liegt weniger daran, dass ihnen das Wohl ihrer Mitarbeiter so sehr am Herzen liegt. Vielmehr ist inzwischen klar, dass eine gute Atmosphäre am Arbeitsplatz nachweislich den Krankenstand vermindert und zugleich die Produktivität erhöht.

Wie Feindbilder entstehen

Gute Beziehungen sind eine Bereicherung für uns, die das Leben angenehmer und leichter machen. Sie sind vor allem dann gefährdet, wenn es im Gespräch zu persönlichen Verletzungen kommt. Eigentlich wissen das alle und sollten diese Verletzungen tunlichst vermeiden. Dennoch zielen viele Menschen im Eifer des Gefechts immer wieder unter die Gürtellinie. Das geschieht meist nicht aus heiterem Himmel, sondern nach einem mehr oder weniger langen Vorspiel. Dieses Vorspiel könnte beispielsweise so aussehen: In der Abteilung eines Büros geht es drunter und drüber und alle Mitarbeiter wissen, dass am nächsten Tag unendlich viel Arbeit anfallen wird. Ein Kollege, der ein wenig reserviert und schon deshalb nicht sehr beliebt ist, hat dummerweise ausgerechnet an diesem Morgen auf dem Weg zur Arbeit eine Autopanne. Als Folge kommt er mehr als eine Stunde zu spät ins Büro. Seine Kollegen sind verständlicherweise alles andere als begeistert und tuscheln hinter seinem Rücken über den »Zuspätkommer«. Einige Monate später kommt es zu einer ganz ähnlichen Situation: Wieder hat die ganze Abteilung alle Hände voll zu tun und wieder kommt derselbe Kollege zu spät ins Büro. Auch diesmal ist es nicht seine Schuld, doch will davon niemand etwas hören. Auch scheinen alle vergessen zu haben, dass der Kollege in all den Jahren überhaupt nur zweimal zu spät kam. Doch jetzt hat er seinen Ruf weg: Er ist nun der Zuspätkommer, auf den kein Verlass ist, wenn jeder gebraucht wird. Hinter vorgehaltener Hand wird also tüchtig gelästert.

So entsteht allmählich ein Feindbild. Schon bald kann der Mitarbeiter machen, was er will, bei jeder Gelegenheit heißt es: »Das ist mal wieder typisch für den!« Und hat sich erst einmal ein solches Feindbild manifestiert, haben alle, die sich darauf eingeschossen haben, eine verzerrte Wahrnehmung. Die Objektivität geht völlig verloren; stattdessen entwickelt das Ganze eine negative Eigendynamik mit reichlich (Fehl-)Interpretationen, Wertungen, Unterstellungen, Urteilen und Vorurteilen. Was sich zunächst gegen einen richtet, greift in vielen Fällen schnell weiter um sich, bis im gesamten Büro dicke Luft herrscht.

Vor allem persönliche Verletzungen belasten und gefährden eine Beziehung.

Kaum jemand behält Ärger und Frust für sich, im Gegenteil: Wer sich ärgert, wird möglichst vielen davon berichten – und er wird dabei selten objektiv bleiben. Er wird vielmehr die Situation einseitig und mit allerlei Wertungen und Unterstellungen gewürzt weitertragen. Eine Lappalie wie das zweimalige Zuspätkommen zieht so weite Kreise und infiziert nach und nach einen größeren Teil der Belegschaft. Derjenige wiederum, der in die Schusslinie geraten war, wird sich wehren und seinerseits Verbündete suchen. Es entstehen also ständig neue Fronten und kaum jemandem wird mehr bewusst sein, wie das Ganze überhaupt angefangen hat. Niemand argumentiert noch sachlich, es kommt vielmehr zu persönlichen Verletzungen, was die Beziehung schwer belastet und sie schließlich zerstört – das Tischtuch ist zerschnitten.

Ärger und Konflikte kosten Kraft

So oder ähnlich entstehen und verlaufen tagtäglich viele unnötige Konflikte, die letztlich alle Betroffenen belasten. Eine Stunde Ärger kostet mehr Energie als ein ganzer Tag Arbeit. Dauerhafter Ärger bringt letztlich alles durcheinander – die Arbeitsabläufe, den Zeitplan, das Privatleben, die Gesundheit – und mindert merklich die Lebensfreude. Es kommt sogar häufig vor, dass jemand, der jahrelang gern zur Arbeit gegangen ist, die Lust daran vollkommen verliert, weil ein Konflikt alles zerstört hat. Und selbst wenn ein andauernder Konflikt für alle ermüdend geworden ist und sie sich eine Lösung wünschen, ist es gar nicht so einfach, einen Neuanfang zu machen. Gerade persönliche Verletzungen lassen sich nicht nebenbei wieder kitten. Selten wird jemand den Anfang machen und über seinen eigenen Schatten springen, schließlich ist ja immer der andere schuld. Oft wollen die Beteiligten lange Zeit gar keine Lösung; sie halten den anderen ohnehin für unfähig und betrachten ihn als Quelle allen Übels. Dass Kollegen in Unternehmen oft noch in Konkurrenz zueinander stehen, macht die Sache auch nicht einfacher.

Belastete Beziehungen kosten Energie, Zeit und Geld und beinträchtigen die Lebensfreude und die Gesundheit.

Wenn schließlich nur noch ein Scherbenhaufen übrig ist, kommt es oft zu Selbstvorwürfen: »Wie konnte ich nur so blöd sein? Warum habe ich damals bloß nicht den Mund gehalten?« Doch inzwischen ist das Kind längst in den Brunnen gefallen. Letztlich gibt es zwei Probleme:

1. Durch undiplomatisches Verhalten inklusive persönlicher Angriffe, die jede Beziehung schädigen, wird eine destruktive Spirale in Gang gesetzt.

2. Nachdem es zu persönlichen Verletzungen gekommen ist, tun sich die Beteiligten schwer, den ersten Schritt in Richtung

Deeskalation zu tun. Doch wer auf den ersten Schritt des anderen wartet, wartet meist vergeblich.

Die klügste Vorgehensweise ist natürlich die, es erst gar nicht so weit kommen zu lassen. Das gelingt mit einer bewussten Kommunikation und einem weitsichtigen Verhalten im Gespräch, also mit Diplomatie. Doch es fällt längst nicht nur Streithähnen schwer, sich in alltäglichen und speziellen Situationen weniger impulsiv und dafür cleverer zu verhalten. Auch eher ruhige Zeitgenossen fallen hin und wieder aus der Rolle. Letztendlich gibt es zur Diplomatie nur zwei Alternativen: Die erste sind häufige und lang andauernde Konflikte und belastete persönliche Beziehungen. Diese Variante klingt nicht sehr attraktiv. Die zweite Möglichkeit besteht darin, den angerichteten Scherbenhaufen im Nachhinein wieder aufzusammeln und mühsam zusammenzuflicken. Das ist anstrengend, immer schwierig und manchmal sogar völlig aussichtslos.

Feindseligkeit macht krank

Nach einem Konflikt reinigt eine Versöhnung die Beziehungen zwischen den Menschen von belastenden Emotionen und macht einen Neuanfang möglich. Doch die Versöhnung sorgt nicht nur dafür, dass Beziehungen nicht mehr mit alten Hypotheken belastet sind – sie ist auch gut für unsere Gesundheit. Nach bewältigten Konflikten können die Menschen einander wieder unbelastet gegenübertreten. Sie können noch einmal neu anfangen. Das führt zu einem verbesserten Wohlbefinden und sorgt für ein geringeres Krankheitsrisiko. Denn chronische Feindseligkeit, Hass und Groll machen auf Dauer krank. Das bestätigt auch eine Studie der US-amerikanischen Brown University*. Demnach führt eine feindselige Haltung gegenüber Mitmenschen eher zu einem höheren Herzinfarktrisiko als Fettleibigkeit, Rauchen oder hohe Blutfettwerte. Der Stress infolge fortdauernder Konflikte begünstigt Erkrankungen wie z. B. Herzleiden,

⇨

Asthma, Bluthochdruck und Reizdarmsyndrom. Außerdem können negative Gefühle den Hormonhaushalt beeinflussen und das Immunsystem schwächen. Die Bereitschaft zur Versöhnung stärkt also nicht nur das soziale Miteinander, sie ist auch eine echte Gesundheitsressource und schützt uns vor Krankheiten.

* Die Studie der Forscher von der Brown University in Providence (US-Bundesstaat Rhode Island) wurde im Jahr 2010 im Fachjournal »Health Psychology« (Bd. 21, Nr. 6) veröffentlicht.

Die Scherben wieder aufsammeln

Selbst wenn der Wille durchaus vorhanden ist: Es ist eine echte Herausforderung, sich nach einem eskalierten Streit wieder zu versöhnen. Dabei hat die Versöhnung eine überaus reinigende Wirkung. Schließlich geht es darum, sich von negativen Gefühlen gegenüber dem anderen zu befreien und eine einmal angenommene Opferrolle (»Du bist schuld!«) wieder abzulegen. Das bringt für alle Beteiligten ausschließlich Vorteile: Nach einer Versöhnung stellt sich ein Gefühl der Erleichterung und Zufriedenheit ein, das Selbstwertgefühl wird positiver und den Beteiligten fällt ein Stein vom Herzen. Die emotionale Belastung durch Groll, Hass und Schuldgefühle lässt sofort nach und dadurch wird reichlich Energie freigesetzt. Die Menschen können wieder unbelasteter zusammenarbeiten und sich unvoreingenommener begegnen. Ein Neuanfang ist möglich. Kommt es hingegen nicht zur Versöhnung, beschäftigt uns das »Feindbild« weiter und bindet Energie, die an anderer Stelle fehlt.

Es gibt also viele gute Gründe, die für eine Versöhnung und einen Neuanfang sprechen. Nur gelingt es im Alltag oft eben nicht, den ersten Schritt in die richtige Richtung zu gehen. Die Behauptung, dass zahlreiche berufliche und private Beziehungen letztlich gegen den Willen der Beteiligten zerbrechen, ist sicherlich zutreffend. Spätestens dann, wenn es infolge eines Konflikts mehrfach zu persönlichen Verletzungen gekommen ist, gibt es manchmal kein Zurück mehr. Falls doch, wird den Kontrahenten viel abverlangt. Sie müssen sich immer wieder selbst zur Nachsicht mahnen. Sie brauchen unendlich viel Geduld, höchste Aufmerksamkeit und werden jedes Wort auf die Goldwaage legen. So wird jeder Versöhnungsprozess zu einem Balanceakt mit ungewissem Ausgang. Ein falsches Wort, eine unbedachte Handlung – und schon rücken die Kontrahenten nach zaghafter Annäherung wieder weit voneinander ab. Die Beziehung ist überaus fragil und kann jederzeit erneut Schaden nehmen – und das alles nur infolge früherer Fehler und Unachtsamkeiten. Eine Versöhnung erfordert viel Kraft und Stärke. Oft scheint es leichter zu sein, an alten Mustern festzuhalten, nichts zu tun und einen Konflikt weiter schwelen zu lassen, statt den ersten Schritt zu gehen. Zermürbende Streitereien ohne Ende sind die Konsequenz.

Es ist sehr schwierig, einen Riss in einer Beziehung wieder zu kitten.

Etwas mehr Diplomatie könnte vielen Menschen also eine Menge an Scherereien ersparen. Sie trägt sicher dazu bei, die Beziehungen der Menschen untereinander stabil zu erhalten. Dauerhaft gute und stabile Beziehungen, die frei von größeren Belastungen sind, sind für uns alle vorteilhaft. Oft entscheiden sie über die persönliche Zufriedenheit und auch über den beruflichen Erfolg. Gute Beziehungen steigern also unsere Lebensqualität. Wer sie durch ein undiplomatisches Verhalten leichtfertig aufs Spiel setzt, schadet vor allem sich selbst und handelt damit wenig weitsichtig.

4. Gute Beziehungen

Was ist überhaupt eine »Beziehung«? Schon der Begriff selbst ist ein wenig unscharf und wird oft in völlig unterschiedlicher Weise gebraucht. Wir haben eine Beziehung zum Bäcker nebenan, bei dem wir täglich unsere Brötchen kaufen, und zum Lebenspartner, mit dem wir vielleicht schon seit zehn Jahren zusammenleben. Manche Beziehungen sind für uns geradezu essenziell, andere sind wichtig, einige erscheinen uns zumindest auf den ersten Blick weniger bedeutend. Es gibt Beziehungen, die ein Leben lang oder doch viele Jahre überdauern, und flüchtige, die nach einigen Monaten schon wieder vergessen sind. Der Begriff ist zwar der gleiche, was damit beschrieben wird, unterscheidet sich dennoch deutlich voneinander. Die Beziehung zum Partner, zu einem Verwandten oder Kunden, Kollegen, Vorgesetzten oder flüchtigen Bekannten sind von unterschiedlicher Güte und Qualität – wenngleich sie einen wichtigen Punkt gemeinsam haben: Gute Beziehungen zahlen sich aus. Gute Beziehungen dienen dem eigenen Wohl, sind gut für die physische und psychische Gesundheit und auch für die Karriere, sie machen das Leben leichter und sind der beste Helfer in der Not. Dennoch werden sie oft leichtfertig aufs Spiel gesetzt oder zumindest zu wenig gepflegt. Das Ergebnis mangelnder Pflege sind dann »eingeschlafene« Beziehungen. Werden die Weckrufe überhört, droht schließlich das Ende oder eine dramatische Verschlechterung der Beziehung. Und das kann zu ganz praktischen Nachteilen führen.

Unser Alltag wird von einer Vielfalt unterschiedlichster Beziehungen geprägt.

Beziehungsnetze geben Sicherheit

Wer beruflich oder gesellschaftlich vorankommen will, braucht gute Beziehungen. Wer gute Beziehungen hat, hat Einfluss, kennt für jeden Fall die richtigen Leute, erhält Aufmerksamkeit und es bieten sich ihm Chancen, die andernfalls verloren gingen. Wer auf ein ausgedehntes Beziehungsnetz zurückgreifen kann, ist besser und früher informiert als andere, kann schneller reagieren und hat größeren Einfluss auf den Lauf der Dinge. Gute Beziehungen sind vor allem dann nützlich, wenn einiges auf dem Spiel steht. In solchen Fällen ist es viel wert, zuverlässige Menschen an unserer Seite zu haben, die wir gut kennen oder die uns von vertrauenswürdigen Personen empfohlen worden sind.

Insbesondere bei hochgesteckten und langfristigen Zielsetzungen oder in schwierigen Situationen kommt der Einzelkämpfer immer wieder an Punkte, an denen unüberwindbare Hindernisse im Wege stehen. Viele solcher Hürden lassen sich mithilfe guter Beziehungen rasch und effizient aus dem Weg räumen, während wir uns im Alleingang die Zähne daran ausbeißen würden. Es ist tatsächlich Gold wert, im richtigen Moment auf bestehende Kontakte und gute Beziehungen zurückgreifen zu können. Doch manchmal fehlt es an den richtigen Kontakten oder die Beziehungen erweisen sich als weniger zuverlässig, als man gehofft hatte. Wer so lange wartet, bis es wirklich eng wird, und sich erst dann nach Hilfe umschaut, wird selten Unterstützer finden, die für ihn einspringen. Schon deshalb ist es weitsichtig, Vorsorge zu treffen und Beziehungen aufzubauen, noch bevor wir in der Klemme stecken.

Stabile Beziehungen geben uns Sicherheit.

Wer Teil eines belastbaren und zuverlässigen Netzwerkes ist, kann Probleme oder entstehende Engpässe schnell und wirkungsvoll bekämpfen. Nahezu jeder Mensch kann auf ein privates Beziehungsnetz zurückgreifen: Von der Familie, Freunden, Nachbarn und Bekannten nehmen wir Hilfe gern an und sind auch für sie da, wenn einmal Not am Mann ist. Wir nutzen unsere Beziehungen, um uns und den anderen das Leben leichter zu machen. Dabei geht es oft nicht um die wirklich großen Angelegenheiten. Es sind meistens die vielen kleinen Tücken des Alltags, die sich mithilfe eines Netzwerkes besser bewältigen lassen:

- Ihr Auto ist in der Werkstatt, doch Sie haben eine dringende Fahrt zu erledigen – kein Problem: Ein Anruf genügt und schon können Sie den Wagen eines Freundes nehmen.
- Bei Ihnen steht ein Umzug an – natürlich sind pünktlich zum Termin tatkräftige Helfer zur Stelle.
- Nach dem Umzug in eine andere Stadt suchen Sie einen guten Zahnarzt. Ein alter Freund wohnt ebenfalls dort und kann Ihnen einen guten Tipp geben.
- Sie suchen schon seit längerer Zeit eine günstige Couch für das Gästezimmer. Ihr Nachbar hat einen Bekannten, der in einem Möbelgeschäft arbeitet und einen Nachlass erhält.
- An einem Sonntag kommt unerwarteter Besuch und Sie brauchen eine gute Flasche Wein – einmal beim Nachbarn geklingelt und schon ist das Problem gelöst.
- Ihr Computer verweigert seinen Dienst und Sie kommen mit Ihrem Wissen einfach nicht weiter – zum Glück ist der Freund eines Freundes ein wahrer Spezialist auf diesem Gebiet. Er bringt das Gerät in kurzer Zeit wieder zum Laufen, während Sie sich stundenlang damit hätten herumplagen müssen.

Gute Beziehungen machen das Leben leichter

Es gibt viele Situationen, in denen wir auf gute Beziehungen setzen, um uns das Leben zu erleichtern; ihre Zahl ist nahezu unbegrenzt. Viele dieser großen und kleinen Hilfen nehmen wir wie selbstverständlich an und denken nicht weiter darüber nach. Erst wenn sie ausbleiben, merken wir, welch große Bedeutung sie für uns haben. Vermutlich kennt jeder Situationen, in denen er allein aufgeschmissen gewesen wäre, hätte er im entscheidenden Moment nicht auf die Unterstützung aus dem persönlichen Beziehungsnetzwerk setzen können. Teil eines verlässlichen Beziehungsnetzes zu sein, gibt Sicherheit. Und es ist einfach ein beruhigendes Gefühl, in brenzligen Situationen noch ein Ass aus dem Ärmel schütteln zu können.

Ein tragfähiges Beziehungsnetz ist Gold wert und sollte sorgfältig gepflegt werden.

Funktionierende Netzwerke sind deshalb überaus nützlich und immer eine persönliche Bereicherung. Das gilt nicht nur für das Privatleben, sondern auch für den Beruf. Berufliche Netzwerke sind inzwischen zu einem der maßgeblichen Erfolgsfaktoren geworden. Der Grund dafür liegt auf der Hand: Wer allein auf weiter Flur steht, muss weitaus mehr Kraft aufwenden als ein anderer, der auf Unterstützer und Fürsprecher zählen kann. Einzelkämpfertum ist auf Dauer ermüdend: Was den Netzwerker einen Anruf kostet, würde im Alleingang mitunter die größten Mühen verursachen. Und dabei gehen Zeit, Energie und letztlich auch Freude und Motivation sowie wichtige Chancen verloren. Auch deshalb gilt die Fähigkeit, Beziehungen bewusst zu gestalten, längst als eine der wichtigsten Kompetenzen des 21. Jahrhunderts.

Der Begriff Netzwerk kommt ursprünglich aus der Informatik und beschreibt die durch Verknüpfung möglich werdende gemeinsame Nutzung von Ressourcen. Genau darum geht es auch in persönlichen Beziehungsnetzen. Was in der Informatik jedoch rein technisch gelöst werden kann, verlangt vom Menschen etwas völlig anderes – nämlich vor allem soziale Kompetenz für den Aufbau und Erhalt stabiler Beziehungen. Ein Netzwerk muss nicht nur aufgebaut, sondern eben auch organisiert und erhalten werden. Und das ist mit menschlichen Kontakten natürlich schwieriger als in einem technischen System.

Es geht dabei zunächst um die Fähigkeit, zu anderen Menschen Kontakt aufzunehmen und auf sie zuzugehen. Außerdem müssen Sie natürlich die passenden Netzwerkpartner finden. Längst nicht alle Menschen eignen sich in gleicher Weise für Netzwerke und es bringt auch nichts, Netzwerke ins Unendliche auszudehnen. Letztlich ist weniger die Zahl als vielmehr die Qualität der Beziehungen entscheidend. Ein gutes Beispiel liefert hier Facebook: Wer in dem sozialen Netzwerk hundert »Freunde« hat, wird darunter im Durchschnitt allenfalls sieben finden, die auch nach »realen« Kriterien als Freunde bezeichnet werden könnten – höchstens sieben also, auf die man im Fall des Falles tatsächlich zählen kann.*

Funktionierende Netzwerke basieren auf Gegenseitigkeit, bei der sich Geben und Nehmen die Waage halten.

Auch die Pflege von persönlichen Beziehungen und die Wahl der Kontaktpersonen sind in der echten Welt schwieriger als in der virtuellen. Niemand kann zu jedem beliebigen Menschen eine tragfähige Beziehung aufbauen. Gerade in beruflichen Netzwerken kommt es auf eine bedachte Auswahl an. Ein kluger Netzwerker wird daher genau überlegen, wessen Hilfe er tatsächlich brauchen kann und für wen auch seine Hilfe nützlich ist. Und das berührt einen sehr wichtigen Aspekt: Jedes berufliche Netzwerk basiert auf dem Prinzip der Gegenseitigkeit. Das Netzwerk wird nur Bestand haben, wenn alle Beteiligten voneinander profitieren. Einseitigkeit führt über kurz oder lang zum Abbruch der Beziehungen. Wer Teil eines Netzwerkes ist, muss den anderen Teilnehmern deshalb auch selbst etwas zu bieten haben. Aktives Networking ist ein ausgewogenes Wechselspiel von Geben und Nehmen. Es geht darum, Beziehungen herzustellen und die Beziehungen zum beiderseitigen Vorteil aufrechtzuerhalten.

---

* Christakis, Nicholas A.; Fowler, James H.: Connected! Die Macht sozialer Netzwerke und warum Glück ansteckend ist. Frankfurt am Main: S. Fischer, 2010, S. 352

Denken Sie einmal an die Beispiele aus dem privaten Umfeld zurück: Doch jetzt werden Sie um Hilfe gefragt. Ein Freund fragt Sie, ob Sie ihm Ihr Fahrzeug leihen können. Sie lehnen das ab, weil Sie Ihren Wagen wirklich nicht gern verleihen. Einige Wochen später fragt Sie derselbe Freund, ob Sie bei einem Geschäftspartner ein gutes Wort für ihn einlegen können. Das ist Ihnen jedoch unangenehm und wieder machen Sie einen Rückzieher. Wenn sich diese Kette in ähnlicher Weise fortsetzt, wird Ihr Freund Sie irgendwann nicht mehr zu den Menschen rechnen, auf die er zählen kann. Und natürlich wird er ebenfalls zurückhaltend sein, wenn Sie ihn zu Ihrem Vorteil einspannen wollen. Vermutlich werden Sie eine Absage kassieren – und schon hat das Netzwerk einen empfindlichen Riss bekommen.

Betrachten Sie Netzwerke daher wie ein Konto, das Sie zwar vorübergehend belasten können – allerdings nur unter der Voraussetzung, dass Sie es bei nächster Gelegenheit wieder ausgleichen. Gerade wer sich neu in ein Netzwerk integrieren will, sollte auch bereit sein, seinerseits für ein gewisses Guthaben und damit für einen Bonus zu sorgen. Mit der Zeit stellt sich ohnehin heraus, wer tatsächlich ein zuverlässiger Partner ist.

Netzwerke gelten in der Diplomatie als »Brücken in die Welt von morgen«.

Ein kluger Netzwerker kann sich Diplomaten zum Vorbild nehmen: Er wird nicht nur darauf setzen, was die anderen für ihn tun könnten, sondern sich eben auch fragen, was er selbst zu bieten hat. Vielleicht verfügt er über interessante Informationen oder kennt jemanden, der solche Informationen haben könnte. Wer nicht in der Lage ist, seinen Netzwerkpartnern direkt weiterzuhelfen, kann zumindest darüber nachdenken, ob er seine eigenen Kontakte spielen lassen möchte. In vielen Fällen kennt man jemanden oder jemanden, der jemanden kennt – dies ist eines der wesentlichen Prinzipien aktiver Netzwerker. Auf diese Weise weitet sich ein Engpass erst gar nicht zum ernsthaften Problem aus. Und kommt es einmal doch zu

Schwierigkeiten, wird sich meist schnell eine Lösung finden lassen. Man wird Ihnen bereitwillig und sogar mit Freude zur Seite stehen, wenn man sich im Gegenzug auch auf Sie verlassen kann. Deshalb gelten gute Beziehungen und belastbare Netzwerke in der Diplomatie auch als »Brücken in die Welt von morgen«. Wir wissen heute noch nicht, welche Probleme auf uns zukommen werden. Wir wissen nur, dass es gerade bei größeren Vorhaben nicht völlig problemlos gehen wird. Wer über gute Beziehungen verfügt, ist auf alles vorbereitet und wird – beruflich und privat – selbst von größeren Hürden nicht aufgehalten. Deshalb brauchen wir gute Beziehungen.

Kennen Sie Ihren »Klout-Wert«?

Wenn wir über ein stabiles Netzwerk verfügen, kennen wir eine Menge Menschen, auf deren Hilfe wir im Notfall zurückgreifen können. Und auch wenn wir eine Person nicht selbst kennen, kennen wir jemanden, der jemanden kennt usw. Das ist ein Grund, warum Netzwerke so wertvoll sind. In den USA geht man inzwischen sogar noch einen Schritt weiter. Wer sich dort um eine Führungsposition bewirbt, wird häufig danach bewertet, wie viele Freunde und Follower er in den sozialen Netzwerken im Internet hat und mit wem er dort befreundet ist. Über diesen »Klout-Wert« stellen die potenziellen Arbeitgeber fest, ob der Bewerber Einfluss besitzt. Ist der »Klout-Wert« hoch, steigen die Jobchancen. Mit der Größe und Qualität des Netzwerkes steigt damit der Marktwert des Bewerbers. Diese Trends aus den USA lösen bei uns eher noch Befremden aus und haben ja auch tatsächlich ihre Schattenseiten. Dennoch basiert der »Klout-Wert« auf einem ähnlichen Prinzip wie das herkömmliche Netzwerk: Mit der Anzahl und Qualität der Kontakte steigt der Einfluss des Netzwerkers. Die Sache selbst ist also nicht neu. Und jetzt werden dabei reale und virtuelle Welt verbunden.

5. Die anderen und ich

Leider sind gute Beziehungen alles andere als selbstverständlich. Dabei ist es gar nicht so schwierig, mit anderen gut auszukommen – wenn die persönlichen Voraussetzungen stimmen. Ein erstes Handicap ist die recht verbreitete, bequeme Ansicht, dass eine Beziehung von allein funktionieren muss. Dieser Irrtum führt jedoch schnell zu einer Abkühlung der Beziehung. Wer an guten Beziehungen interessiert ist, muss in jedem Fall daran arbeiten. Das erfordert vor allem Fähigkeiten, die ganz allgemein unter dem Stichwort »soziale Kompetenz« zusammengefasst werden.

Das Problem dabei: Die meisten Menschen, die über eine wenig ausgeprägte soziale Kompetenz verfügen, sind sich dieser Tatsache überhaupt nicht bewusst. Sie empfinden ihr Handeln und Verhalten als richtig oder geradezu beispielhaft. Wenn die Reaktionen auf ihr Tun nicht so ausfallen, wie erwartet, können sie sich das nur dadurch erklären, dass mit dem anderen etwas nicht stimmt. Der eigene Anteil an Spannungen in den persönlichen Beziehungen wird dabei komplett ausgeblendet.

Wer verbindliche und dauerhafte Beziehungen aufbauen will, braucht soziale Kompetenz.

Der Begriff »soziale Kompetenz« meint all die persönlichen Fähigkeiten und Einstellungen, die dazu beitragen, das eigene Verhalten von einer individuellen auf eine gemeinschaftliche Handlungsorientierung hin auszurichten. Sozial kompetentes Verhalten verknüpft die eigenen Ziele und

Interessen mit den Einstellungen und Werten anderer Menschen. Es ist erforderlich, um angemessen mit anderen Menschen umgehen zu können. Zur sozialen Kompetenz zählen insbesondere Empathie, Kommunikationsfähigkeit, Teamfähigkeit, Kooperationsfähigkeit, Konfliktfähigkeit und Toleranz. Jede dieser Kompetenzen ist erforderlich, um mit anderen Menschen verbindliche Beziehungen aufzubauen und sie dauerhaft zu erhalten.

Es kommt auf den Blickwinkel an

Ob es uns gefällt oder nicht: Jeder Mensch sieht die Welt mit anderen Augen und das macht ein sozial kompetentes Handeln für manchen so schwierig. Da sich die Perspektiven unterscheiden, kommt es zu völlig verschiedenen Wahrnehmungen ein und derselben Sache oder Situation. Dass sich Standpunkte und Betrachtungsweisen zum Teil erheblich unterscheiden, erschwert den Aufbau und Erhalt von Beziehungen ungemein. Wenn sich der eine über einen heißen Sommertag freut, während dem anderen eine Abkühlung lieber wäre, dürften zwar kaum Konflikte entstehen. Doch schon bei der Urlaubsplanung wird es schwieriger, wenn einer die Berge liebt, der andere jedoch das Meer. Spätestens bei politischen oder religiösen Themen und wenn es um Fragen der Weltanschauung und um Wertvorstellungen geht, wird es endgültig heikel. Wenn hier völlig abweichende Meinungen aufeinanderprallen, kann es schnell krachen – vor allem dann, wenn Vorurteile im Spiel sind und ein völliges Unverständnis für die Ansichten des anderen herrscht.

Was das soziale Miteinander so schwierig macht: Jeder Mensch nimmt die Welt auf seine ganz eigene Weise wahr.

Verschärft wird das Ganze noch durch eine spezielle Eigenart aller Menschen: Wir neigen dazu, die eigenen Interessen als dringlicher und wichtiger zu betrachten als die Interessen von anderen. Unsere Wahrnehmung ist auf Dinge fixiert, die uns selbst betreffen, wodurch uns die Belange anderer Personen als weniger bedeutsam erscheinen. Passend dazu werden im Allgemeinen die eigenen Fehler als weniger schwerwiegend eingestuft als die der anderen. Wer viel im Berufsverkehr Auto fährt, weiß, was gemeint ist: Die anderen können allesamt nicht Auto fahren und machen ständig etwas falsch – dass wir selbst gerade mehrfach den Blinker nicht gesetzt und dem anderen die Vorfahrt genommen haben, merken wir gar nicht oder denken uns: »Warum fährt der auch so langsam!«

Wenn es jedoch darum geht, die Vorzüge und Talente anderer Menschen – ihre Vorgehensweisen, Methoden und Kenntnisse – zu würdigen, ist es oft genug genau andersherum; sie werden gerne übersehen. Ein wichtiger Faktor der sozialen Kompetenz ist jedoch unsere Fähigkeit, den eigenen Blickwinkel bewusst zu erleben und sich gleichzeitig in die Perspektive eines anderen hineinzuversetzen. Das ist die Voraussetzung dafür, sich bewusst in sein Gegenüber einfühlen zu können. Und dafür braucht es Empathie, eine Fähigkeit, über die jeder Mensch verfügt, die allerdings viel zu selten bewusst und gezielt zum Einsatz kommt.

Empathie, also der Wille und die Fähigkeit, sich in andere hineinzuversetzen, ist ein entscheidender Faktor für den Aufbau von Beziehungen.

Empathie gilt als ein unverzichtbarer Baustein des menschlichen Zusammenlebens. Erst durch einen Perspektivenwechsel können wir die Tragweite des eigenen Handelns abschätzen, Handlungen und Interessen anderer Menschen verstehen und nachvollziehen und somit Konsequenzen einschätzen. Empathie ist die Grundvoraussetzung dafür, vorausschauend zu agieren. Der Begriff umfasst die Fähigkeit und gleichzeitige Bereitschaft, sich in die Gedankenwelt und das Empfinden anderer Menschen einzufühlen. Obwohl Empathie eine ganz natürliche Gabe ist, setzen viele Menschen sie nicht ein. Dies liegt wohl weniger an den unterschiedlichen Ausprägungen der Empathiefähigkeit. Es liegt vielmehr daran, dass sich manche

Menschen einfach nicht in andere hineinversetzen *wollen*. Und das kann zur Gewohnheit werden. Zu oft ist der Mensch auf seine subjektive Betrachtungsweise der Dinge fixiert und bleibt so in seiner eigenen Gedankenwelt verhaftet. Nahezu jedes Handeln und auch jedes Gespräch verliert jedoch an Wert, wenn wir immer nur von unserer eigenen Perspektive ausgehen. Sobald wir mit anderen Menschen Kontakt aufnehmen, brauchen wir ein gewisses Einfühlungsvermögen, wenn wir mit- statt gegeneinander agieren und stabile Beziehungen aufbauen wollen.

Selbst bei flüchtigen Kontakten hilft Empathie uns, die Handlungen anderer Menschen, ihre Interessen und Absichten zu verstehen. Ein Beispiel dafür ist ein guter Verkäufer: Für ihn ist die Empathie ein wichtiges Instrument, das er in seinen Verkaufsgesprächen erfolgreich einsetzt. Ohne Einfühlungsvermögen würde er seine Kunden und ihre Bedürfnisse nicht verstehen und folglich an ihnen vorbeireden. Seine Verkaufsargumente wären wertlos, da er nicht in der Lage wäre, sie gezielt auf die Welt und die spezifische Situation der Kunden abzustimmen. Einfühlungsvermögen hat also auch ganz praktische Vorzüge und spielt in alltäglichen und vielen beruflichen Situationen eine große Rolle.

Das gilt zum Beispiel für alle Gespräche: Zweifellos macht es im Gespräch mit einem Freund einen Unterschied, ob der andere gerade eine satte Gehaltserhöhung oder seine Kündigung bekommen hat. Darauf muss man sich einstellen – alles andere wäre auch taktlos, gefühllos und rücksichtslos und könnte die Freundschaft leicht gefährden. Ein angemessenes Verhalten hängt also erheblich von der Gefühlslage des Gegenübers ab. Wenn wir seine Gefühle nicht kennen oder falsch interpretieren, ist eine reibungslose Verständigung kaum möglich: Ein Mensch, der unter Stress steht, reagiert völlig anders als jemand, der ruhig und ausgeglichen ist. Wer gerade absolut nicht zu Späßen aufgelegt ist, reagiert empfindlicher als ein anderer mit guter Laune, und wer niedergeschlagen ist, ist dünnhäutiger als jemand, der rundum zufrieden ist.

Wer im Gespräch seine Antennen nicht weit ausfährt, dem fehlt das nötige Fingerspitzengefühl und er kann leicht ins Fettnäpfchen treten, ungewollt einen Konflikt heraufbeschwören und dem anderen unbeabsichtigt auf die Füße treten. Je nach Gesprächsthema kann die Stimmung mehrfach, mitunter innerhalb von Sekunden, umschlagen. Der Einfühlsame, der weiß oder wenigstens ahnt, was gerade im anderen vorgeht und womit er ihm zu nahe treten könnte, wird in wohl allen Fällen der bessere Gesprächspartner sein. Nur mit ihm ist auch in heiklen Situationen eine reibungslose Verständigung möglich. Ein empathischer Mensch ist im Gegensatz zum weniger feinfühligen in der Lage, sich in die Situation und Gefühlswelt seines Gesprächspartners einzufühlen. Er kann daher seine Argumente gezielter auf den anderen abstimmen, wird ihn besser verstehen und, wenn nötig, leichter überzeugen.

Menschen mit ausgeprägtem Einfühlungsvermögen sind die besseren Gesprächspartner.

Eines der elementaren Ziele aller Gespräche ist das gegenseitige Verstehen. Wo es an Verständnis mangelt, ist ein lösungsorientiertes Vorgehen nicht möglich. Es wird nicht einmal zu einem befriedigenden Gespräch kommen, wenn sich zwei Gesprächspartner buchstäblich nicht verstehen. Mittels praktizierter Empathie lässt sich jede Verständigung effektiver und reibungsloser gestalten, weil wir viel schneller auf das Wesentliche einer Sache kommen können, ohne uns in Missverständnissen, Fehlinterpretationen und Nebensächlichkeiten zu verlieren. Wer sich in sein Gegenüber hineinversetzt, wird seine Gedanken besser nachvollziehen und die Person selbst (und nicht nur seine Worte) verstehen können.

Ein gutes Einfühlungsvermögen hilft zudem dabei, mit einer grundsätzlichen Schwierigkeit in der Kommunikation umzugehen: Emotionen werden ja selten in Worte gefasst und in den meisten Fällen nonverbal zum Ausdruck gebracht. Wer in der Lage ist, diese Signale zu »lesen«, hat einen großen Vorteil. Der empathische Mensch ist viel eher dazu fähig, auch körpersprachliche Signale – die Körperhaltung, die Mimik, die Gestik und die vielen kleinen Nuancen – richtig zu interpretieren. In wichtigen Gesprächen, beispielsweise in Verhandlungen, kann das entscheidend sein. Was es dafür braucht, ist erhöhte Aufmerksamkeit und die Bereitschaft, sich auf den Gesprächspartner wirklich einzulassen.

Auf den EQ kommt es an

Der Begriff »emotionale Intelligenz« ist vor allem durch den Psychologen Daniel Goleman bekannt geworden. Gemeint ist damit eine Art Metafähigkeit, deren Ausprägung darüber entscheidet, wie gut ein Mensch seine übrigen Fähigkeiten nutzen kann. Die emotionale Intelligenz umfasst fünf wesentliche Punkte:

1. Selbstwahrnehmung: erkennen können, was man selbst fühlt und denkt
2. Selbstregulierung: mit seinen Gefühlen und Gedanken umgehen und sie gezielt verändern können, sodass sie angemessen sind und uns nicht unkontrolliert überfallen
3. Selbstbeherrschung und Selbstmotivation: mit seinen Gefühlen so umgehen können, dass man Impulse unterdrücken, Belohnungen hinausschieben und sich selbst motivieren kann
4. Empathie: sich in die Emotionen und Beweggründe anderer Menschen einfühlen können
5. Soziale Fähigkeiten: Sie machen es den Menschen möglich, Beziehungen erfolgreich zu handhaben und zu gestalten

Bei allen Beziehungen und dem gesamten sozialen Miteinander spielt die emotionale Intelligenz eine wesentliche Rolle. Es besteht übrigens kein direkter Zusammenhang zwischen der herkömmlichen Intelligenz, dem IQ, und der emotionalen Intelligenz, dem EQ. Das hat einen entscheidenden

⇨

Vorteil: Die emotionale Intelligenz ist, anders als der IQ, der nicht oder kaum mehr verändert werden kann, durchaus ausbaufähig. Über den Grad unserer emotionalen Intelligenz entscheiden wir also selbst.

Wie du mir, so ich dir …

Einem Menschen unvoreingenommen und vorurteilsfrei gegenüberzutreten ist keine ganz leichte Aufgabe und wird in einer angespannten Situation noch schwieriger sein. Es ist ohnehin kaum möglich, einen völlig objektiven, neutralen Standpunkt einzunehmen: Gewohnheiten, Verhaltensmuster, mangelnde Toleranz, Vorurteile und vorgefasste Meinungen, von denen sich niemand völlig freisprechen kann, hindern uns daran. Hinzu kommt ein fest in uns verankerter Verhaltenskodex, der sich indirekt aus der verbreiteten Redensart *Was du nicht willst, dass man dir tut, das füg auch keinem andern zu* ableitet. Weltweit ist dieser Grundsatz als *Golden Rule* verbreitet. Diese auf Toleranz und Nächstenliebe abzielende goldene Regel findet sich in ähnlichen Formulierungen sowohl bei Kant als auch in der Bibel und etlichen anderen Quellen. Sie ist zu einer Grundlage des menschlichen Miteinanders geworden, hat allerdings auch eine Schattenseite: Einen Schritt weiter gedacht ergibt sich daraus: *Wie du mir, so ich dir*. Und tatsächlich handeln wir im Rahmen unserer beruflichen und privaten Beziehungen durchaus häufig auf dieser Grundlage.

Das heißt natürlich nicht, dass Meinungsverschiedenheiten schnell in rohe Gewalt umschlagen müssen. Vielmehr hat sich der Gedanke der Gegenseitigkeit in uns verankert. »Wenn ich dir einen Gefallen erweise, erwarte ich, dass du mir auch einen Gefallen erweist.« Oder eben: »Wenn du mir in den Rücken fällst, werde ich dir auch in den Rücken fallen.« Die ursprüngliche goldene Regel wird also (leider) weniger direkt angewendet, die negativere Variante nach dem alttestamentarischen Prinzip »Auge um Auge« umso mehr. Und die Sache hat auch noch einen entscheidenden Haken: Ob sich ein anderer Mensch uns gegenüber gut oder schlecht verhält, ist zu großen Teilen Interpretationssache. Legen wir das Handeln eines Menschen negativ aus, folgt daraus ein feindseliges Verhalten unsererseits. Unser Verhalten wird von unserem Gegenüber wiederum interpretiert und entsprechend beantwortet – auf diese Weise entsteht leicht eine Negativspirale, die sich immer schneller weiterdreht. Das ist dann besonders bedauerlich, wenn es sich bei den Interpretationen um Fehlschlüsse handelt.

Neben mangelnder Empathie ist vor allem fehlende Toleranz eine wesentliche Ursache für Fehlurteile. Das aus dem Lateinischen stammende Wort *tolerare* heißt in der genauen Übersetzung *erdulden*. Toleranz ist demnach das Dulden, Hinnehmen und Respektieren anderer Meinungen und der unterschiedlichsten Formen der Andersartigkeit. Wird von Toleranz gesprochen, geht es meist um ethische Fragen von einiger Tragweite. Oft vergessen wir, dass Toleranz bereits im Kleinen beginnt und das Zusammenleben von Menschen überhaupt erst möglich macht: Wer eine eigene Meinung hat, muss auch eine abweichende Meinung erdulden, sie also tolerieren können. Oft ist es ja ein Mensch aus unserem näheren Umfeld, der diese andere Meinung vertritt. Ohne das Tolerieren der Meinungen anderer wären die meisten Beziehungen überaus kurzlebig. Toleranz ist also zwingend erforderlich, weil die Menschen, mit denen wir in Beziehung treten, (glücklicherweise) nicht all unsere Überzeugungen mit uns teilen, sondern die Dinge mitunter ganz anders sehen.

Beziehungen brauchen gegenseitige Toleranz.

Die Toleranzfähigkeit eines Menschen sagt viel über sein Selbstbewusstsein aus. Ist sie gut ausgeprägt, spricht das für ein gesundes Selbstwertgefühl und ganz generell für eine souveräne Persönlichkeit. Intolerante Menschen haben dagegen genau an diesen Punkten Defizite. Allerdings ist es auch nicht einfach, die Interessen und Positionen anderer in allen Fällen zu akzeptieren, sie zu erdulden. Doch darum geht es letztlich auch nicht. Das Ziel besteht lediglich darin, sich nicht schon prinzipiell zu verschließen. Toleranz bedeutet deshalb auch ausdrücklich nicht, jede beliebige Position zu übernehmen. Wenn wir eine Handlung oder Meinung akzeptieren, heißt das noch lange nicht, dass wir sie auch billigen (wir selbst können weiterhin eine abweichende Meinung haben und dafür eintreten) – das jedoch nicht aus Prinzip, sondern aufgrund einer tatsächlichen inneren Überzeugung.

Vorurteile und Klischees

Das Denken der Menschen ist selten völlig frei von Vorurteilen, den Vor-Verurteilungen. Viele Meinungen sind, oft unbewusst, klischeebehaftet und an Stereotypen ausgerichtet. Unser Denken und Handeln wird teilweise von versteckten Vorurteilen bestimmt. Sie zeigen sich oft dann, wenn wir persönlich betroffen sind. Wir glauben, durchweg tolerant zu sein, sind es dann aber plötzlich nicht mehr, wenn wir selbst mit einer bestimmten Situation, die echte Toleranz erfordern würde, konfrontiert werden. Sobald etwas nicht mehr den eigenen (Wunsch-)Vorstellungen entspricht, ist die Realität mitunter ernüchternd. Auch wenn wir es nicht gern hören: Unsere Wahrnehmung ist überaus stark von Vorurteilen beeinflusst.

Wir alle haben Vorurteile. Es ist wichtig, sich dessen bewusst zu sein.

Vorurteile sind zunächst einmal nichts anderes als vorgefasste Meinungen über oder Erwartungen an eine Sache oder einen Menschen. Wir alle sind voller Vorurteile, die wir entweder aus unserem sozialen Umfeld übernommen oder im Laufe unseres Lebens gebildet haben. Sind diese Vorurteile erst einmal da, beeinflussen sie unser Verhalten und unsere Wahrnehmung. Das größte Problem dabei: Wir überprüfen und revidieren unsere Vorurteile so gut wie nie. Die Chancen sind also gering, dass wir unsere Meinung jemals ändern werden. Das engt unser Denken und Handeln extrem ein.

Obendrein bekommen wir unsere Vorurteile scheinbar immer wieder bestätigt. Wer das Vorurteil »Alle Schwaben sind geizig« hat, wird verstärkt auf Beispiele achten, die dieses Vorurteil bestätigen. Und selbst eine gegensätzliche Erfahrung, nämlich die Bekanntschaft mit einem großzügigen Schwaben, wird nichts an dem Vorurteil ändern, denn dieses Exemplar ist dann die berühmte Ausnahme von der Regel. Was haften bleibt, sind Beispiele, die für das Vorurteil sprechen. Und das hat Auswirkungen auf das eigene Verhalten: Ein Mensch, der in unseren Augen mit einem gewissen Vorurteil behaftet ist, hat im Grunde gar keine Chance, uns vom Gegenteil dieses Vorurteils zu überzeugen.

Es gibt keine Gruppe von Menschen, keine Nationalität, keine Religion, für die es nicht auch irgendein Klischee gäbe. Wir alle denken in Stereotypen, diesem Phänomen kann sich niemand entziehen. Das hat sogar ganz praktische Ursachen: Jeder Mensch kommt jeden Tag in viele neue Situationen und begegnet zahlreichen Menschen. Wir wären schlicht und einfach damit überfordert, sämtliche Reize bewusst wahrzunehmen und zu verarbeiten. Um unserem Gehirn die Arbeit zu erleichtern, arbeiten wir mit Kategorisierungen. Diese ermöglichen uns eine rasche Orientierung in der Umwelt. Sie erleichtern die Entscheidung darüber, was wichtig ist und was nicht und welche Ereignisse bewusst wahrgenommen werden sollen. Die selektive Wahrnehmung wird von inneren Einstellungen gesteuert, die wir über unsere Sozialisierung (insbesondere die Erziehung) erworben haben. Wir entscheiden uns nicht bewusst, was wir aus der Vielzahl von Reizen selektieren und wie wir es interpretieren.

Wir denken in Schubladen, um unser Gehirn in unserer komplexen Welt nicht zu überfordern.

Das Denken in Schubladen ist also in uns angelegt, da unser Gehirn ansonsten permanent überfordert wäre. Das heißt, wir urteilen mitunter vorschnell und auf Grundlage von festen Kategorien, die wir – einmal angelegt – kaum noch hinterfragen. So entstehen Vorurteile. So praktisch das Ganze auch ist, ein Vorurteil bleibt eine vorgefasste Meinung oder Einstellung gegenüber Personen, Gruppen, Sachverhalten oder Gegenständen, die durch keinerlei Sachkenntnis gestützt wird. Vorurteile werden noch dadurch verstärkt, dass Urteile, Ansichten oder Meinungen übernommen werden, ohne ihren Wahrheitsgehalt an der Realität zu überprüfen. Neue Erfahrungen, die einem Vorurteil widersprechen, lassen wir dabei oft nicht mehr zu.

Auch wenn es paradox klingen mag: Vorurteile können dazu beitragen, Beziehungen zu stärken. Sozialpsychologisch erfüllen sie den Zweck, die eigene Gruppe, der man sich zugehörig fühlt, aufzuwerten und die nicht Dazugehörenden abzuwerten. Das führt dazu, dass wir uns von Minderheiten in der Gesellschaft abschirmen, ohne uns mit ihren Problemen auseinandersetzen zu müssen. Deshalb sind Vorurteile ein fester Bestandteil des menschlichen Zusammenlebens, sie stärken das Zusammengehörigkeitsgefühl, das die Familie, die Gruppe, die Gesellschaft nach innen bindet und schützt – und gleichzeitig nach außen abgrenzt.

Bis hierhin haben Vorurteile also durchaus nicht nur Nachteile, wenngleich sie natürlich zu einer Einschränkung des Denkens führen. Ich sehe und höre ja nur das, was ich sehen und hören will. Alles, was nicht in mein Weltbild passt, blende ich (unbewusst) aus. Abgesehen davon ist es oft kein weiter Schritt von der *Ab*grenzung zur *Aus*grenzung durch Vorurteile. Spätestens an dieser Stelle besteht die Gefahr, dass Vorurteile zu destruktiven Effekten führen und in Diskriminierung, Hass und Gewalt umschlagen.

Wenn Vorurteile zur Ausgrenzung von Menschen führen, entsteht die Gefahr von Diskriminierung.

Übrigens betreffen Vorurteile längst nicht nur die anderen, sondern auch uns selbst. Viele Menschen haben Vorurteile über sich selbst. Wer sich selbst für dumm und unfähig hält, wird vor allem seine Misserfolge und Fehler sehen und alles, was ihm gelingt, ausblenden. So fühlt man sich in seinem Urteil über sich selbst permanent bestätigt. Aufgrund dieser fortwährenden Bestätigung des Vorurteils besteht kaum eine Chance, positive Erfahrungen zu machen und sich eine andere Meinung über sich selbst zu bilden.

Trügerische Wahrnehmung

Was wir über andere und auch über uns selbst denken, hängt von unserer Wahrnehmung ab. Die lässt sich allerdings allzu leicht täuschen, wie beispielsweise ein Test der ARD-Reihe »Markencheck« eindrucksvoll beweisen konnte: Läufer, die angeblich Markensportkleidung trugen, fühlten sich darin schnell und sportlich – ganz anders ging es ihnen, als sie in No-name-Produkten steckten. Der Clou dabei: Sie trugen immer dieselben Hemden – mal mit, mal ohne aufgenähte Markenstreifen. Das Vorurteil »Markenkleidung ist gut« und »Standardkleidung ist schlecht« führt also dazu, dass sich Sportler besser und sportlicher fühlen, wenn sie glauben, die »echte« Markenkleidung zu tragen. Negative Vorurteile funktionieren übrigens genauso.

Es gibt einige Wahrnehmungsfehler, die uns besonders häufig in die Irre führen und vor denen niemand vollends gefeit ist:

- **Halo-Effekt:** Der Begriff leitet sich vom englischen Wort *halo* für Heiligenschein ab und meint das Phänomen, dass ein dominantes Merkmal eine Person in ihrer Gesamtheit überstrahlt und obendrein dazu führt, dass von diesem Merkmal auf unbekannte (und womöglich gar nicht vorhandene) Eigenschaften geschlossen wird. Einem Menschen, der stottert, wird gerne unterstellt, er sei weniger klug, obwohl das eine absolut nichts mit dem anderen zu tun hat. Wer einmal in einer beruflichen Gesprächsrunde einen völlig unpassenden Beitrag geleistet hat, wird von nun an für begriffsstutzig gehalten. Und andersherum: Wer attraktiv und sympathisch auftritt, dem attestieren wir Intelligenz und womöglich auch noch eine hohe Glaubwürdigkeit. Das gewinnende Auftreten dieses Menschen macht ihn natürlich noch lange nicht intelligent, doch überstrahlt die eine Eigenschaft andere Merkmale und führt zur Zuschreibung weiterer positiver Merkmale. Die Menschen in seiner Umgebung sind von einer hervorstechenden Eigenschaft geblendet.

- **Logischer Fehler:** Ähnliche Auswirkungen hat der logische Fehler. Hier wird die Wahrnehmung dadurch getrübt, dass in unserer Vorstellung bestimmte Eigenschaften immer zusammen auftreten: Wer gutmütig ist, ist auch tolerant; wer groß ist, ist durchsetzungsfähig usw.

- **Projektionen:** Auch sie können zu größeren Verzerrungen der Wahrnehmungen führen. In diesen Fällen werden eigene Interessen, Erwartungen, Bedürfnisse, Hoffnungen, Annahmen, Befürchtungen und Probleme auf eine andere Person übertragen. Projektionen führen zum Beispiel in Vorstellungsgesprächen dazu, dass ein Bewerber günstiger beurteilt wird, wenn der künftige Vorgesetzte glaubt, dass der Bewerber ihm ähnelt.

- **Verallgemeinerungen:** Wahrnehmungsfehler treten auch durch Verallgemeinerungen auf, die sich beispielsweise in unserer Sprache durch den Gebrauch von Worten wie »immer, alle, nie« usw. zeigen: »Der kommt *immer* zu spät.« – »*Alle* Politiker lügen.« – »*Nie* machst du das so, wie ich es möchte.« Durch solche Verallgemeinerungen manifestieren sich bestehende Vorurteile und Fehleinschätzungen.

Wahrnehmungsfehler dieser Art sind häufig die Ursache dafür, dass Menschen einen Stempel aufgedrückt bekommen, den sie dann nicht mehr loswerden: »Das ist doch der, der ...« Es gehört daher zum diplomatischen Handeln, sich so wenig wie möglich von Vorurteilen leiten zu lassen. Was einfach klingt, ist in der Praxis durchaus schwierig. Ein praktikabler Weg besteht darin, zunächst die eigenen Gewohnheiten sowie Denk- und Handlungsmuster, die zusammen eine Art Vorstufe von Vorurteilen bilden, bewusst zu erkennen und schließlich zu durchbrechen.

Gewohnheiten durchbrechen – Handlungsspielräume erweitern

Jeder Mensch orientiert sich, meist unbewusst, an Gewohnheiten, Denk- und Handlungsmustern. Das ist nicht grundsätzlich schlecht, sondern schlichtweg erforderlich, um nicht jede Kleinigkeit immer wieder aufs Neue zu hinterfragen. Schließlich kann niemand im Alltag fortwährend über alles, was er entscheidet oder macht, ausführlich und vollkommen neu nachdenken. Gewohnheiten und Denkmuster helfen hier, schnell und mühelos zu entscheiden, denn sie bieten Orientierung. Was sich bisher als richtig und angemessen erwiesen hat, kann so falsch nicht sein. Also entscheiden und handeln wir so, wie wir es bereits oft getan haben, denn das hat sich bewährt – dieses Vorgehen hat jedoch seine Tücken.

Sie zeigen sich dann, wenn Gewohnheiten dogmatisch werden (»Ich habe das schon immer so gemacht!«) und unser Leben beeinflussen, ohne dass wir es bewusst merken. Oft glauben wir, eine Entscheidung bewusst und nach sorgfältigem Abwägen gefällt zu haben, obwohl wir letztlich doch wieder so entschieden haben, wie wir gewohnheitsmäßig ohnehin entscheiden. In solchen Fällen schränken Gewohnheiten und Denkmuster unsere Wahrnehmung und unseren Handlungsspielraum erheblich ein. Mögliche Alternativen, die jenseits der Gewohnheiten und

Wer sich seine Gewohnheiten und Denkmuster bewusst macht, kann sie durchbrechen und die eigenen Handlungsspielräume erweitern.

Muster liegen, werden gar nicht erst in Betracht gezogen und nicht einmal mehr als Option bewusst durchdacht.

Verharren Gewohnheiten im Unbewussten, bleiben uns viele Aspekte der Wirklichkeit schlicht und einfach verborgen, da wir von ihrer Existenz nicht einmal eine Ahnung haben. Und so treffen wir Entscheidungen, deren Grundlage ein äußerst begrenzter Ausschnitt der Realität ist. Und wir begreifen nicht einmal, wie viele Möglichkeiten wir uns selbst vorenthalten. Schließlich sind wir aus uns selbst heraus kaum noch fähig, Gedanken zu entwickeln, die sich außerhalb dieses konstruierten Rahmens befinden. Wir sind auf Denkwegen festgefahren, die wir nicht verlassen, weil wir uns dessen gar nicht bewusst sind. Deshalb ist jeder Mensch aufgerufen, ganz bewusst danach zu forschen, an welchen Punkten seine Gewohnheiten im Denken, Fühlen und Entscheiden wirksam werden und ob diese Gewohnheiten tatsächlich das widerspiegeln, was unser Selbst ausmacht.

Die bewusste Auseinandersetzung mit den eigenen Vorurteilen und Klischeevorstellungen legt die Grundlage für mehr Toleranz und Offenheit.

Wer sich seine Gewohnheiten und Denkmuster bewusst macht, ist flexibler und viel eher bereit, neue Erfahrungen zu machen, unkonventionelle Wege zu gehen und andere Standpunkte einzunehmen. Das reduziert die Neigung zu Vorurteilen ganz erheblich und eröffnet uns die Möglichkeit, anderen Menschen mit mehr Wertschätzung und Respekt gegenüberzutreten. Machen Sie sich daher bewusst, welche Klischeevorstellungen sich bei Ihnen festgesetzt haben. Orientieren Sie sich mehr an Tatsachen als an Mutmaßungen und Interpretationen. Und nutzen Sie eines der besten Mittel gegen Vorurteile: Informationen. Wer sich über die tatsächlichen Fakten informiert, statt gewohnheitsgemäß zu entscheiden oder aus einem Impuls heraus zu handeln, erhöht seinen Handlungsspielraum und erweitert den eigenen Horizont.

6. Farbe bekennen – wie Glaubwürdigkeit entsteht

Für einen diplomatischen Auftritt ist nicht nur eine vorurteilsfreie Herangehensweise wichtig, es geht dabei auch um persönliche Glaubwürdigkeit. Was nützen die schönsten Worte, wenn niemand ihnen Glauben schenken mag? Wer allzu sehr in Vorurteilen und Denkmustern verhaftet ist, wird seine Handlungsoptionen sowieso schon einschränken – wenn er darüber hinaus nicht glaubwürdig ist, gehen sie oft gänzlich verloren. Glaubwürdigkeit ist für gute Beziehungen, konstruktive Gespräche und das Entwickeln von Lösungen von elementarer Bedeutung – da sind sich viele Menschen einig. Umso erstaunlicher, dass sie so oft auf der Strecke bleibt. Und das hat weitreichende Konsequenzen: Wenn ein Mensch mit seinen Aussagen nicht mehr ernst genommen wird, verliert er nicht nur an Ansehen und Respekt, sondern auch die Möglichkeit, Einfluss auf das Geschehen zu nehmen.

Die persönliche Glaubwürdigkeit ist eine elementare Voraussetzung für gute Beziehungen.

Was macht uns glaubwürdig?

Der Begriff »Glaubwürdigkeit« beschreibt die Verlässlichkeit und Vertrauenswürdigkeit eines Menschen aus der Sicht von anderen. Alle Ihre Gesprächspartner, vor allem wenn Sie sie gerade kennenlernen, werden sich eher früher als später die Frage stellen: »Kann ich mich auf ihn oder sie verlassen?« Es schadet also nicht, sich einmal selbst zu fragen: »Bin ich eine glaubwürdige Person?« Zwar wird hier kaum jemand mit einem glatten Nein antworten, doch führt die Frage zu einer ersten Selbsteinschätzung und darüber hinaus zu der nächsten Frage: Was bewegt uns überhaupt dazu, einen Menschen für glaubwürdig zu halten? Glaubwürdigkeit ist schließlich kein gewöhnliches, leicht feststellbares Merkmal wie beispielsweise Pünktlichkeit. Wir müssen jeden Einzelnen von unserer Glaubwürdigkeit überzeugen, das ist immer wieder ein neuer Kraftakt. Uns selbst fällt es schwer, Menschen als glaubwürdig zu bezeichnen, über die wir keine Informationen haben. Wir messen die Glaubwürdigkeit eines Menschen vor allem an Erfahrungswerten. Hat mich dieser Mensch schon einmal belogen oder betrogen? Hat er schon einmal versucht, die Wahrheit zu verschleiern? Hält er, was er (ver)spricht? Weiß er überhaupt, wovon er redet?

Ob uns jemand glaubwürdig erscheint oder nicht, entscheiden wir ganz intuitiv.

Fehlen diese Erfahrungswerte, können wir uns nur noch auf unsere Menschenkenntnis und auf unser Gespür verlassen – etwas, das in der Praxis erstaunlicherweise sogar ganz gut gelingt. Genau genommen verlassen wir uns auch in diesen Fällen ja nicht auf ein nebulöses Bauchgefühl; wir fahren vielmehr alle Antennen aus, um im Verhalten des Gegenübers nach Mustern zu suchen, die für oder wider seine Glaubwürdigkeit sprechen. Wir ziehen unsere Erkenntnisse vor allem aus dem persönlichen Auftreten und insbesondere aus der Sprache des Gegenübers – beides erleichtert es uns, seinen Glaubwürdigkeitsgrad zu beurteilen.

Der Wert des Vertrauens

Aus Glaubwürdigkeit erwächst Vertrauen. Dass Vertrauen selbst im ökonomischen Sinne wertvoll ist, zeigt ein Blick in die Unternehmenswelt. Vertrauen zählt hier zum wichtigsten Kapital. Eine vertrauensvolle Zusammenarbeit ist die Grundlage für die Erfolgsaussichten jeder ökonomischen Unternehmung. Kein Mensch würde etwas kaufen (womöglich sogar gegen Vorkasse), wenn er nicht ein Mindestmaß an Vertrauen in einen Händler und seine Waren hätte. Auch innerhalb des Unternehmens ist Vertrauen von größter ökonomischer Bedeutung. Je geringer das Vertrauen, umso größer wird der Aufwand für Kontrollen. Vertrauen ist also Geld wert. Es steigert die Effizienz der Zusammenarbeit und vereinfacht die Koordination. Auf einer vertrauensvollen Basis gedeihen eigenverantwortliches Handeln und Kreativität. Das stärkt die Leistungskraft eines Unternehmens bei gleichzeitiger Minimierung der Kosten. Vertrauen bewegt Menschen dazu, ihr Geld in ein Unternehmen zu investieren, und hat deshalb sogar einen direkten Einfluss auf den Wert des Unternehmens. Der Handel und die gesamte Ökonomie, wie wir sie kennen, wären ohne Vertrauen völlig undenkbar. Das ist ein wesentlicher Grund dafür, dass immer mehr Unternehmen in eine glaubwürdige und vertrauenerweckende Kommunikation investieren. Sie wissen: Vertrauen ist ein wertvolles Gut und nur kurzsichtige Unternehmer werden dieses Kapital leichtfertig aufs Spiel setzen.

Glaubwürdigkeit und das Kommunikationsverhalten sind untrennbar miteinander verwoben. Ein Mensch, dem seine Glaubwürdigkeit wichtig ist, wird keinen Wert auf reine Lippenbekenntnisse legen; er wird seinen Worten auch Taten folgen lassen. Jeder Gesprächspartner weiß es zu schätzen, wenn sein Gegenüber nicht nur heiße Luft produziert, sondern explizit zu dem steht, was er sagt. Vertrauen entsteht immer erst dann, wenn ein Mensch für vertrauenswürdig befunden wird und dies auch unter Beweis stellen kann. Nicht umsonst sind es vorzugsweise die charakterstarken Menschen, denen wir unser Vertrauen schenken. Wir gehen bei ihnen zu Recht davon aus, dass sie das in sie gesetzte Vertrauen nicht missbrauchen. Die Fähigkeit, Vertrauen zu erwecken, nimmt eine Schlüsselrolle im kommunikativen Prozess ein. In einer vertrauensvollen Atmosphäre können sich die Dinge entwickeln. Einem Menschen, den wir für glaubwürdig halten, begegnen wir automatisch mit einer gewissen Hochachtung. Wir gehen davon aus, dass es sich um eine ausgewogene Persönlichkeit handelt, bei der Worte und Taten übereinstimmen. Wenn wir einen Menschen für glaubwürdig halten, dann halten wir den Inhalt der Kommunikation für wahr, wir glauben ihm. Wenn wir eine Person für vertrauenswürdig halten, dann entsteht eine bestimmte Haltung gegenüber dem anderen, es entsteht Vertrauen. Deshalb gehen Glaubwürdigkeit und Vertrauenswürdigkeit Hand in Hand.

Glaubwürdige Menschen überzeugen, weil Worte und Taten übereinstimmen.

20 Tipps für eine glaubwürdige Kommunikation

Um dieses Ziel zu erreichen, müssen wir etwas tun. Es betrifft vor allem unsere Kommunikation und das persönliche Verhalten im Gespräch. Wenn Sie als glaubwürdiger Mensch wahrgenommen werden wollen, dem andere ihr Vertrauen schenken, beachten Sie in allen Gesprächen die folgenden 20 Punkte:

1. **Formulieren Sie sprachlich korrekt!** Gerade im beruflichen Kontext und bei offiziellen Anlässen lassen sprachliche Fehler Sie inkompetent erscheinen. Und ein Mangel an Kompetenz führt sehr schnell zu einem Glaubwürdigkeitsverlust. Würden Sie nicht auch skeptisch werden, wenn ein Verkäufer Sie von den Vorzügen eines Produkts überzeugen will, er den Produkt-

namen jedoch ständig falsch ausspricht? Achten Sie deshalb auf eine korrekte Ausdrucksweise.

2. **Sprechen Sie abwechslungsreich und lebendig!** Eine abwechslungsreiche und lebendige Sprache lässt sie kompetent erscheinen, das wird wiederum mit Intelligenz in Verbindung gebracht – und intelligente Menschen wirken eher glaubwürdig als weniger kluge. Nutzen Sie zum Beispiel eine bildhafte Sprache. Eine plastische Ausdrucksweise hat mehrere Vorteile: Sie erscheinen dadurch kompetent, erleichtern Ihrem Gesprächspartner das Verständnis, schützen ihn vor Langeweile und erhöhen seine Aufmerksamkeit – all das stärkt Ihre Glaubwürdigkeit.

3. **Nennen Sie nötige Informationen und verzichten Sie auf unnötige Details!** Insbesondere wenn es um komplexe Gesprächsthemen geht, sollten Sie den Gesprächspartner ausreichend, jedoch nicht zu ausführlich informieren. Nennen Sie die wichtigen Informationen, verzetteln Sie sich jedoch nicht bei den Details. Wer sein Gegenüber gut über einen Sachverhalt informiert und auch über mögliche Risiken aufklärt, beweist damit, dass er gute Kenntnisse von der Materie hat, und erscheint glaubwürdig. Wer es jedoch übertreibt und von Hölzchen aufs Stöckchen kommt, läuft damit Gefahr, eher Misstrauen zu schüren. Ein gutes Gespür dafür, welche Informationen einem Gesprächspartner wichtig sind und welche nicht, erhöht eindeutig die eigene Glaubwürdigkeit. Außerdem hat die Aufmerksamkeit eines Gesprächspartners ihre Grenzen. Halten Sie sich also nicht mit Nebensächlichkeiten auf, sondern kommen Sie auf den Punkt. Wenn Sie hingegen auf wichtige Aspekte verzichten, nur damit es nicht so lange dauert, kann das auch zu Verständnisproblemen führen. Der ideale Weg liegt in der Mitte.

4. **Sprechen Sie verbal und nonverbal dieselbe Sprache!** Widersprüchliche oder missverständliche Aussagen auf unterschiedlichen Kommunikationskanälen machen den Gesprächspartner

misstrauisch. Wenn Sie beispielsweise einem Freund sagen, dass Sie ihm gern helfen werden, dabei jedoch einen gequälten Gesichtsausdruck machen, wird das nicht gerade Ihre Glaubwürdigkeit untermauern. Verhalten Sie sich außerdem im Gespräch so, dass es einerseits zu Ihrem persönlichen Stil und andererseits zum Gesprächsthema passt. Wenn beispielsweise ein eher zurückhaltender Mensch in einem Gespräch plötzlich ungewohnt euphorisch auftritt, kann das seiner Glaubwürdigkeit durchaus schaden.

5. **Verzichten Sie auf Floskeln!** Wer seine Sprache mit Floskeln überfrachtet, verliert damit seine Glaubwürdigkeit. Viele dieser Formulierungen klingen einfach nicht ehrlich. Wenn beispielsweise ein Verkäufer zum x-ten Mal betont, das Produkt sei »das allerbeste auf dem Markt«, dürfte das kaum noch einen Kunden überzeugen. Oder stellen Sie sich vor, Sie erzählen einem Freund von einem ernsthaften Problem und ihm fällt daraufhin nichts Besseres ein als ein lahmes »Das wird schon wieder«. Sehr glaubhaft klingt das nicht. Vermeiden Sie daher den Gebrauch von Floskeln und leeren Worthülsen – insbesondere dann, wenn Sie andere von etwas überzeugen wollen.

6. **Formulieren Sie verbindlich, statt Ihre eigenen Aussagen gleich zu relativieren!** Wenn Sie Ihre Aussagen mit der Wendung »Ja, aber …« oder mit etlichen Konjunktiven und abschwächenden Wörtern wie »eigentlich«, »irgendwie«, »womöglich« usw. selbst relativieren, erwecken Sie den Eindruck, dass Sie sich Ihrer Sache nicht sicher sind. Man wird vermuten, dass Ihre Aussagen im Zweifelsfall nicht lange Bestand haben. Ihre Gesprächspartner werden Ihnen dann weder Kompetenz noch Vertrauenswürdigkeit und Glaubwürdigkeit zusprechen.

7. **Gestehen Sie Fehler und Versäumnisse offen ein!** Wer einen Fehler, ob groß oder klein, begeht, hat anschließend drei Kommunikationsmöglichkeiten: 1. Die Sache totschweigen und hoffen, dass sie nicht ans Licht kommt. 2. Sie anderen in die Schuhe

schieben oder die misslichen Umstände zumindest mitverantwortlich machen. 3. Den Fehler oder das Versäumnis offen eingestehen und die Verantwortung dafür übernehmen. Wenn Sie Letzteres freiwillig und frühzeitig tun, wird Ihnen das hoch angerechnet und es wird Ihre Glaubwürdigkeit stärken. Von den ersten beiden Varianten ist dagegen dringend abzuraten.

8. **Kommunizieren Sie widerspruchsfrei!** Bekanntlich kann von zwei sich widersprechenden Aussagen eine nicht der Wahrheit entsprechen. Glaubwürdig ist es jedenfalls nicht, wenn ein Mensch zwei Meinungen zu ein und derselben Sache hat oder mal dies und dann wieder das Gegenteil davon behauptet. Es stärkt hingegen die Glaubwürdigkeit, wenn ein Mensch seine Meinung verbindlich vertritt und auch dann nicht zurückrudert, wenn andere Menschen seine Ansichten nicht teilen. Das heißt natürlich nicht, dass man seine Meinung nicht revidieren dürfte (denn dafür gibt es oftmals gute Gründe), man sollte jedoch sein Fähnchen nicht immer nach dem Wind drehen und sich an die alte Funkerweisheit halten »Erst denken, dann reden«.

9. **Denken Sie heute daran, was Sie gestern gesagt haben!** Wenn Sie damals mit Vehemenz eine Meinung vertreten haben und heute völlig anderer Ansicht sind, dann besteht zumindest Erklärungsbedarf. Vertrauen ergibt sich auch aus zeitlicher Konsistenz – wenn Worte über einen lange Zeitraum Bestand haben und Ihre Gesprächspartner davon ausgehen können, dass Sie auch morgen noch zu Ihren Worten stehen. Wer dagegen nach dem Motto »Was interessieren mich meine Worte von gestern« handelt, wird seine Glaubwürdigkeit schnell verspielen.

10. **Achten Sie auf eine angemessene Wortwahl!** Es kommt nicht nur darauf an, *was* Sie sagen, sondern auch darauf, *wie* Sie es sagen. Den jeweils richtigen Ton und die passenden Worte zu finden, erfordert Aufmerksamkeit und Einfühlungsvermögen. Was in der einen Situation angemessen ist, kann in der

nächsten völlig unangebracht sein – auch wenn Sie inhaltlich dasselbe sagen. Stimmen Sie Ihre Worte auf den jeweiligen Gesprächspartner ab und formulieren Sie Ihr Anliegen so, dass Sie den Gesprächspartner auch tatsächlich erreichen. In vielen Fällen hilft die Formel: nicht zu fachspezifisch, nicht zu umgangssprachlich, dafür anschaulich und einprägsam.

11. **Bleiben Sie authentisch!** Alle Bemühungen um Glaubwürdigkeit verlaufen im Sand, wenn sie gekünstelt oder gewollt erscheinen. Schlüpfen Sie also nicht in eine Rolle, die nicht zu Ihnen passt. Wenn Sie versuchen, anderen etwas vorzumachen, geht dies zulasten Ihrer Authentizität. Mangelnde Authentizität führt wiederum zu fehlender Glaubwürdigkeit und Vertrauensverlust. Sobald Eigenschaften vorgetäuscht, simuliert oder einzig aus Kalkül eingesetzt werden, bleiben sie ein Abklatsch der echten Person. Wenn jemand nicht authentisch ist, geht nicht nur ein großer Teil seiner Ausstrahlungskraft verloren; jede Selbstinszenierung – so geschickt sie auch sein mag – stellt die eigene Glaubwürdigkeit infrage. Wer in eine Rolle schlüpft, kann sich nicht mehr frei bewegen: Natürlichkeit und Gelassenheit bleiben dabei auf der Strecke. Viele Menschen haben außerdem ein sehr gutes Gespür und können sehr wohl zwischen Schein und Sein unterscheiden. Wer entlarvt wird, verliert seine Glaubwürdigkeit und erntet Skepsis und Argwohn. Authentische Personen hingegen werden mit Vertrauen belohnt.

12. **Vermeiden Sie monotone Schachtelsätze ohne Punkt und Komma!** Formulieren Sie abwechslungsreich und machen Sie auch einmal einen Punkt. Dauerrednern, die Satzungetüm an Satzungetüm reihen, hört niemand richtig zu. Wenn Sie glaubwürdig wirken wollen, sollten Ihre Gesprächspartner Ihnen gern zuhören und Ihnen auch folgen können. Kurze präzise Sätze sind hier wesentlich vorteilhafter als lange, ermüdende Satzkonstruktionen.

13. **Argumentieren Sie logisch und partnerorientiert!** In vielen Gesprächen geht es darum, die eigenen Standpunkte zu vertreten und den Gesprächspartner zu überzeugen. Dafür braucht es gute Argumente, das ist klar. Doch was ist ein gutes Argument? Die Antwort wird Sie vielleicht überraschen: Ob ein Argument gut ist, entscheidet immer der Adressat, also der Gesprächspartner. Denken Sie bei Ihrer Argumentation daher daran, was Ihrem Gesprächspartner wichtig ist, welche Bedürfnisse er hat und was ganz speziell ihn überzeugen könnte. So finden Sie die überzeugendsten und auch glaubwürdigsten Argumente. Darüber hinaus sollten Sie logisch, plausibel, nachvollziehbar und verständlich argumentieren. Und wer seine Argumente mit Beweisen untermauern kann, wird immer glaubwürdiger sein als ein anderer, der lediglich Behauptungen aufstellt.

14. **Kommunizieren Sie verständlich!** Wer Sie nicht versteht, wird Ihnen auch nicht glauben. Eine verständliche Sprache ist deshalb eines der wichtigsten Elemente einer glaubwürdigen Kommunikation. Versetzen Sie sich in die Lage Ihres Gesprächspartners und kommunizieren Sie so, dass er Sie wirklich versteht.

15. **Denken Sie an die Emotionen, die Ihre Worte auslösen!** Gespräche, bei denen keinerlei Emotionen gezeigt werden, sind meist nicht nur fade, sondern auch wenig überzeugend. Wer selbst emotional bei der Sache ist und sich mit spürbarem Engagement für seine Ideen einsetzt, ist natürlich glaubwürdiger und damit überzeugender als ein anderer, der emotional unbeteiligt erscheint. Emotionen sind ein Beweis für Ehrlichkeit. Über eine emotionale Sprache finden Sie auch leichter Zugang zu Ihrem Gesprächspartner und steigern seine Aufmerksamkeit. Doch Emotionen haben auch ihre Tücken: Achten Sie darauf, bei Ihrem Gesprächspartner nicht ungewollt einen wunden Punkt anzusprechen. Plumpes Verhalten kann die Situation sofort verändern und das bis dahin Erreichte schnell wieder zunichtemachen.

16. **Versuchen Sie nicht, Ihre Gesprächspartner zu manipulieren!** Wer seine Interessen durchsetzen will, greift zuweilen zu unfairen Mitteln und versucht, seinen Gesprächspartner zu überreden oder ihn in eine bestimmte Richtung zu lenken, kurz: ihn zu manipulieren. Selbst wenn es Ihnen gelingt, den Gesprächspartner auf diese Weise zu beeinflussen, ist der Preis dafür meist sehr hoch: Oft sind es nur Einmalerfolge – wird ein Mensch gegen seine ursprüngliche Überzeugung zu etwas gedrängt, wird er spätestens beim nächsten Gespräch besser auf der Hut sein. Jemand, der zu etwas überredet wurde und gegen seinen Willen handelt, wird kaum mit ganzem Herzen bei der Sache sein. Noch größer ist die Gefahr, dass der Gesprächspartner die Manipulationsabsichten durchschaut und eine Abwehrhaltung einnimmt – der Manipulierende verliert derweil seine Glaubwürdigkeit und wird es künftig schwer haben, andere zu überzeugen. Setzen Sie daher besser auf echte Überzeugungskraft und handeln Sie nach dem Motto »Überzeugen statt überreden«.

17. **Verzichten Sie auf Übertreibungen!** Alle Übertreibungen, die in keinem nachvollziehbaren Verhältnis zu den Tatsachen stehen, führen zu einem rapiden Glaubwürdigkeitsverlust. Verzichten Sie daher auf Superlative (das Beste, Schönste, Neueste usw.), wenn sie nicht wirklich der Wahrheit entsprechen – und das ist meist nicht der Fall.

18. **Bleiben Sie nicht immer bierernst!** Humorvolle Menschen sind sympathisch und kluger Humor wirkt darüber hinaus kompetent. Allerdings muss Humor passend und angemessen sein. Menschen, die auch über sich selbst lachen können, stärken dadurch ihre Glaubwürdigkeit.

19. **Wenn Sie begeistert sind, zeigen Sie es!** Begeisterung ist ansteckend. Die eigene Begeisterung und ein engagiertes Eintreten für eine Sache wird andere mitreißen. Die Frage nach der Glaubwürdigkeit stellt sich erst gar nicht, wenn jemand vol-

ler Leidenschaft für etwas eintritt. Nichts ist glaubwürdiger als der eigene Enthusiasmus. Wenn Sie von Ihren Ideen und Zielen wirklich überzeugt sind, werden auch andere ihre Zweifel schnell vergessen und Ihnen bereitwillig zustimmen. Es gibt keinen Grund, diesen Enthusiasmus zu verbergen. Die eigene Begeisterung hat eine geradezu magische Wirkung, der sich kaum jemand entziehen kann. Wenn an sich einleuchtende gute Argumente hingegen ohne Leidenschaft und ohne rechten Elan vorgetragen werden, verfehlen sie schnell ihr Ziel.

20. **Beteuern Sie nicht Ihre eigene Glaubwürdigkeit!** In Sachen Glaubwürdigkeit nützt es gar nichts, wenn Sie selbst darauf hinweisen, dass Sie glaubwürdig sind. Im Gegenteil: Wer ständig beteuert, völlig glaubwürdig zu sein, sät damit meist nur Misstrauen und Zweifel an dem Wahrheitsgehalt der Aussagen.

Wenn Sie diese 20 Tipps in der Praxis umsetzen, wird das Ihre persönliche Glaubwürdigkeit erhöhen. Denken Sie jedoch daran: Glaubwürdigkeit ist schnell wieder verspielt. Es nützt daher wenig, nur hin und wieder vorbildlich zu agieren, um dann wieder jemandem das Blaue vom Himmel zu versprechen. Bekennen Sie Farbe, stehen Sie zu Ihren eigenen Worten und kommunizieren Sie ehrlich. Langfristig ist eine solche Art der Kommunikation immer die erfolgversprechendste. Sie stärken damit auch Ihr persönliches Ansehen. Übrigens: Die genannten Tipps gelten in ähnlicher Weise auch für die schriftliche Kommunikation.

7. Weniger ist manchmal mehr – vom Wert der Zurückhaltung

Kein Mensch ist perfekt und niemand ist in der Lage, sich jederzeit vorbildlich zu verhalten und wie ein geborener Diplomat zu agieren. Dafür sind die Situationen, in die wir geraten können, viel zu komplex, zu unvorhersehbar und mitunter emotional zu aufgeladen. Doch jeder hat die Möglichkeit, es sich (und anderen) gerade in aufgeheizten Situationen etwas leichter zu machen. Viele Menschen denken, dass jemand, der die Aufmerksamkeit auf sich zieht, seine Ellenbogen einzusetzen weiß und sich in den Vordergrund drängt, sowieso immer die besseren Karten hat. Der stille, bescheidene Typ hat in ihren Augen oft das Nachsehen. Diese Vorstellung ist nicht nur falsch, sie führt auch dazu, dass wir hin und wieder allzu forsch und damit leider auch nicht immer sehr clever agieren.

Laute Selbstdarsteller ernten zwar viel Aufmerksamkeit, doch häufig keine Sympathien.

Ein extrovertiertes Verhalten bringt zwar Aufmerksamkeit, macht den Selbstdarsteller jedoch noch lange nicht sympathisch. Oft ist genau das Gegenteil der Fall. Die lauten Platzhirsche sind gegenüber zurückhaltend und bescheiden auftretenden Menschen häufig sogar im Nachteil. Viele Menschen sind zwar davon überzeugt, dass es im Beruf vor allem auf die Ellenbogen ankommt. Eine Studie der Universität Bonn kommt allerdings zu einem ganz anderen

Ergebnis: Bescheidenheit hilft dabei, Karriere zu machen.* Wer sich schon einmal genauer mit der unterschiedlichen Wirkung von Menschen befasst hat, wird über das Resultat dieser Studie nicht überrascht sein. Fragen Sie sich doch einfach selber einmal, was Sie beispielsweise an einem Arbeitskollegen schätzen. Vermutlich sind es meist Qualitäten wie diese:

- Er kann sowohl im Gespräch unter vier Augen als auch in Teamsitzungen ruhig und aufmerksam zuhören. Dabei fällt er niemandem ins Wort, sondern hält sich zurück und beobachtet genau. Erst dann sagt er etwas, das gut durchdacht ist und die Fragestellung aus mehreren Perspektiven beleuchtet. Oder er bringt die Sache auf den Punkt und stellt Fragen, die das Gespräch vertiefen oder in eine sinnvolle Richtung lenken.
- Er kann sich sehr gut in die Lage eines anderen versetzen. Da er sich nicht durch Oberflächlichkeiten ablenken lässt, ist er mit voller Konzentration bei der Sache und sieht auch Dinge, die den meisten Menschen entgehen.
- Der Kollege handelt sehr bedacht und mit Weitblick. Vor allem bei wichtigen Dingen überlegt er genau, wie er etwas angeht. Er behält stets den Überblick und bleibt auch unter Zeitdruck souverän.
- Er respektiert seine Kollegen, spricht nie negativ über andere und freut sich nicht nur über die eigenen Erfolge, sondern auch über die der anderen.
- Er kann sich selbst zurücknehmen und muss nicht immer in der ersten Reihe stehen. Er stellt die eigenen Leistungen nicht permanent in den Vordergrund.

Jedes Unternehmen kann sich glücklich schätzen, wenn es Mitarbeiter mit diesen wertvollen Eigenschaften hat. Das heißt: Beschei-

---

* Blickle, Gerhard; Witzki, Alexander H.; Schneider, Paula B.: Mentoring Support and Power: A Three Year Predictive Field Study on Protégé Networking and Career Success. Journal of Vocational Behavior, 74 / 2009, S. 181 – 189.

denheit und Zurückhaltung sind keine Karrierehindernisse – ganz im Gegenteil. Laut der Bonner Studie, bei der junge Nachwuchskräfte in ihren ersten fünf Berufsjahren begleitet wurden, trägt ein bescheidenes Auftreten maßgeblich dazu bei, Unterstützer innerhalb des Unternehmens zu finden. Diese Unterstützung führt nachweislich zu einem höheren Einkommen und einem schnelleren Aufstieg innerhalb des Unternehmens. Das positive Auftreten steigert also, im Gegensatz zur plumpen, substanzlosen Selbstdarstellung, den eigenen Marktwert und fördert die Karriere. Und nicht nur das: Menschen, die sich nicht ständig in den Vordergrund drängen, stehen generell hoch im Kurs.

Bescheidenheit und Zurückhaltung können auch die Karriere positiv beeinflussen.

Das soll natürlich nicht heißen, dass Sie nun immer Ihr Licht unter den Scheffel stellen müssen! Es ist nur einfach so, dass in einer Zeit, die zunehmend von Misstrauen geprägt ist, gerade die etwas zurückhaltenderen, weniger impulsiven und introvertierteren Menschen gut ankommen. Sie wirken authentisch und erwecken Vertrauen. Von einer gewissen Bescheidenheit geht oft eine Sogwirkung aus. Der Bodenständige hinterlässt in den meisten Fällen einen stärkeren Eindruck als der selbsternannte Zampano. Wer bescheiden ist, läuft kaum Gefahr, andere Menschen vor den Kopf zu stoßen.

Dennoch muss natürlich auch der zurückhaltende Typ zeigen, was er zu bieten hat. Dafür gibt es zahlreiche Möglichkeiten, die allesamt nichts mit Schaumschlägerei zu tun haben: Auch wenn bescheidenen Menschen jede Art von Prahlerei fernliegt, gibt es doch keinen Grund, die eigenen Fähigkeiten und Leistungen zu verstecken. Es ist ja schon viel wert, bestimmte Dinge eben *nicht* zu tun: sich nicht über widrige Umstände oder Überlastung beklagen; nicht impulsiv oder aufbrausend reagieren; nicht die eigenen Fehler verstecken; sich nicht gegen neue Herausforderungen sperren. Wer all das umgeht, dessen Glaubwürdigkeit wird erhöht und das

Vertrauen, das andere ihm entgegenbringen, nachhaltig gestärkt. Es ist also nicht weiter verwunderlich, dass es bescheidenen Menschen leichter fällt, Unterstützer zu finden und so (nicht nur im Beruf) erfolgreicher und zufriedener zu sein.

Das richtige Maß bei der Selbstdarstellung

Manche Menschen nutzen jede passende und unpassende Gelegenheit, um sich in den Mittelpunkt zu drängen und alle anderen schlecht aussehen zu lassen. Sie wollen um jeden Preis auffallen, um wahrgenommen zu werden und ihre Fähigkeiten zur Schau zu stellen. Doch bewirkt gerade dieses Verhalten meist nur das Gegenteil vom Erhofften. Es ist nicht nur ein Sympathiekiller, sondern erweckt obendrein noch den Eindruck, dass diese Menschen es wohl besonders nötig haben, sich in den Vordergrund zu spielen. Leider merken die Betroffenen selbst von dieser Wirkung oft nichts. Statt sich, wie erhofft, einen Vorteil zu verschaffen, schaden sie sich vor allem selbst.

Eine weitaus überzeugendere Methode der Selbst-PR geht so: Sie sollten mit den eigenen Erfolgen, Leistungen und Fähigkeiten zwar nicht hinter dem Berg halten, sie jedoch auf eine bescheidene Art kommunizieren – also ruhig darüber reden, jedoch nicht bei jeder Gelegenheit, und wenn, dann sachlich. Lassen Sie die Ergebnisse für sich sprechen. Das Loben sollte man auf jeden Fall anderen überlassen. Echte Anerkennung von Dritten nutzt weitaus mehr als überzogenes Eigenlob, mit dem man sich nur selbst diskreditiert. Die denkbar schlechteste Variante der Selbst-PR: Eigenlob in Kombination damit, andere schlecht zu machen. Machen Sie es genau andersherum, das weckt Sympathie und verhilft zu positiver Aufmerksamkeit.

Wie würden Sie sich entscheiden: 1000 Euro heute oder 2000 in einem Jahr?

Bescheidenheit und ein Gespür dafür, wann Zurückhaltung angebracht ist, sind wesentliche Tugenden diplomatischer Menschen. Verbunden mit einer ausgeprägten Selbstkontrolle sowie Beharrlichkeit und Geduld entsteht echte Diplomatie. Sie basiert darauf, mit einem gesunden Bewusstsein für die Folgen und die Tragweite der eigenen Taten vernünftig und weitsichtig zu handeln. Doch mit der Selbstkontrolle ist es bei uns Menschen zuweilen nicht allzu weit her. Ein eindrucksvolles Beispiel gibt der berühmte Marshmallow-Test, der zwischen 1968 und 1974 von dem amerikanischen Persönlichkeitspsychologen Walter Mischel durchgeführt wurde. Wie genial er war, wurde allerdings erst Jahre später entdeckt. Bei diesem Test wurden Kinder vor eine für sie schwierige Entscheidung gestellt: Sie konnten entweder sofort einen Marshmallow essen oder nach einer Wartezeit von 20 Minuten zwei Marshmallows bekommen. Einige der Kinder meisterten die Herausforderung, viele nicht. Dreizehn Jahre später besuchte Mischel die Teilnehmer erneut – und stellte fest: Der Test hatte gewissermaßen in die Zukunft geblickt. Er sagte viele Eigenschaften, die diese Kinder mehr als zehn Jahre später zeigen würden, mit unerwarteter Genauigkeit voraus. Aus einem einzigen Messwert – die Anzahl der Minuten, die ein Kind warten konnte – ließ sich ablesen, ob ein Kind später ausgeglichen und kooperativ war, ob es Initiative zeigte und welche Schulnoten es nach Hause brachte. Selbst als die Probanden längst erwachsen waren, konnten aus den früheren Testresultaten noch Rückschlüsse über ihr Selbstbewusstsein und ihre Stressresistenz gezogen werden.

Selbstkontrolle macht uns sozial kompatibel und trägt dazu bei, dass wir vernünftig entscheiden und handeln.

Das Experiment zeigte: Wer sich bereits als Kind selbst kontrollieren kann und Geduld hat, wird später mit höherer Wahrscheinlichkeit erfolgreich sein. Doch die Versuchung, sich anders zu verhalten, ist häufig zu groß, zumal es im späteren Leben nicht nur um Marshmallows geht. Selbstkontrolle ist aber auf jeden Fall ein Erfolgsfaktor und trägt maßgeblich dazu bei, dass wir vernünftig und sinnvoll handeln. Erst die Fähigkeit zur Selbstkontrolle macht uns sozial kompatibel und befähigt uns zur konstruktiven Teilnahme am gesellschaftlichen Leben – und wir brauchen sie jeden Tag, um anderen mit Taktgefühl zu begegnen, Emotionen im Zaum zu halten und auch in schwierigen Situationen die Contenance zu bewahren. Würden wir jedem Impuls nachgeben, hätte das drastische Folgen. Denn wohl jeder hätte seinem Chef schon einmal gern die Meinung gegeigt oder den Nachbarn zur Schnecke gemacht. Die Vorstellung, das eigene Unverständnis einmal hemmungslos mit heftigen Worten zum Ausdruck zu bringen und nicht immer gute Miene zum bösen Spiel zu machen, ist natürlich verlockend. Doch davor bewahrt uns eine gut funktionierende Selbstkontrolle. Ohne sie würden wir morgens nicht einmal aus dem Bett kommen, wenn wir uns noch müde fühlen und keine Lust auf den Job haben. Doch statt uns einfach gehen zu lassen, versuchen wir, unsere Emotionen und Impulse unter Kontrolle zu behalten – und das hat Vorteile. Schließlich wissen wir genau, was passieren würde, wenn wir all das in die Tat umsetzen würden, wonach uns gerade so ist. Unser Verhalten wäre im höchsten Maße undiplomatisch; schon nach kurzer Zeit wären wir in die unangenehmsten Situationen verstrickt und müssten die Konsequenzen tragen. Eine funktionierende Selbstkontrolle schützt uns genau davor – allerdings längst nicht immer.

Dank unserer Fähigkeit zur Selbstkontrolle sind wir Impulsen, Verlockungen und Emotionen nicht hilflos ausgeliefert.

Denn jeder kann einmal die Fassung verlieren und etwas tun, was er später nicht mehr versteht. Der Umgang mit negativen Empfindungen ist oft problematisch. Wenn es um heikle und delikate Themen geht, wenn ein Gesprächspartner sich im Ton vergreift oder kühne Behauptungen aufstellt, die der eigenen Meinung widersprechen, können Emotionen schnell überkochen. Anfangs

Versagt unsere Selbstkontrolle, bleibt die Diplomatie schnell auf der Strecke.

ist man vielleicht noch geneigt, die Dinge zu überhören oder einfach zu schlucken – doch irgendwann ist schließlich ein Punkt erreicht, an dem uns der Kragen platzt. Schlimmstenfalls kommt es zu cholerischen Ausbrüchen oder verbalen Tiefschlägen: Entgleisungen dieser Art machen eine stilvolle Kommunikation abrupt zunichte, sie widersprechen obendrein der Grundhaltung der Diplomatie und eines souveränen Auftretens. Denn wer einmal in Rage gerät, schießt oft über das Ziel hinaus und vergiftet damit das Gespräch. *Schon leichte Regungen von Ungeduld und Zorn reizen zu noch mehr Ungeduld und Zorn, woraus sich oft ein geradezu lächerliches Missverhältnis zwischen Anlass und Folge ergibt.** Diese Worte des französischen Schriftstellers Alain bringen das Problem auf den Punkt und zeigen, wie wichtig die Selbstkontrolle für das Gespräch ist.

Die Selbstkontrolle schützt uns auch davor, mancherlei Impulsen, Verlockungen und Versuchungen nachzugeben. Gelegenheiten gibt es zuhauf: Wer sich im Beruf massiv ärgert, ist innerlich versucht, der Personalabteilung seine Kündigung auf den Tisch zu knallen. Und natürlich macht es Spaß, sich trotz des miesen Kontostands eine kostspielige Anschaffung zu gönnen. Schließlich erhalten wir die Quittung in Form von Reue erst später. Schwierig wird es aber dann, wenn wir die Konsequenzen für einen kurzfristigen Genuss mühsam wieder ausbaden müssen. Doch genau an dieser Stelle spielt uns die Psyche schnell einen Streich.

Eigentlich ist es uns allen klar: Um das Leben einigermaßen gut zu bewältigen, sollten wir kurzfristigen Verlockungen zugunsten langfristiger Ziele entsagen. Doch in der Praxis sieht die Sache oft ganz anders aus. Von der kurzfristigen Versuchung lassen wir Er-

---

* Alain: Die Pflicht, glücklich zu sein. Frankfurt am Main: Suhrkamp, 1982, S. 158

wachsenen uns ebenso gern blenden wie die Kinder, die lieber einen Marshmallow jetzt sofort essen als später zwei. Möchten Sie lieber jetzt sofort 1000 Euro erhalten oder 2000 Euro in einem Jahr? Es wäre zweifellos vernünftig, in einem Jahr die doppelt so hohe Summe zu nehmen. Doch vielleicht können Sie gerade jetzt den kleineren Betrag so gut gebrauchen. Und außerdem: Was man hat, kann einem keiner mehr nehmen – also nehme ich lieber die 1000 Euro sofort, statt zu warten.

Das gleiche Prinzip wirkt bei nahezu allen Vorhaben und Zielen. Wer beispielsweise das Rauchen aufgeben möchte, steckt in einer emotionalen Zwickmühle: Eine Zigarette zu rauchen, führt kurzfristig zu einem erhöhten Genuss, es besteht allerdings das Risiko, in ferner Zukunft ernsthaft zu erkranken. Wer eine Diät machen möchte, steht vor einem ähnlichen Problem. In beiden Fällen neigen wir dazu, der akuten Versuchung nachzugeben, statt auf den langfristigen Erfolg zu setzen. Das macht beides so schwierig: Wenn ich jetzt, trotz der Diät, ein üppiges Essen zu mir nehme, geht es mir kurzfristig gut, allerdings langfristig schlecht. Widerstehe ich der Versuchung, geht es mir kurzfristig nicht ganz so gut, dafür langfristig umso besser. Selbstkontrolle bedeutet also, das eigene Verhalten mit Blick auf die langfristigen Konsequenzen zu steuern.

Eine besondere Herausforderung für die Selbstkontrolle sind kurzfristige Versuchungen, die einem langfristigen Ziel im Wege stehen.

Die eigene Fähigkeit zur Selbstkontrolle nicht überschätzen

Doch jeder Mensch hat nur eine begrenzte Kapazität zur Selbstbeherrschung. Anspruchsvolle emotionale Aufgaben und ambitionierte Ziele strapazieren die Selbstkontrolle so stark, dass mitunter ein Kontrollverlust droht. Manche schaffen es allerdings doch. Was

Die eigene Selbstkontrolle hat ihre Grenzen. Diese Grenzen zu kennen, schützt davor, die eigene Willensstärke zu überfordern.

ist deren Geheimnis? Die pure Willenskraft? Eher nicht. Erfolgreiche Selbstkontrolle hat entgegen einer verbreiteten Meinung weniger damit zu tun, dass wir uns tapfer gegen die Versuchungen wehren. Es geht vielmehr darum, sich seiner begrenzten Abwehrkräfte bewusst zu sein – und Vorsichtsmaßnahmen zu ergreifen. Je mehr wir unsere Fähigkeit zur Selbstkontrolle überschätzen, desto weniger können wir Versuchungen widerstehen. Das hängt damit zusammen, dass Menschen, die ihre Fähigkeiten überschätzen, weniger tun, um Versuchungen aus dem Weg zu gehen. Sie geraten daher leichter in gefährliche Situationen – weil sie davon überzeugt sind, der Versuchung widerstehen zu können. Und genau das entpuppt sich dann oft als Irrtum.

Es ist wesentlich weitsichtiger, den Versuchungen möglichst aus dem Weg zu gehen und sich erst gar nicht in eine Situation zu bringen, die zu viel Widerstandskraft erfordert. Wer seine Selbstkontrolle stärken will, schafft es vor allem durch eine realistische Einschätzung seiner Fähigkeiten. Außerdem hilft eine weitsichtige Planung: Es ist beispielsweise wenig sinnvoll, mit dem Rauchen aufhören zu wollen, während man eine Diät macht. Damit würden wir uns mit Sicherheit überfordern und vermutlich weder das eine noch das andere erfolgreich zu Ende bringen.

Die Selbstkontrolle ist eine wichtige Tugend der Diplomaten. Warum? Erst durch die Selbstkontrolle wird auch auf lange Sicht ein vernünftiges Handeln möglich. Der Begriff »Vernunft« meint das Vermögen des Menschen, Einsichten zu gewinnen, Zusammenhänge zu erkennen, Dinge zu überschauen und sinnvoll einzuordnen, die Rangordnung der gegebenen Werte zu erkennen und das eigene Handeln danach auszurichten. Kurzfristige Handlungsimpulse und starke Emotionen mindern die Möglichkeit, in diesem Sinne vernünftig zu handeln. Sobald die Selbstkontrolle versagt, ist das nicht mehr möglich.

Geduld ist daher die große Stärke der Diplomaten. Statt die Dinge übers Knie zu brechen, sollten wir überlegt handeln. Wer ungeduldig ist, handelt oft unvernünftig. Er ist nicht in der Lage, Strategien, die auf lange Sicht angelegt sind, gezielt zu verfolgen. Wer sich im Moment der größten Erregung und drängender Handlungsimpulse zurückhalten kann, hat gute Chancen, das Gewünschte später zu erreichen. Er wird naturgemäß auf weniger Widerstand treffen und natürlich auch das Risiko mindern, sein persönliches Umfeld vor den Kopf zu stoßen. Auch das ist Diplomatie.

Selbstkontrolle macht es möglich, nachhaltige Entscheidungen zu treffen und langfristig vernünftig zu handeln.

8. Das gute Gespräch

Ein Buchkapitel »Das gute Gespräch« zu nennen, ist optimistisch. Bevor wir ein Gespräch mit dem Attribut »gut« versehen können, muss es ja überhaupt erst einmal stattfinden. Und genau darin liegt das erste Problem: Es wird einfach zu wenig miteinander gesprochen. Oft sind wir uns der Wichtigkeit von Gesprächen nicht einmal bewusst. Es hält sich auch hartnäckig das Vorurteil, dass Gespräche zu viel Zeit kosten, obwohl es im Grunde genau andersherum ist: Missverständnisse, Irritationen und Fehler, die sich daraus ergeben, dass man *nicht* miteinander redet, kosten ein Vielfaches der Zeit, die ein klärendes Gespräch beanspruchen würde – und oft auch noch Geld. Dennoch werden selbst wichtige Probleme häufig nur im Vorbeigehen angesprochen, auf die lange Bank geschoben oder gleich völlig umgangen. Lieber schweigen und schwierigen Situationen ausweichen, lautet das Motto.

Miteinander reden

Wenn die Beteiligten den Gesprächsbedarf nicht erkennen oder bewusst ignorieren, werden sie zu wenig miteinander sprechen und dafür zu viel miteinander streiten. Die Alternative dazu ist Resignation, doch das ist auch keine bessere Lösung. Gespräche sind schlichtweg eine Notwendigkeit – privat und im Beruf. Gerade im beruflichen Kontext sollte eine gute Gesprächskultur gefördert werden, denn hier zählt vor allem die Ökonomie. Unternehmen sind daran interessiert, dass mehr und besser miteinander gesprochen wird. Vor allem die Führungskräfte sollen ihr Kommunikationsgeschick verbessern. Viele von ihnen können nicht einmal klar und verständlich vermitteln, was sie überhaupt von ihren Mitarbeitern wollen. Das geht wie alle Kommunikationsdefizite zulasten der Produktivität des gesamten Unternehmens – und damit wären wir wieder bei der Ökonomie. Wenn Mitarbeiter Anweisungen nicht verstehen, ihnen Informationen fehlen und sie den Sinn des Ganzen nicht begreifen, bleibt nicht nur ihre Motivation auf der Strecke. Die Mitarbeiter werden Fehler machen oder zumindest ineffizient arbeiten. Außerdem färbt das Verhalten der Führungsriege auf die Mitarbeiter ab: Sie werden ihrerseits wichtige Informationen nicht weiterleiten, ihren Führungskräften keine Rückmeldung über das Geschehen vor Ort geben und Probleme für sich behalten. Das ist für kein Unternehmen vorteilhaft.

Sowohl im Privat- als auch im Berufsleben wird oft zu wenig miteinander gesprochen.

Das Bild von der Führungskraft, die hier etwas abnickt, dort unterschreibt und ansonsten nach Gutsherrenart Aufgaben verteilt, hat schon lange ausgedient – zumindest in erfolgreichen Unternehmen. Eine wesentliche Aufgabe von Führungskräften besteht heute vielmehr darin, die individuellen Fähigkeiten, den persönlichen Kommunikationsstil sowie die Bedürfnisse ihrer Mitarbeiter und Teams zu verstehen und im Sinne des Unternehmens zu nutzen.

Eine Führungskraft fungiert heute zu einem guten Teil als Manager von Geschäftsbeziehungen. Wo es darum geht, geschäftliche Beziehungen zu Kunden, Lieferanten und vor allem zu den eigenen Teams und Mitarbeitern zum Vorteil des Unternehmens zu pflegen, braucht es vor allem eines: eine gekonnte Kommunikation und gute Gespräche. Deshalb sind unbefriedigend verlaufende Gespräche im Unternehmen ein schwerwiegendes Manko, das Risiken birgt und destruktive Prozesse in Gang setzen kann. Die Motivation und Zufriedenheit der Mitarbeiter hängt in erheblichem Maße vom

Führungsstil ihrer Vorgesetzten ab. Deshalb ist das Gespräch eines der wichtigsten Werkzeuge für alle Führungskräfte.

In unserem Privatleben verhält es sich ganz ähnlich, nur treten hier die Auswirkungen schneller zutage. Wenn in einem Unternehmen hundert Personen arbeiten und davon einer (in der Realität sind es leider weitaus mehr) nicht in der Lage ist, konstruktiv mit seinen Kollegen zu kommunizieren, ist das ein Störfaktor, der die Leistungsfähigkeit eher geringfügig beeinträchtigt. Unsere privaten Beziehungen spielen sich im kleineren Rahmen ab, zum Beispiel in der Partnerschaft oder in der Familie. Wenn hier nun eine von zwei, drei oder vier Personen nicht in der Lage ist, Probleme anzusprechen, dem anderen zuzuhören und auf ihn einzugehen, stellen sich die Folgen weitaus schneller und offensichtlicher ein als in einem Unternehmen. Das alles sind gute Gründe, das Gespräch zu suchen, statt es zu vermeiden – und vor allem *gute* Gespräche zu führen.

Gute Gespräche sind essenziell für Beziehungen jeder Art.

Trennungsgrund Kommunikationsprobleme

Nicht miteinander zu reden schadet der Beziehung. Bei allen Befragungen von Paaren, die eine Trennung hinter sich haben, landen Kommunikationsprobleme stets unter den Top Ten der Trennungsgründe. Rund ein Viertel der Befragten nennen als Ursache, dass sie nicht mehr miteinander reden konnten. Dafür, dass wir uns im viel beschworenen Kommunikationszeitalter befinden, ist das ein sehr hoher Wert. Doch gerade in Zeiten von Internet, Facebook, Xing, Twitter, E-Mail und Mobiltelefonen rücken echte menschliche Beziehungen oft in den Hintergrund. Die Fähigkeit, Auge in Auge ein gutes Gespräch zu führen, scheint verkümmert zu sein. Wir kommunizieren zwar insgesamt mehr, dafür aber oberflächlicher. So gehen

⇨

viele Beziehungen durch das große Schweigen auseinander. Wo nicht miteinander geredet wird, wissen die Menschen nichts über die Bedürfnisse des anderen. In der Folge fühlt man sich schnell als Mensch mit seinen Erwartungen und Bedürfnissen nicht mehr wahrgenommen.

Zwar braucht jeder Mensch auch einmal seine Ruhe, und es muss nun wirklich nicht ständig geredet werden. Doch sobald es überhaupt keine Gespräche mehr gibt, ist jede Beziehung bedroht. Gespräche signalisieren Interesse am anderen, geben einen Einblick in seine Gedanken, Probleme und Gefühle. Wenn es keine Gespräche mehr gibt, geht auch die Nähe verloren. Damit es nicht so weit kommt, gibt es nur eine Lösung: Führen Sie mehr gute Gespräche – ohne Zeitdruck, mit echtem Interesse für den Gesprächspartner und in entspannter Atmosphäre.

Grundsätze der gelungenen Kommunikation

Gespräche haben immer zwei übergeordnete Ziele: Informationen verständlich zu vermitteln und die gegenseitige Beziehung zu stärken. Beide Aspekte sind gleichermaßen wichtig. Wo Informationen vorenthalten werden, entstehen schwierige Situationen, zum Beispiel in Unternehmen, in denen zu wenig oder falsch miteinander geredet wird. Und wo Menschen Gespräche bewusst vermeiden, steht es im Allgemeinen schlecht um die Beziehung. Wer erkannt hat, wie wichtig Gespräche für das soziale Miteinander (und in Unternehmen auch für den wirtschaftlichen Erfolg) sind, wird das Gespräch sicherlich häufiger suchen, kann dabei jedoch eine ganze Menge falsch machen. Natürlich kann niemand jederzeit »wie aus dem Lehrbuch« kommunizieren – es ist auch gar nicht möglich, ein solches allgemeingültiges Lehrbuch zu verfassen, das wirklich alle

In Gesprächen geht es stets sowohl um die Sache als auch um die Beziehung der Gesprächspartner.

Situationen, Stimmungen und Einflussfaktoren (mit allen möglichen Kombinationen) berücksichtigt. Dafür ist die menschliche Kommunikation einfach zu komplex. Wir können uns dem Idealfall deshalb nur annähern – indem wir einige Grundsätze der gelungenen Kommunikation beachten und typische Fehler vermeiden.

Innere Einstellung auf den Gesprächspartner: Ein gutes Gespräch beginnt nicht damit, dass wir uns bestimmte Worte zurechtlegen; wichtig ist zunächst, dass wir uns auf unseren Gesprächspartner einstellen. Weil jeder Gesprächspartner unterschiedlich ist, findet auch jedes Gespräch unter anderen Vorzeichen statt. Was den einen überzeugt, verärgert den anderen; was der eine mit einem Schulterzucken quittiert, wird der andere vehement abstreiten. Mit einer positiven inneren Einstellung auf den Gesprächspartner stellen wir bereits im Vorfeld die Weichen für ein gutes Gespräch. Negative Gedanken sollte man möglichst vermeiden. Wer schon vor einem vielleicht heiklen Gespräch mit Widerwillen und Unbehagen an die Begegnung denkt, provoziert damit leicht eine sich selbst erfüllende Prophezeiung: »Das Gespräch wird sicher schrecklich!«, also wird es auch schrecklich. Solche Gedanken lassen uns innerlich verkrampfen und das nimmt uns die nötige Unbefangenheit. Diese Haltung wird die Gesprächsatmosphäre negativ beeinflussen – ein Teufelskreis. Wer sich hingegen auf seinen Gesprächspartner einstellt, sich in seine Positionen hineindenkt und einfühlt, wird damit nicht nur den anderen positiv überraschen: Er erhöht auch die Chancen für ein konstruktives Gespräch. Versuchen Sie deshalb vor dem Gespräch:

Mit einer positiven Einstellung zum Gespräch und zum Gegenüber steigen die Chancen für ein erfolgreiches Gespräch.

- eine positive Einstellung zu sich selbst und zum Gesprächspartner zu finden;
- die Rahmenbedingungen, also die Vorzeichen, unter denen das Gespräch stattfindet, zu akzeptieren;

- bestehende Vorurteile gegenüber dem Gesprächspartner und dem Thema des Gesprächs über Bord zu werfen;
- sich auf die Perspektive Ihres Gesprächspartners einzustimmen und sich in seine Situation zu versetzen.

Jeden Gesprächspartner ernst nehmen: Viele Kommunikationsstörungen lassen sich dadurch vermeiden, dass wir jeden Gesprächspartner ernst nehmen. Genau das ist ein zentraler Grundsatz der diplomatischen Gesprächsführung. In manchen Gesprächen stoßen vordergründig unterschiedliche Interessen aufeinander. Bei genauerem Hinsehen zeigt sich dagegen oft, dass die Interessenlagen gar nicht so verschieden sind. Das kann nur erkennen, wer die Interessen des Gesprächspartners ebenso gut kennt wie die eigenen. Die Voraussetzung dafür ist, dass wir unsere Gesprächspartner ernst nehmen. Das ist besonders dann wichtig, wenn wir uns im Vorteil sehen oder hierarchisch höhergestellt sind. So können am besten jene Lösungen gefunden werden, die die Erwartungen, Interessen und Bedürfnisse aller Gesprächspartner berücksichtigen.

Den Gesprächspartner als ebenbürtig behandeln: Das fällt vielen Menschen nicht leicht. Immer wieder machen sie sich wichtig, indem sie den anderen von oben herab behandeln und ihn so herabsetzen. Oft geschieht das nicht einmal bewusst. Wenn wir beispielsweise kopfschüttelnd Sätze sagen wie »Ich hätte das ganz anders gemacht!«, »Wie kann man nur so etwas machen?« oder »Das ist ja mal wieder typisch!«, zeigen wir, dass wir uns selbst über den anderen stellen. Wir betrachten uns quasi als eine höhere Instanz, die allein weiß, wo es langgeht. Doch Stärke zeigt sich sicher nicht dadurch, dass wir andere verbal niedermachen. Gute Gespräche sind nur möglich, wenn wir unsere Gesprächspartner akzeptieren und ihnen nicht ständig sagen, wie sie sein sollen oder was sie nicht tun dürfen.

Erst verstehen, dann verstanden werden: Das elementarste Ziel eines Gesprächs ist die Verständigung, das bedeutet: etwas so zu sagen, dass es vom Gesprächspartner genau so verstanden wird, wie wir es uns gedacht haben. Wir müssen beim Adressaten ein offenes Ohr für unser Anliegen finden, sein Interesse dafür wecken und es erhalten. Beides klingt zunächst recht einfach; gelingt dennoch nicht immer, weil wir zum Beispiel den falschen Ton anschlagen. Wenn es heißt »Die verstehen sich nicht«, kann das durchaus wörtlich genommen werden. Deshalb ist es so wichtig, jeden Gesprächspartner ernst zu nehmen und als ebenbürtig zu betrachten. Nur so können wir wirklich hören, was ein Gesprächspartner sagt, und verstehen, was er damit meint. Das ist auch wichtig, weil wir vieles eher indirekt sagen und uns gleichzeitig wünschen, dass unser Gesprächspartner quasi zwischen den Zeilen liest und errät, was wir sagen wollen. Wir sagen zum Beispiel nicht »Schließ doch bitte das Fenster«, sondern »Es ist ganz schön kalt geworden«. In solchen Fällen ist es nicht weiter schwierig, die wahre Intention herauszuhören. Doch oft drücken wir uns in komplizierteren Fällen weitaus nebulöser aus. Wir sollten stattdessen versuchen, uns möglichst unmissverständlich zu artikulieren und beim Gegenüber auch auf die leisesten Zwischentöne zu achten. So stellen wir das gegenseitige Verstehen sicher und vermeiden Missverständnisse. Das gegenseitige Verstehen wird erheblich erleichtert, wenn wir bei uns selbst beginnen und uns zunächst selbst verstehen, um auch vom Gesprächspartner verstanden zu werden. Wir sollten uns auch von der Vorstellung trennen, doch ohnehin schon alles zu wissen. Statt zuzuhören, denken wir lieber schon darüber nach, was wir selbst gleich sagen können. So gehen Aufmerksamkeit und Interesse für den anderen verloren und die gegenseitige Verständigung wird erheblich erschwert.

Im Gespräch geht es letztlich darum, einander zu verstehen.

Aktiv zuhören: Kommunikation basiert auf gegenseitigem Verstehen. Und verstehen können wir nur, wenn wir dem Gesprächspartner aufmerksam zuhören. Das allerdings ist leichter gesagt als getan. Das Zuhören erfordert eine bestimmte Einstellung zum Gespräch und zum Gesprächspartner. Wir sollten versuchen, die Ansichten des Partners so gut wie möglich zu erfassen, und es ihm gleichzeitig erleichtern, sich verständlich auszudrücken. Gute Gespräche sind dann möglich, wenn beide Gesprächspartner nicht nur ihr eigenes Anliegen verständlich kommunizieren können; sie müssen auch sehr gute Zuhörer sein und die Anliegen des Gegenübers verstehen wollen. Der Zuhörende muss im Interesse eines guten Gesprächs bereit sein, ernsthaft zuzuhören, und seinen eigenen Mitteilungsdrang zurückstellen. Auch ein Schweigen kann manchmal angebracht sein. Dadurch verdeutlichen wir, dass wir das Gesagte wertschätzen und dem Gegenüber aufmerksam folgen. Wenn ein Gesprächspartner einmal eine Sprechpause macht, um seine Gedanken zu ordnen, sollte der andere diese Pause einfach schweigend begleiten. Er signalisiert damit, dass er an den weiteren Ausführungen des Gegenübers interessiert ist und ihm selbstverständlich etwas Bedenkzeit zugesteht. Wer in dieser Situation eine unnötige Bemerkung macht, die letztlich nur ein vermeintlich peinliches Schweigen überbrücken soll, würde dagegen den Gedankengang nur unterbrechen und damit den Verlauf des Gesprächs stören. Schon diese Form des Zuhörens ist weit weniger passiv als man vielleicht denkt. Das sogenannte aktive Zuhören geht noch einen Schritt weiter: Der Zuhörer will nicht nur seine Aufmerksamkeit signalisieren, sondern zusätzlich nachprüfen, ob er die Worte seines Partners korrekt verstanden hat. Dabei wird sowohl auf die Sachebene als auch auf die unterschwelligen Botschaften Bezug genommen.

Wer verstehen will, muss zuhören.

Ein wichtiges Instrument des aktiven Zuhörens ist das Paraphrasieren. Wichtige inhaltliche Aspekte eines Gesprächs, die Kernaussagen, lassen sich mithilfe des Paraphrasierens hervorragend verifizieren. Dabei geht es noch nicht um eine Bewertung, sondern ganz allein um eine Überprüfung, ob wir das Gesagte korrekt verstanden haben. Paraphrasierungen können beispielsweise wie folgt eingeleitet werden:

- Was du sagst, verstehe ich so …
- Du bist also dafür / dagegen, dass …
- Verstehe ich dich richtig, wenn du sagst, dass …

Auf diese Weise werden Missverständnisse und Unklarheiten unmittelbar thematisiert und ausgeräumt. Wir zeigen deutlich, dass wir aufmerksam zuhören und dass der Gesprächsgegenstand interessant ist.

Eine weitere Ebene der Kommunikation betrifft das, was im Gespräch nicht explizit angesprochen wird und was wir nun in Worte fassen – verbalisieren – möchten. Verbalisierungen betreffen Hoffnungen, Wünsche, Ängste, Emotionen oder die Beziehung der Gesprächspartner. Dementsprechend beginnen Verbalisierungen meist wie folgt:

- Du befürchtest / hoffst vielleicht, dass …
- Du klingst etwas irritiert, wenn ich sage, dass …
- Ich habe den Eindruck, wir sind an dieser Stelle unterschiedlicher Meinung, weshalb ich glaube, dass …

So lässt sich herausfinden, ob versteckte Bewertungen, Vorurteile, Erwartungen usw. das Gespräch beeinträchtigen und in welcher Ausprägung sie dies tun. Verbalisierungen sollten immer behutsam und wohldosiert eingesetzt werden. Außerdem sollte man dazu bereit sein, etwaige Fehlinterpretationen einzugestehen. Verbalisierungen sind ein geeignetes Mittel, um in sehr schwierigen oder heiklen Gesprächssituationen weitsichtig zu agieren. Viele Gesprächspartner sind geradezu dankbar, wenn sie auf diese Weise Aufmerksamkeit erfahren und wenn auch prekäre Aspekte offen angesprochen werden. Kommunikationsstörungen sind damit quasi ausgeschlossen und das Vertrauen in den Gesprächspartner wird stärker.

Durch partnerorientierte Argumentation überzeugen: Wer das aktive Zuhören anwendet, wird es damit auch leichter haben, überzeugende Argumente zu finden, um die eigenen Interessen zu vertreten. Jedes Argument ist dazu da, den Gesprächspartner von etwas zu überzeugen. Deshalb reicht es auch nicht, wenn Sie selbst Ihre Argumente für plausibel halten. Entscheidend ist, dass Ihr Gegenüber damit überzeugt werden kann. Für ihn müssen die Argumente relevant und stichhaltig sein. Gute Argumente beziehen sich deshalb auf die Perspektive und Wirklichkeit des Gesprächspartners; sie haben einen direkten Bezug zu seinen Interessen, Problemen, Wünschen und Erwartungen. Oft werden unsere Gesprächspartner etwas, das wir für überaus wichtig halten, eher als unbedeutend einstufen und umgekehrt etwas, das für uns bedeutungslos ist, überaus ernst nehmen. Deshalb werden manche Argumente vom Gegenüber ganz anders bewertet – womöglich sind sie für ihn von viel größerer oder geringerer Bedeutung als für uns. Die partnerorientierte Argumentation richtet sich umfassend am Gesprächspartner aus. Er ist das Ziel Ihrer argumentativen Bemühungen. Wer sich auf den Gesprächspartner und seine Situation einstellt, hat die besten Chancen, überzeugende Argumente zu finden.

Argumente können nur dann überzeugen, wenn sie sich auf die Lebenswirklichkeit des Adressaten beziehen.

Einsicht zeigen: Nicht nur wir haben Argumente, unsere Gesprächspartner haben ebenfalls welche. Und ihre Argumente können durchaus die besseren sein. In solchen Fällen zeugt es von Souveränität, Einsicht zu zeigen, statt trotzig zu reagieren. Wer Irrtümer oder Fehleinschätzungen eingestehen kann, lenkt das Gespräch weiter in die richtige Richtung, beweist obendrein auch noch Charakterstärke und unterstreicht seine persönliche Glaubwürdigkeit.

Sich selbst zurücknehmen: Gespräche zwischen zwei Menschen sind ein Dialog. Das bedeutet auch: Die Redeanteile sind in etwa ausgewogen. Nehmen Sie sich daher selbst ein wenig zurück, unterdrücken Sie Ihren Rededrang und lassen Sie Ihren Gesprächspartner zu Wort kommen. Unterbrechen Sie ihn nicht. Obendrein schaffen

Sie eine gute Gesprächsatmosphäre, wenn Sie nicht jede Kleinigkeit persönlich nehmen und nicht beim geringsten Missverständnis die beleidigte Leberwurst spielen. Gehen Sie mit gutem Beispiel voran, denn damit erhöhen Sie die Chancen ganz erheblich, dass auch Ihr Gesprächspartner über kleinere Patzer einfach hinwegsieht, statt sie Ihnen unter die Nase zu reiben.

Konfrontationskurs meiden: Wir alle sind gut beraten, in kontroversen Gesprächen nicht von vornherein auf Konfrontationskurs zu gehen. Selbst wenn Gegensätze unüberbrückbar erscheinen und Ihre persönlichen Ansichten sich ganz erheblich von denen des Gesprächspartners unterscheiden, bringt die direkte Konfrontation Sie auch nicht weiter. Sie werden sich nur aneinander festbeißen und erst recht keine Lösung finden. Deshalb ist es, trotz aller Gegensätze, klüger, sich auf die Suche nach kleinen Gemeinsamkeiten zu machen. Die gibt es immer! Und wer erst einmal Gemeinsamkeiten und ähnliche Interessen gefunden hat, geht sicherlich nicht feindselig miteinander um. Auf dieser Basis können dann selbst kontroverse Gespräche sehr fruchtbar sein und vielleicht sogar im ersten Anlauf zu einer Lösung führen. Deshalb gilt: Akzeptieren Sie Meinungsverschiedenheiten, nötigen Sie Ihren Gesprächspartner nicht zum Nachgeben, berücksichtigen Sie stattdessen seine Perspektive und schrauben Sie Ihre Erwartungen herunter. Wenn Sie Ihren eigenen Standpunkt zudem nicht als unverrückbar betrachten, können Sie auch unter erschwerten Bedingungen noch gute Gespräche führen.

Auch wenn die Meinungsverschiedenheiten groß sind: Es gibt immer auch Gemeinsamkeiten.

Sich auf einen Gesprächspartner einzustellen und auf ihn einzulassen, ihn ernst zu nehmen und als ebenbürtig zu betrachten, ihn wirklich verstehen zu wollen und Kooperationsbereitschaft an den Tag zu legen – das alles lässt sich mit dem Wort »Wertschätzung« auf den Punkt bringen. Wer seinem Gesprächspartner mit Wertschätzung gegenübertritt, wird diese auch selbst erfahren und ist somit in der Lage, effektiv zu kommunizieren. Lassen Sie sich deshalb auf Ihren Gesprächspartner ein, akzeptieren Sie seine Perspektive und glauben Sie nicht, sowieso schon alles zu wissen. Hören Sie ihm aufmerksam zu und versuchen Sie herauszufinden, was er wirklich meint, welche Absichten er verfolgt – begegnen Sie ihm mit echter Wertschätzung, dann wird es Ihnen auch nicht schwerfallen, gute Gespräche zu führen.

9. Die Klaviatur der Ausdrucksmöglichkeiten

Diplomatie ist nicht nur der unbedingte Wille zu einer gewaltfreien Lösungsfindung, von der möglichst alle Beteiligten profitieren. Wir sprechen hier eher über ein gewinnendes, einnehmendes und souveränes Auftreten – insbesondere im Gespräch. Dafür bedarf es der Fähigkeit, die eigenen Gedanken geschickt in Worte zu fassen und ausdrucksstark zu kommunizieren – mit dem Ziel, andere Menschen zu inspirieren und sie von den eigenen Ideen zu überzeugen. Das wird uns mit einem faden und monotonen Gesprächsstil sicherlich nicht gelingen. Doch zum Glück ist die Bandbreite unserer kommunikativen Ausdrucksmöglichkeiten sehr groß. Wir müssen sie nur nutzen. Wenn wir auf allen uns zur Verfügung stehenden Kanälen gekonnt kommunizieren und all unsere Instrumente geschickt einsetzen, haben wir mehr Überzeugungskraft, erhalten mehr Aufmerksamkeit, verbessern unsere Ausstrahlung und hinterlassen einen stärkeren Eindruck. Die gesamte Klaviatur der Ausdrucksmöglichkeiten zu nutzen, ist im Grunde gar nicht so schwer. Wer ein Bewusstsein für das vorhandene Repertoire entwickelt, ist bereits einen großen Schritt weiter. Ein harmonisches Zusammenspiel von gesprochener Sprache, Körpersprache und Stimme ist hierbei von größter Bedeutung.

Nutzen Sie die gesamte Bandbreite der kommunikativen Ausdrucksmöglichkeiten, um Ihre Überzeugungskraft zu steigern!

Die Sprache – die Brücke zum Gesprächspartner

Wir alle sprechen mehrere Sprachen – und damit sind nicht die Fremdsprachen gemeint. Mit einem engen Freund reden wir anders als mit einem Vorgesetzten in der Firma, mit einem Kind anders als mit einem Erwachsenen, bei einem öffentlichen Auftritt anders als im vertrauten Umfeld. In den meisten Fällen wählen wir die jeweils passende Sprache wie selbstverständlich. Manchmal gelingt es uns jedoch weniger gut, mit einem Gesprächspartner eine gemeinsame Sprache zu finden. Dann entstehen oft Gräben zwischen den beiden Parteien, die eine gelungene Kommunikation erschweren. Ein einfaches Beispiel dafür sind Dialekte: Wer mit einem Nachbarn oder abends in der Eckkneipe im regionalen Dialekt spricht, macht damit in den meisten Fällen alles richtig – indem er die Sprache seines Umfeldes spricht, verringert er die Distanz zu seinem Gegenüber und baut so eine direkte Brücke zu ihm. Wenn wir nun jedoch zu einem Vortrag gehen und zu unserer Überraschung feststellen, dass der Redner einen Dialekt spricht, den wir kaum verstehen können, wirkt der Sprecher unprofessionell und meist auch noch unsympathisch.

Wer sich sprachlich auf sein Gegenüber einstellt, hat es leichter, es zu erreichen.

Schon dieses einfache Beispiel zeigt, wie wichtig es ist, die Sprache des jeweiligen Gegenübers zu sprechen. Wenn es dabei Probleme gibt, geht es meistens jedoch um kompliziertere Dinge als den Dialekt. Jeder hat sicher schon einmal die Erfahrung gemacht, dass es gar nicht so einfach ist, den jeweils richtigen Ton zu treffen und die richtigen Worte zu finden. In Extremfällen weiß ein Gesprächspartner absolut nicht, wovon der andere spricht. Dann ist man nach dem Gespräch genauso schlau wie vorher und ahnt allenfalls, dass der andere vielleicht doch etwas Wichtiges zu sagen hatte. Doch was bloß?

Es kommt also darauf an, eine Sprache zu sprechen, die sowohl zur Situation als auch zum Gesprächspartner und zu dessen emotionaler Verfassung passt. Und dafür brauchen wir ein gutes Einfühlungsvermögen. Gelungene Gespräche haben einen Grundton, der zeigt, dass beide Gesprächspartner aneinander interessiert sind. Es ist also wichtig, eine Sprache zu sprechen, die sich an den Bedürfnissen des Gegenübers ausrichtet und zugleich klar und verständlich ist. Vor allem in kontroversen Situationen sollten die Gesprächspartner darauf achten, dass sie sich nicht schon rein sprachlich voneinander distanzieren. Eine Verständigung ist dann oft nicht mehr möglich oder wird zumindest sehr schwierig. Versuchen Sie stets, sich dem Gesprächspartner sprachlich anzunähern. Denken Sie bei Ihren Gesprächen daran, mit wem Sie sprechen, über welchen Kenntnisstand er verfügt, wo seine Empfindlichkeiten liegen, welche Worte die passenden sind und mit welchen Sie womöglich ins Fettnäpfchen treten. Passen Sie Ihre Sprache, Ihr Vokabular und den Tonfall den jeweiligen Gegebenheiten individuell an.

Mit einer angemessenen Sprache lässt sich die Distanz zum Gesprächspartner verringern.

Eine gemeinsame Sprache bildet die Basis, sie ist jedoch längst nicht alles, was verbal auf den Gesprächspartner wirkt und so den Gesprächsverlauf mitbestimmt. Denken Sie bei Ihren Gesprächen auch an die folgenden Punkte:

- **Verzichten Sie auf Begriffe, die Ihr Gesprächspartner nicht kennt.** In Gesprächen geht es nicht darum, das eigene Wissen zu demonstrieren, sondern um Verständigung. Verwenden Sie deshalb keine Wörter (bestimmte Fremdwörter oder Fachbegriffe), die Ihr Gesprächspartner nicht kennt. Und wenn es sich nicht vermeiden lässt: Erklären Sie die Begriffe, tun Sie das jedoch nicht von oben herab, sondern auf Augenhöhe, kurz und präzise.

- **Unnötige Längen ermüden.** Natürlich macht es einen Unterschied, ob Sie in vertrauter Runde vom letzten Urlaub erzählen oder während eines Meetings im Büro eine bestimmte Vorgehensweise erörtern. Doch letztlich führen unnötige Längen in beiden Situationen dazu, dass die Aufmerksamkeit der Zuhörer nachlässt – nur ist der Spielraum im privaten Kreis meist etwas größer. Die Aufnahmefähigkeit der Zuhörer ist in jedem Fall begrenzt. Unnötige Wiederholungen, Abschweifungen und eine zu große Detailfülle führen außerdem dazu, dass man den Kern der Sache aus den Augen verliert. Das ist für jeden Zuhörer ermüdend. Ein klar strukturierter Bericht, bei dem der rote Faden jederzeit sichtbar ist, ist das wirkungsvollste Mittel, um seinen Standpunkt zu erklären. Wir schätzen einen systematischen Aufbau in logischen Teilschritten. Auch gegen einen Exkurs ist nichts einzuwenden, wenn der Sprecher danach geradewegs auf den Weg zurückkommt, den er zuvor verlassen hat.

- **Übertreibungen machen unglaubwürdig.** Wer keine Argumente hat, greift gerne zu Übertreibungen und Superlativen. Das kennen wir vor allem aus der Werbung. Doch wo stets vom Größten, Weltbesten und Erfolgversprechendsten die Rede ist, bleibt die Glaubwürdigkeit schnell auf der Strecke. Das gilt auch für private Gespräche: Wer realistisch bleibt, stärkt seine Glaubwürdigkeit und erhöht das Vertrauen in seine Aussagen. Ständige Übertreibungen führen hingegen dazu, dass die Zuhörer nur noch die Hälfte von dem glauben, was sie zu hören bekommen.

- **Anschaulichkeit und Abwechslungsreichtum erzeugen Aufmerksamkeit.** Darüber hinaus ist eine lebendige, plastische Sprache auch wesentlich einprägsamer als ein eintöniger Gleichklang. Nutzen Sie also Bilder und Vergleiche, die einen Bericht lebendig machen und eindringlich gestalten. Das sorgt für gespannte Aufmerksamkeit. Den üblichen Einheitsbrei mit zahlreichen inhaltsleeren Floskeln mag dagegen niemand gerne hören.

- **Pausen setzen Akzente.** Menschen, die scheinbar ohne Luft zu holen und ohne Punkt und Komma einen Satz an den anderen reihen, reden zwar viel – nur hört ihnen kaum jemand richtig zu. Sprechpausen sind ein wichtiges Element aller Gespräche. Sie geben dem Gesprächspartner Zeit, das Gesagte zu verarbeiten. Oft wirkt eine geschickt gesetzte Pause sogar stärker als eine Betonung. Wer nach einer wichtigen Aussage eine kurze Pause macht, hebt damit die Bedeutung des zuvor Gesagten hervor. Argumente werden so verstärkt, weil der Gesprächspartner Zeit erhält, den Inhalt voll und ganz zu erfassen.

- **Verzichten Sie auf Floskeln, Füllwörter und Abschwächungen.** Die Sprache wird sofort frischer, glaubwürdiger und eindringlicher, wenn wir weder Floskeln noch Füllwörter (z. B. »im Grunde genommen«, »sozusagen«, »ich meine« usw.) noch Abschwächungen (z. B. »eigentlich«, »eventuell«, »irgendwie« usw.) oder Verlegenheitslaute (z. B. »äh«, »öh«, »mmmh«) verwenden. Das ist einfach und steigert sofort die Wirkung der eigenen Worte im Gespräch.

- **Der Ton macht die Musik.** Auch wenn diese Weisheit alt ist und etwas abgedroschen klingt, trifft sie zu. Der Ton entscheidet in ganz erheblichem Maße darüber, wie die Worte von unserem Gesprächspartner verstanden werden. Oftmals macht sogar der Tonfall erst verständlich, wie etwas genau gemeint ist (zum Beispiel ironisch). Eine weitere Besonderheit: Oft schleicht sich ein bestimmter Tonfall eher unbeabsichtigt ein – und das hat Folgen: So wiegt zum Beispiel ein pampiger, ungeduldiger oder zweifelnder Unterton mehr als die schönsten Worte.

Ihre Stimme – die Musik hinter den Worten

Die menschliche Stimme ist ein wesentliches, jedoch oft unterschätztes Element der Kommunikation und trägt entscheidend zum Verlauf von Gesprächen bei. Es kommt manchmal sogar weniger darauf an, *was*, sondern *wie* etwas gesagt wird. Mit unserer Stimme senden wir immer unterschwellige Botschaften aus, wodurch ein Gesprächspartner recht genaue Rückschlüsse auf unsere Persönlichkeit und sogar auf unsere aktuelle Befindlichkeit ziehen kann. Die Stimme kann beruhigen, fordern, motivieren, sachlich oder distanziert wirken, Selbstsicherheit oder Unsicherheit zum Ausdruck bringen und ist darüber hinaus ein Sympathieträger – oder eben das Gegenteil. Sie ist quasi die Musik hinter unseren Worten. Dennoch denken die meisten Menschen wenig oder gar nicht über den Klang und die Wirkung ihrer Stimme nach. Dahinter mag die Annahme stecken, dass sie nun einmal so klingt, wie sie klingt, und dass sich da auch nichts machen lässt. Tatsächlich kann der Klang der Stimme jedoch recht einfach beeinflusst werden.

Natürlich hilft ein professionelles Stimmtraining. Menschen, die beruflich viel sprechen, machen damit die besten Erfahrungen. Ein Thema, das auch bei jedem Stimmtraining eine Rolle spielt, hat nur indirekt etwas mit der Stimme zu tun, zeigt jedoch eine große Wirkung. Die Stimme ist in gewisser Weise ein Spiegel der Seele. Starke Emotionen lassen sich nicht verbergen und drücken sich auch in unserer Stimme aus. Deshalb gilt auch hier, was bereits im vorangegangenen Kapitel thematisiert wurde: Stellen Sie sich, noch vor dem Gespräch, innerlich möglichst gut auf den Gesprächspartner ein. Öffnen Sie sich für ihn und versuchen Sie, ihn zu akzeptieren, wie er ist. Falls sich negative Gefühle bei Ihnen einstellen, ziehen Sie die Gedankenbremse und rufen Sie sich die positiven Seiten des Gesprächs ins Gedächtnis. Sobald Sie mit Widerwillen oder gar Ablehnung ins Gespräch gehen, wird sich das auch in Ihrer Stimme niederschlagen.

Die Wirkung der Stimme wird häufig vernachlässigt, obwohl sie das Gespräch sehr stark beeinflussen kann.

Darüber hinaus können Sie den Klang Ihrer Stimme verbessern, indem Sie ein Bewusstsein für Ihre Stimme entwickeln. Es ist übrigens sehr aufschlussreich, die eigene Stimme mit einem Aufzeichnungsgerät aufzunehmen. Beim Abspielen sind viele Menschen überrascht, wie ihre Stimme klingt, und sie können dann – wenn nötig – gezielt gegensteuern. Grundsätzlich gilt:

- Sprechen Sie ruhig und vermeiden Sie Verzögerungslaute wie »äh«, denn sowohl ein zu schnelles Sprechen als auch Verzögerungslaute wirken hektisch und unattraktiv.
- Bemühen Sie sich um eine klare und deutliche Ausdrucksweise. Viele Menschen neigen beispielsweise dazu, die Endsilben zu verschlucken. Wer das Problem erkannt hat, kann es leicht bekämpfen.
- Gerade wenn Sie aufgeregt sind, hilft es sehr, wenn Sie nicht zu lange Schachtelsätze bilden. Verwenden Sie dann bewusst eher kurze Sätze und machen Sie ruhig kleine Pausen. So können Sie Luft holen und sich konzentrieren, während Ihr Gegenüber das Gesagte verarbeiten kann.
- Insbesondere in heiklen Situationen ist es empfehlenswert, schwierige mehrsilbige oder wichtige Wörter etwas langsamer auszusprechen. So lassen sich Versprecher vermeiden.
- Die meisten Menschen neigen dazu, vor allem wenn sie nervös sind, in zu hoher und schriller Tonlage zu sprechen. Senken Sie deshalb Ihre Stimmlage und denken Sie, beispielsweise bei längeren Vorträgen, immer wieder daran, in eine tiefere Stimmlage zu wechseln. Eine zu hohe Stimme ist für die Ohren der Zuhörer meist nicht sehr angenehm.
- Nutzen Sie bewusst die Möglichkeit der Modulation Ihrer Stimme, statt nur monoton in gleicher Tonlage zu sprechen. Eine sinnvolle, abwechslungsreiche Betonung macht jedes Gespräch interessanter und erhöht die Aufmerksamkeit der Zuhörer.
- Lassen Sie sich einen Atemzug lang Zeit, bevor Sie auf eine Frage antworten. Das wirkt selbstsicher und gibt Ihnen bei der Antwort ein größeres Stimmvolumen sowie die nötige Ruhe.

Die Körpersprache – ein Spiegelbild der Seele

Unsere Aufmerksamkeit richtet sich überwiegend auf die gesprochene Sprache. Deshalb übersehen wir allzu leicht kleine Zeichen der nonverbalen Mitteilung, zum Beispiel mimische und gestische Formen der Äußerung. So bleiben viele Signale von uns unbemerkt und unbeantwortet. Dabei ist die Körpersprache eine wichtige Ergänzung der gesprochenen Sprache und erlaubt uns wichtige Rückschlüsse auf die Verfassung unseres Gesprächspartners – wenn wir sie zu lesen verstehen.

Die Körpersprache eignet sich hervorragend, um verbale Aussagen zu nuancieren oder ihnen gezielt bestimmte Bedeutungen zu geben.

Die Körpersprache ist ein wichtiges Ausdrucksmittel. Mit nonverbalen Signalen geben wir dem Gesprächspartner oder Zuhörer entscheidende Hinweise darauf, wie wir das, was wir mit Worten sagen, tatsächlich meinen. Wer seine Körpersprache bewusst einsetzt, kann seine Worte geschickt unterstreichen und ergänzen. So können wir unseren Aussagen feine Nuancen geben, Aspekte hervorheben oder hinzufügen und gezielt Bedeutungen erzeugen. Allerdings ist es wenig sinnvoll, sich eine bestimmte Körpersprache quasi anzutrainieren. Körpersprache hat nur dann eine positive Wirkung, wenn sie nicht gekünstelt ist oder übertrieben theatralisch eingesetzt wird. Andernfalls würde die Körpersprache nur unnatürlich und damit unglaubwürdig wirken.

Wer also versucht, hinter antrainierten und erzwungenen Gesten seine echte Persönlichkeit oder sein wahres Anliegen zu verstecken, wird über kurz oder lang scheitern. Eine aufgesetzte Körpersprache oder Widersprüche zwischen nonverbaler und verbaler Aussage stören das Gesamtbild und werden Irritationen oder sogar Misstrauen wecken.

Die Körpersprache ist in erster Linie eine untrügerische Gefühlssprache. Das bedeutet: Ihre Worte können Sie sehr genau steuern und es ist ein Leichtes, auch das Gegenteil von dem zu sagen, was man wirklich meint. Doch mit Ihrem Körper »sprechen« Sie intuitiv die Wahrheit, die Körpersprache lügt nicht. Genau das kann auch zum Problem werden – nämlich dann, wenn Worte und nonverbale Signale einander widersprechen. Deshalb ist das Thema Körpersprache auch von großer Bedeutung für eine diplomatische Kommunikation: Wer ein Bewusstsein für die eigene Körpersprache entwickelt und weiß, dass er ständig auch nonverbale Signale aussendet, und wer gleichzeitig die körpersprachlichen Signale des Gesprächspartners wahrnehmen und deuten kann, hat die Möglichkeit, viel genauer auf sein Gegenüber einzugehen. Achten Sie also auf die nonverbalen Signale Ihres Gegenübers und Sie werden erkennen, wenn er Zweifel hat, womöglich nicht ganz die Wahrheit sagt, unsicher oder voll und ganz von etwas überzeugt ist.

Die Körpersprache lügt nicht.

Die Körpersprache setzt sich aus einem facettenreichen Zusammenspiel mehrerer nonverbaler Signale zusammen. Die wichtigsten sind Mimik, Blickkontakt, Gestik und die Haltung.

Mimik

Niemand kann sich einfach nach Belieben die jeweils optimale Miene aufsetzen. Deshalb führt der Weg zu einer positiven Mimik mit einer ebensolchen Ausstrahlung immer über eine positive innere Einstellung. Wenn Sie bereit sind, sich auf Ihren Gesprächspartner unvoreingenommen einzulassen, sich in seine Situation hineinzuversetzen und ihn ernst zu nehmen, wird dies auch Ihren Gesichtsausdruck positiv beeinflussen. Die Mimik offenbart dabei in besonderer Weise die Gefühle eines Menschen. Deshalb lohnt es sich, die Mimik eines Gesprächspartners genau zu beobachten:

- Presst zum Beispiel jemand seine Lippen stark zusammen, ist dies ein klares Zeichen dafür, dass diese Person beunruhigt ist und dass irgendetwas nicht stimmt.
- Zusammengezogene Augenbrauen und eine in Falten geworfene Stirn signalisieren Anspannung, Nervosität und Verkrampfung.
- Eine zuckende Augenbraue oder das kurze Zittern der Mundwinkel können auf eine Lüge hindeuten oder darauf, dass der Gesprächspartner unangenehm berührt ist.
- Eine gerümpfte Nase zeigt deutlich Ablehnung.
- Generell signalisiert jede plötzlich veränderte Mimik, dass die gerade gesprochenen Worte Wirkung zeigen. Sie richtig zu deuten hängt allerdings von der Beobachtungsgabe des Gesprächspartners ab.

Besondere Aufmerksamkeit verdienen die Blicke und Augen eines Gesprächspartners. Die Mimik und der Ausdruck unserer Augen bilden fast immer eine Einheit. Doch Blicke sind mehr als ein erweitertes Mienenspiel, denn jede Form der Kontaktaufnahme erfolgt zuerst über die Augen. Die Augen und die ausgesendeten Blicke sind die wohl wichtigsten nonverbalen Ausdrucksmittel überhaupt. Mit den Blickkontakten ist es jedoch nicht ganz einfach: Ein zu kurzer Blickkontakt oder ein Ausweichen des Blicks wird oft mit Unsicherheit gleichgesetzt. Man sollte Blickkontakte also bewusst suchen und den Blicken anderer standhalten können, sie jedoch auch nicht zu lange halten. Kurze Unterbrechungen und ein erneutes Suchen des Blickkontaktes sind hier ein Mittel, um unbehagliche Momente zu vermeiden. Bleiben Sie nur so lange im Blickkontakt, wie Sie und Ihr Gesprächspartner es als angenehm empfinden.

Die Blickrichtung, die Dauer von Blicken, die Größe der Pupillen, die geöffneten oder zusammengekniffenen Lider und die Bewegungen der Augenbrauen, häufiges Blinzeln, all das sind wichtige Signale, die uns etwas über die Gefühle unserer Gesprächspartner erzählen. Wir weichen einem Blick aus, wenn wir uns unwohl fühlen oder etwas sehen, das uns nicht gefällt. Das Zusammenkneifen oder Schließen der Augen steht für Gefühle wie Aggression, Ablehnung oder auch Geringschätzung eines Gegenübers. Jemanden keines Blickes zu würdigen, ist ein recht eindeutiges Signal – es kann jedoch auch für Scham stehen, zum Beispiel nachdem man bei einer Lüge ertappt wurde. Die Augen sprechen ihre eigene Sprache und diese Sprache ist für jeden intuitiv verstehbar, der genau auf sie achtet.

Gestik

Gesten geben Gesprächen ihre Würze, machen sie frischer, lebendiger und erhöhen sowohl die Konzentration als auch die Aufmerksamkeit des Gegenübers. Wenn Worte mit ausdrucksstarken (jedoch nicht übertriebenen) Gesten zu einer Einheit verschmelzen, betont das die Nachdrücklichkeit der Aussagen. Schon kleine Nuancen sind sehr wirkungsvoll: Ein beiläufiges Kopfnicken wirkt animierend und signalisiert, abhängig von der Situation, entweder Zustimmung oder dass etwas verstanden wurde. Nutzen Sie generell nur Gesten, die sowohl zum Inhalt des Gesprächs als auch zu Ihnen selbst passen. Nur so werden Sie Ihre verbalen Aussagen effektiv untermauern.

Insbesondere negative Emotionen werden oft von zum Teil sehr eindeutigen Gesten begleitet:

- Wer die Hände unter dem Tisch oder hinter dem Rücken versteckt, scheint etwas zu verbergen.
- Herumzappeln oder nervöses Herumspielen mit irgendwelchen Gegenständen sind ein Zeichen dafür, dass jemand nicht so recht zu dem steht, was er sagt. Wer mit herumliegenden Utensilien (Stifte, Dokumente usw.) spielt, wirkt nicht nur nervös, er macht auch den Gesprächspartner nervös.
- Verräterisch sind Gesten, die im Widerspruch zur verbalen Aussage stehen. Wer gerade seine Zustimmung äußert, gleichzeitig aber eine wegwerfende Geste macht, zeigt, dass

er nicht wirklich einverstanden ist. Das kann sich auch in sehr kleinen Gesten äußern, zum Beispiel darin, dass jemand parallel zum Gesagten ein (imaginäres) Staubkorn von der Kleidung schnipst oder einen Kugelschreiber weglegt.

- Wer sich am Ohr kratzt, die Stirn reibt, am Pullover zupft, die Krawatte gerade streicht etc., zeigt damit deutlich seine Unsicherheit.
- Das Achselzucken ist eine typische Unsicherheitsgeste. Sie sagt nichts anderes als: »Ich weiß nicht mehr weiter. Ich bin hilflos.« Der größte Fauxpas ist ein Achselzucken zum Gesprächsabschluss. Damit zeigen Sie nonverbal, dass Sie froh sind, die Sache nun endlich hinter sich zu haben.
- Beim Schwindeln fasst man sich häufiger an die Nase oder an den Hals. Generell deuten alle Gesten, bei denen man das Gesicht oder den Hals berührt, darauf hin, dass die Person etwas verbirgt oder nicht die Wahrheit sagt. Diese Gesten sind auch ein Signal für Zweifel oder Unsicherheit.

Haltung

Dass der Begriff »Haltung« gleich zwei Bedeutungen hat, ist sicher kein Zufall. Er beschreibt einerseits die Körperhaltung und andererseits die Einstellung, mit der wir anderen gegenübertreten. Bei einem Zusammentreffen wird deshalb auch sehr schnell von dem einen auf das andere geschlossen.

Die Körperhaltung verrät auch etwas über die innere Haltung.

Eine aufrechte Haltung heißt nicht nur, dass jemand eine gute Figur abgibt, sondern vermittelt ebenso Charakterstärke und Aufrichtigkeit. Die Körperhaltung zählt zudem zu den ersten Eindrücken, die bei einer Zusammenkunft wahrgenommen werden. Auf Grundlage der Körperhaltung machen wir uns ein erstes Bild von unserem Gesprächspartner – und er sich ebenso von uns. Die Wirkung, die von der Haltung ausgeht, wird dabei meist auf den ganzen Menschen übertragen. Mit dem bewussten Einsatz der Körperhaltung haben wir daher die Möglichkeit, uns ins rechte Licht zu rücken und zugleich allen voreiligen negativen Rückschlüssen entgegenzuwirken. Denn natürlich macht es keinen guten Eindruck, wenn bereits die gesamte Körperhaltung Schwäche, Desinteresse, Ablehnung oder Lustlosigkeit signalisiert. Wer dagegen schon auf den ersten Blick einen (im wahrsten Sinne des Wortes) aufrichtigen und standfesten Eindruck macht, wirkt gleich als gesamte Persönlichkeit souveräner. Wenn wir sitzen, symbolisiert eine gebeugte, schlaffe Haltung mit hängenden Schultern Unsicherheit, Hilflosigkeit und Verwundbarkeit. Ein gerader, aufrechter und dem Gesprächspartner zugewandter Körper zeugt dagegen von Kompetenz und Selbstsicherheit.

Da sich in der Körperhaltung die gesamte Konstitution eines Menschen widerspiegelt, kann sie natürlich auch Anspannung, Angst und Stress ausdrücken. Wer unter starkem Druck steht, wird eine verspanntere Haltung einnehmen als ein ausgeglichener Mensch. Daher ist die Empfehlung, vor wichtigen Gesprächen für etwas körperliche Bewegung zu sorgen und zum Beispiel einen kleinen Spaziergang zu machen, keineswegs profan. Wer körperlich entspannt in ein Gespräch geht, hat im doppelten Sinne eine bessere Haltung und zudem ein wesentlich positiveres Auftreten.

Fazit: Die Körpersprache ist ein elementarer Bestandteil unserer Kommunikation, dem jedoch oft nur wenig Aufmerksamkeit geschenkt wird. Wir achten und bewerten zwar die Körpersprache anderer Menschen, tun dies oft jedoch nur unbewusst. Wir vergessen auch häufig, die eigene Körpersprache bewusst einzusetzen. Wer sich seiner Körpersprache bewusst ist, kann sie positiv beeinflussen. Und wer seine Antennen ausfährt, um die Körpersprache seiner Gesprächspartner bewusst wahrzunehmen, erhält viele zusätzliche Informationen über die anderen und deren Verfassung und kann so zielgerichteter und feinfühliger auf seine Gesprächspartner eingehen.

Zwischen Nähe und Distanz

Das Verhalten im Raum ist sehr aufschlussreich, wird jedoch selten thematisiert. Dabei senden Bewegungen in einem Raum wichtige Interaktionssignale: Wir gehen auf jemanden zu, weil wir uns mit ihm unterhalten oder uns neben ihn setzen wollen. Oder wir weichen zurück, um anderen Platz zu machen. Durch dieses meist unbewusste räumliche Verhalten setzen wir wichtige Akzente für unsere Kommunikation. Denn natürlich ist es entscheidend, welchen Sitzplatz oder Standort wir wählen, wie nah wir jemanden an uns heranlassen oder ob wir lieber Abstand wahren.

Jeder Mensch schafft sich in der Interaktion eine Art persönlichen Raum, in den ein anderer eindringen darf oder auch nicht. Dabei wird zwischen vier Zonen unterschieden:

- Intimer Raum: Innerhalb von 45 Zentimetern werden nur im doppelten Wortsinne nahestehende Personen wie Ehepartner, kleine Kinder, Familienangehörige und besonders enge Freunde geduldet. In dieser Zone lassen sich Berührungen kaum vermeiden, wir können das Gegenüber riechen, seine Körperwärme und seinen Atem wahrnehmen.
- Persönlicher Raum: In dem Bereich zwischen 45 und 120 Zentimetern dürfen sich Freunde nähern.
- Sozialer Raum: In einem Umkreis von 120 bis 270 Zentimetern spielen sich die meisten sozialen Interaktionen ab. Auf diese Entfernung können wir uns weder berühren noch riechen.
- Öffentlicher Raum: Die Entfernung beträgt hier mehr als 270 Zentimeter.

In manchen Situationen können diese körperlichen Distanzzonen nicht eingehalten werden, was in der Regel Unbehagen verursacht und bestimmte Verhaltensweisen auslöst: Im Fahrstuhl oder in überfüllten öffentlichen Verkehrsmitteln achten wir sehr genau darauf, keine Signale miteinander auszutauschen, und schauen deshalb in die Luft oder auf den Boden oder wir drehen uns weg. Wer andere Menschen und ihre jeweiligen Distanzzonen genau beobachtet, kann daraus Rückschlüsse auf die Art ihrer Beziehung ziehen.

10. Das Ziel vor Augen, die Konsequenzen im Blick

Je bedeutender das Gesprächsthema, umso größer ist die Gefahr, dass unterschiedliche Ansichten aufeinanderprallen. Dann wird es schwierig, die eigenen Gesprächsziele zu erreichen – insbesondere, wenn diese Ziele nur vage formuliert wurden und eine durchdachte Strategie fehlt. Wer eine genaue Zielsetzung hat, weiß, mit welchen Argumenten er seinen Gesprächspartner überzeugen kann: Wer dabei auch noch eine klare Strategie verfolgt, hat immer größere Erfolgschancen als jemand, der völlig unvorbereitet ins Gespräch geht. Beispiele dafür finden sich in allen wichtigen Gesprächssituationen. Stellen Sie sich einmal vor, ein Bekannter will eine neue und wesentlich größere Wohnung in bester Lage anmieten und hat schon ein ganz bestimmtes Objekt im Auge. Die Räume sind zwar sehr schön, jedoch völlig unrenoviert. Außerdem ist der Mietpreis doch recht hoch. Es wird ein Treffen mit dem Vermieter vereinbart, um die genauen Konditionen zu verhandeln.

Klare Ziele geben Orientierung.

Ihr Bekannter bereitet das Treffen sehr gründlich vor und geht mit der Zielsetzung dorthin, den Mietpreis für die ersten zwei Jahre um 15 Prozent herunterzuhandeln. Ab dem dritten Jahr will er dann 95 Prozent der ursprünglich angesetzten Miete zahlen. In Anbetracht der erforderlichen Renovierungsarbeiten sollen die ersten drei Monate mietfrei sein, einen Großteil der Arbeiten soll der Vermieter auf seine Kosten durchführen lassen, ein kleiner Teil wird von Ihrem Bekannten in Eigenleistung erbracht. Obendrein hat er im Keller des Gebäudes einen schönen alten Schreibtisch, ein wahres Schmuckstück, gesehen. Diesen will er geschenkt haben. Ihr Bekannter hat also sehr ambitionierte Ziele. Zufällig geht es einem anderen Bekannten in einer anderen Stadt ganz ähnlich, sein Ziel für die Mietpreisverhandlung lautet: Er will das Beste herausholen.

Welcher der beiden wird wohl größere Chancen haben, seine Ziele zu erreichen? Die Antwort liegt auf der Hand: Natürlich derjenige, der genau weiß, was er will. Eine Aussage wie »das Beste herausholen« kann schließlich alles oder nichts bedeuten. Und abgesehen davon, dass ein Limit nach unten fehlt, heißt es letztlich nichts anderes als: Ich weiß nicht, was ich will. Das mindert die Erfolgschancen enorm (zumal nicht einmal klar ist, was überhaupt als Erfolg gewertet würde). Diese Erkenntnis gilt für die Zielsetzungen von Gesprächen jeder Art. Es ist wichtig, konkret zu benennen, was man erreichen will, was man selbst als Erfolg betrachtet und welche Kompromisse man einzugehen bereit ist.

Nur konkrete Ziele sind nützlich.

So macht es derjenige mit den ambitionierten Zielsetzungen. Wenn er klug ist, wird er sich darüber hinaus noch eine Strategie zurechtgelegt und weitergedacht haben: Was ist, wenn der Vermieter nicht anbeißt? In diesem Fall stehen ihm etliche Stellschrauben zur Verfügung. Auf den Schreibtisch kann er ohne Weiteres verzichten. Oder er kann anbieten, sofort 90 Prozent der Miete zu zahlen, dafür aber erst ab dem vierten Jahr 95 Prozent usw. Oder er kann anbieten, dass er ab dem fünften Jahr die volle Miete bezahlt und dann jährlich eine Erhöhung von zwei Prozent akzeptiert. Die Optionen sind beinahe grenzenlos – sofern sie im Rahmen dessen liegen, was er zu akzeptieren bereit ist. Und genau das wird er sich vor dem Gespräch gut überlegen.

Das heißt: Vor jedem Gespräch, in dem es um wichtige Themen geht, sollten wir uns bewusst machen, was genau wir mit dem Gespräch erreichen wollen oder was wir herausfinden und in Erfahrung bringen möchten. Nur wenn diese Parameter bekannt sind, können wir im Gespräch zielorientiert agieren. Doch damit nicht genug: Von den Ergebnissen vieler Gespräche, die zwischen zwei Personen stattfinden, sind oft auch Dritte betroffen. Dann müssen unter Umständen auch andere in das Gespräch miteinbezogen werden oder ein bestimmter Sachverhalt macht zusätzliche Einzelgespräche erforderlich. Mit jeder Zielsetzung müssen immer auch sämtliche Konsequenzen, die sich daraus ergeben, berücksichtigt werden, ebenso alle Fragen und möglichen Einwände (der Gesprächspartner und von Dritten). Und natürlich geht es darum, ein Resultat zu erzielen, das auch gut umsetzbar ist. Mit dem Gespräch allein ist es schließlich oft nicht getan – nun geht es darum, entsprechend zu handeln.

Chancen und Risiken von Begeisterung

Fehlt das Bewusstsein für klare Zielsetzungen oder sind Ideen schlichtweg nicht praktikabel, wird das Gespräch vermutlich ohne ein zufriedenstellendes Ergebnis enden oder gar scheitern. Die Ursache dafür ist oft ein Mangel an strategischer Weitsicht. So manche Idee wird aus dem Überschwang und einer kurzfristigen Begeisterung heraus geboren. Doch ein »Es wäre doch toll, wenn wir …« führt noch lange nicht dazu, dass die Idee auch umgesetzt wird. Gerade bei Gesprächen unter sehr vertrauten Menschen kommt es häufig vor, dass plötzlich ein Begeisterungssturm entbrennt, der dann zu überschwänglichen Ideen führt. Es ist oft schwierig, in solchen Fällen noch zu einem konstruktiven Ergebnis zu kommen, das auch nachhaltig Bestand hat. Da ist es fast leichter, mit einem uns weniger angenehmen Gesprächspartner ein gutes Ergebnis zu erzielen. Die Wahrscheinlichkeit, dass aus dem Enthusiasmus ge-

Allzu großer Überschwang verführt leicht zu unrealistischen Zielen.

borene Ideen tatsächlich realisiert werden, ist, seien wir mal ehrlich, eher gering. Das gilt umso mehr, wenn die Realisierung dauerhafte Anstrengung und den Kampf gegen Widerstände erfordert.

Jeder Mensch kennt diese Ideen, die in heiterer und euphorischer Stimmung geboren werden und dann oft schnell wieder vergessen sind. Zuerst begeistert man sich gemeinsam für eine Idee, und aus dieser Begeisterung heraus werden – wenn überhaupt – meist unkoordinierte Aktionen in Gang gesetzt. Nur kurze Zeit später, wenn erste größere Schwierigkeiten auftauchen, ist vom ursprünglichen Tatendrang nicht mehr viel übrig. Man hat zwar noch die Erinnerung, dass man vor nicht allzu langer Zeit noch Feuer und Flamme war, nur klingen die Gründe dafür im Nachhinein alles andere als plausibel – oder man weiß gar nicht mehr, was denn das für Gründe gewesen sein könnten. Enthusiasmus ist eine flüchtige Angelegenheit: Er lässt mit der Zeit nach und lässt sich dann oft nicht wieder neu entfachen.

Diplomatische Zurückhaltung ist deshalb mehr als nur ein Schlagwort. Wer selbst von etwas begeistert ist, hat es zwar leichter, andere zu überzeugen – eben weil die Begeisterung ansteckend ist. Doch zu viel des Guten führt schnell dazu, dass der Sinn für das Machbare verloren geht. Es schadet also nicht, auf dem Teppich zu bleiben, wenn Vorhaben mit weitreichenden Folgen diskutiert werden. Bewahren Sie eine gesunde Portion Realismus, wenn Sie auf einen völlig enthusiastischen Gesprächspartner treffen. Das soll nicht heißen, dass es gut wäre, alles zu zerreden und doppelt und dreifach in Zweifel zu ziehen; es geht vielmehr darum, den Blick für die langfristige Umsetzbarkeit nicht zu verlieren. Eine mit Begeisterung vorgetragene Idee kann natürlich auch eine gute Strategie für das Erreichen des Ziels nicht ersetzen.

Es ist besser, Zielstellungen mit klarem Kopf und einer gesunden Portion Realismus zu formulieren.

Ohne Strategie laufen wir Gefahr, uns zu verzetteln. In der Folge wird viel Energie in Dinge investiert, die nichts oder wenig bringen und womöglich nicht zusammenpassen. Eine Strategie berücksichtigt auch über die Langstrecke die Ziele, die es zu erreichen gilt. Mithilfe der Strategie werden Hindernisse und Risiken auf dem Weg zum Ziel identifiziert und sie macht auch deutlich, was nicht zu tun ist. Sie konzentriert sich auf Aktivitäten, die ineinandergreifen und sich gegenseitig stärken, und umfasst Überlegungen dazu, wie man sich in möglichen Situationen verhalten wird. Deshalb schützt eine Strategie vor blindem Aktionismus und vor Fehlschlägen.

Informationen bilden die Grundlage für alle Strategien

Gute Informationen sind unerlässlich, wenn es um Gesprächsstrategien oder um Strategien zum Erreichen der besprochenen Ziele geht. Bereiten Sie sich deshalb gründlich vor, wenn ein wichtiges Gespräch ansteht. Handelt es sich um ein berufliches Gespräch, können Sie davon ausgehen, dass sich jeder professionelle Gesprächspartner sehr gut darauf vorbereiten wird. Falls Sie dann mit einem Informationsdefizit ins Gespräch kommen, werden Sie nicht nur eine schlechte Figur abgeben; Sie verringern damit auch Ihre Chancen, Ihre Gesprächsziele zu erreichen. Denn schon mit gezielten Fragen, cleveren Argumenten und Hinweisen auf bestimmte Fakten kann Ihr Gesprächspartner Sie dann völlig aus der Spur bringen. Eine gute Vorbereitung ist deshalb der halbe Erfolg. Fragen Sie sich deshalb vor allen wichtigen Gesprächen:

Eine gute Vorbereitung verbessert die Chancen, die eigenen (Gesprächs-)Ziele zu erreichen, erheblich.

- Was genau erwarte ich überhaupt von dem Gespräch?
- Warum besteht ein Gesprächsbedarf?
- Was ist meine Zielsetzung?

- Mit welcher Strategie will ich das Ziel erreichen?
- Welche Hindernisse könnten auftreten?
- Was soll besprochen werden und was nicht?

Dennoch kann man natürlich ein Gespräch nicht bis ins kleinste Detail planen – nicht jedes Argument lässt sich vorhersehen, individuelle Reaktionen schon gar nicht. Viele wichtige Aspekte eines Gesprächs lassen sich jedoch bereits im Vorfeld definieren. Wenn bestimmte Eckpunkte frühzeitig abgesteckt werden, erhöht sich damit auch Ihr Spielraum für spontane Phasen innerhalb der Gesprächsabschnitte.

Vergegenwärtigen Sie sich deshalb vor dem Gespräch, mit wem Sie es überhaupt zu tun bekommen. Hierzu zählt auch eine Einschätzung des sozialen Niveaus Ihrer Gesprächspartner – darauf basiert die Art Ihrer Argumentation. Auch die aktuelle psychische Verfassung des Gegenübers ist von Bedeutung. Kennen Sie diese, erlaubt das Ihnen Rückschlüsse auf mitschwingende Emotionen und zeigt Ihnen, an welchen Stellen besonderes Einfühlungsvermögen gefragt ist. Überlegen Sie sich, wie Ihr Gesprächspartner die Angelegenheit wohl einschätzen wird. Versuchen Sie, seine Perspektive einzunehmen, und fragen Sie sich, auf welche Argumente er anspringen könnte, was für ihn weniger wichtig ist und wo seine wunden Punkte liegen. Sie sollten auch den genauen Kenntnisstand des Gesprächspartners kennen. Ein Gegenüber, das über detailliertes Hintergrundwissen über einen Sachverhalt verfügt (und womöglich besser darüber Bescheid weiß als Sie selbst), lässt sich unter Umständen nicht so schnell von neuen Aspekten überzeugen. Vor allem in solchen Fällen ist eine sorgfältige Einarbeitung in das Thema unerlässlich. Machen Sie sich also mit den relevanten Informationen rechtzeitig vertraut. Eine genaue Kenntnis der Sachverhalte erleichtert Ihnen die spätere Argumentation – und Sie stehen nicht auf dem Schlauch, wenn Ihr Gesprächspartner ein Detail anbringt, von dem Sie bis zu Ihrer Vorbereitung auf dieses Gespräch noch gar nichts wussten.

Alternativen und die »dritte Lösung« mitdenken

Wer sehr gut über das Gesprächsthema Bescheid weiß und über alle relevanten Informationen verfügt, hat noch einen weiteren wesentlichen Vorteil, der zugleich ein wichtiges Prinzip der Diplomatie erst ermöglicht: das Einbeziehen von Alternativen. Damit ist zweierlei gemeint. Nur wer eine ausreichende Sachkenntnis hat, kann eine zweite Lösung anbieten, wenn eine erste Idee auf Ablehnung stößt. Ist ein Gesprächspartner partout nicht für eine Idee zu gewinnen, bleibt, wenn keine Alternativen zur Verfügung stehen, nur der Gesprächsabbruch ohne Lösung. Und dafür, sie erst mitten im Gespräch aus dem Hut zu zaubern, ist es in den meisten Fällen zu spät – vor allem, wenn es sich um komplexe Themen handelt. Es zeugt also von Weitsichtigkeit, sich schon vor dem Gespräch passende Alternativen zurechtzulegen und das jeweilige Für und Wider gleich mitzudenken.

Es gibt fast immer mehr als ein Entweder-oder.

Dazu sollten Sie sich auch klarmachen, wo Spielräume bestehen und wo nicht. Auf diese Weise wissen Sie schon im Vorfeld, an welchen Stellen das Gespräch brenzlig werden könnte. Doch oft reicht es nicht aus, wenn von einer Lösung zur nächsten naheliegenden Lösung umgeschwenkt wird. Natürlich ist jede Alternative besser als gar keine, doch letztlich läuft es auf ein Entweder-oder hinaus. Entweder wir nehmen Lösung A oder eben Lösung B. Diese Herangehensweise macht dann oft beide Gesprächspartner blind für eine mögliche dritte Lösung.

Dazu ein Beispiel: Ein Ehepaar fährt jedes Jahr während der Sommermonate gemeinsam für drei Wochen in den Urlaub. Doch dieses Jahr kann die Frau aus beruflichen Gründen im Sommer keinen Urlaub nehmen. Die beiden überlegen nun, ob sie im Frühjahr fahren. Für diesen Zeitpunkt hat der Mann allerdings schon einen Kurzurlaub mit alten Freunden eingeplant, weshalb er von dem Termin im Frühjahr wenig begeistert ist. Also schlägt er den

Herbst vor, was wiederum der Frau nicht so gut passt. Die beiden überlegen also hin und her, ob sie nun im Frühjahr oder im Herbst fahren – doch wie sie sich auch entscheiden: Immer wird einer der beiden unzufrieden sein. Während der ganzen Diskussion kommen beide jedoch nicht auf die Idee, eine dritte Lösung in Angriff zu nehmen. Vielleicht wäre das ja die Gelegenheit, endlich die große Anschaffung zu tätigen, von der sie schon seit Jahren reden, und dafür dieses Jahr im Urlaub zu Hause zu bleiben. Diese dritte Lösung gerät völlig in Vergessenheit, weil nur die eine Lösung und die naheliegende Alternative in Erwägung gezogen werden.

Die Kunst der Diplomatie besteht darin, nicht nur Standardlösungen in Betracht zu ziehen und viele, auch ungewöhnliche Alternativen mitzudenken. Wir vergessen beim Vergleichen diverser Alternativen oft, dass eine völlig neue Idee mitunter mehr Vorteile bringt als die bereits bekannten Vorschläge. Das muss nicht immer der Fall sein, doch verschafft Ihnen der Gedanke an die »dritte Lösung« einen weitaus größeren Handlungsspielraum – es sei denn, Sie verstellen sich den Blick auf unorthodoxe Lösungen schon von vornherein.

Veränderungen sind oft mit Ängsten verbunden

Selbst die beste Planung stößt an ihre Grenzen, wenn wir auf dem Weg zur Realisierung der Zielsetzung auf jemanden treffen, den wir unbedingt mit ins Boot holen wollen, der jedoch Angst vor dem Vorhaben, der Veränderung oder vor einem bestimmten Detail des Vorhabens hat. Damit das Ganze daran nicht scheitert, gilt es, einen angemessenen Umgang mit diesen Ängsten zu finden. Kontraproduktiv sind Sätze wie »Jetzt stell dich doch nicht so an!« oder »Das ist doch jetzt wirklich nicht so schlimm!«. So werden Sie einen Menschen, der Angst hat, sicherlich nicht dazu bewegen, über seinen Schatten zu springen. Für den richtigen

⇨

Umgang mit Ängsten ist es grundsätzlich völlig irrelevant, ob sie »berechtigt« sind oder nicht. Was auch immer sie auslöst, ob sie realistisch sind oder uns völlig aus der Luft gegriffen erscheinen: Ängste sind Realität. Wer Angst hat, nimmt die Situation anders wahr und handelt anders als jemand, der in der gleichen Sache völlig furchtlos ist. Deshalb bringt es gar nichts, Ängste als unbegründet oder irrational abzutun. So wird alles nur noch schlimmer. Denn die Angst wird so als reine Zimperlichkeit abgetan. Es gibt nur eines, was Menschen im Umgang mit Ängsten weiterbringt: sie anzuerkennen und ernst zu nehmen, um dann mit dem Betroffenen nach einer Lösung zu suchen. Ein wichtiger Schritt ist es, die Ängste als solche überhaupt erst einmal zu erkennen, sie in Worte zu fassen, damit man sich konstruktiv mit ihnen auseinandersetzen kann. Ängste einzugestehen, erfordert Mut. Deshalb werden Ängste oft verborgen gehalten, auch aus Furcht vor den Reaktionen des Gesprächspartners. Der Umgang mit Gesprächspartnern, die aus Angst etwas ablehnen, erfordert daher besonders viel diplomatisches Geschick und viel Einfühlungsvermögen.

11. Erfolgreiche Verhandlungen kennen keine Verlierer

Verhandlungen sind etwas Alltägliches. Wir verhandeln nicht nur um unser Gehalt – was eher selten vorkommt –, sondern nahezu täglich um große und viele kleine Dinge: mit den Kindern um das Taschengeld und darum, wann sie ins Bett gehen müssen, mit dem Partner um die Wahl des Urlaubsortes, mit einem Verkäufer um die Konditionen beim Autokauf oder darum, wer zu Hause das Essen kocht und wer den Abwasch macht. Das heißt, wir alle haben jede Menge Erfahrungen mit dem Thema Verhandlung. Und alle Beispiele aus unserer Verhandlungspraxis zeigen, dass es das Ziel aller Verhandlungen ist, Vorteile für beide Seiten zu bringen. Wäre das nicht der Fall, hätte zumindest eine Partei gar kein Interesse an einer Verhandlung – die Verhandlung wäre zwecklos.

Kleine und große Verhandlungen gehören zu unserem Alltag, im Beruf genauso wie im Privatleben.

Es ist also das wesentliche Ziel einer Verhandlung, dass alle Verhandlungspartner mit dem erreichten Ergebnis zufrieden sind. Genau dieses Wissen ist der Ausgangspunkt für Erfolg versprechende Verhandlungsstrategien: Gute Verhandlungen kennen keine Verlierer, beide Parteien gehen als Gewinner aus der Verhandlung. Gerade deshalb bleibt eine Verhandlung ein anspruchsvolles Gespräch, weil hier unterschiedliche Interessenlagen aufeinandertref-

Diplomaten verhandeln mit dem Ziel, ein für beide Seite zufriedenstellendes Ergebnis zu erreichen.

fen und dennoch eine Einigung mit Vorteilen für beide Seiten erzielt werden muss.

Oft steht bei Verhandlungen viel auf dem Spiel und da die Verhandlungspartner dann unter großem Erfolgsdruck agieren – also aufgeregt sind und sich keinesfalls über den Tisch ziehen lassen wollen –, verlaufen längst nicht alle Verhandlungen reibungslos. Und natürlich ist es nicht in allen Fällen einfach, eine Einigung zu finden, vor allem dann nicht, wenn die Vorstellungen der Verhandlungsparteien sehr stark voneinander abweichen und womöglich beide unnachgiebig auf ihren Positionen beharren. Allerdings hat auch keine der Verhandlungsparteien ein Interesse daran, die Verhandlung ergebnislos abzubrechen, denn dadurch ginge der erhoffte Vorteil verloren. Deshalb sind die Verhandlungspartner in der Regel bemüht, sich langsam an die Positionen des anderen heranzutasten. Eine ergebnislose Verhandlung ist (von sehr speziellen Fällen abgesehen) fast nie der richtige Schritt, um die eigenen Ziele zu erreichen.

Die folgenden drei Grundsätze gelten daher für alle Verhandlungen:

- Es soll eine Übereinkunft erzielt werden, sofern nicht tatsächlich unüberwindbare Hindernisse auftreten.
- Das Verhandlungsergebnis soll das Verhältnis zwischen den Parteien möglichst verbessern. Es darf die Beziehung zumindest nicht belasten.
- Welche Übereinkunft auch immer gefunden wird, sie muss in der Praxis umsetzbar sein. Im Optimalfall werden dabei die Interessenlagen aller Parteien im höchstmöglichen Maß erfüllt. Neben den Interessen der direkt an der Verhandlung Beteiligten soll die Übereinkunft außerdem die Interessen Dritter berücksichtigen, die ebenfalls vom Verhandlungsergebnis betroffen sind.

Wenn Sie mit dieser Intention in eine Verhandlung gehen, schützen Sie sich und Ihren Verhandlungspartner davor, dass die Verhandlung in ein Feilschen um Positionen ausartet und schließlich einer von beiden den Kürzeren zieht.

Kurzfristiger Vorteil oder dauerhafter Erfolg?

Natürlich gibt es immer noch Menschen, die mit geschwollener Brust die eigene Härte und die eiserne Unverrückbarkeit ihrer Positionen rühmen. Dass sich solche Verhandler damit jedoch ein Eigentor schießen, ist ihnen leider meist nicht bewusst. Denn die wesentliche Frage lautet letztlich: Ist der Vorteil, den ich mir verschaffe, von Dauer? Oft ist das nicht der Fall. Ein Verhandlungspartner mag sicherlich, nachdem er übervorteilt wurde, nie wieder mit dem vermeintlichen Gewinner verhandeln. Oder würden Sie bei einem Verkäufer, der Sie offensichtlich übers Ohr gehauen hat, wieder etwas kaufen oder ihn einem Bekannten empfehlen? Sicher nicht. So verkehrt sich ein kurzfristiger Vorteil ganz schnell ins Gegenteil. Und falls Sie tatsächlich mit einem solchen wenig weitsichtigen Verhandlungspartner erneut verhandeln sollten, dann werden Sie sich gewiss gut vorbereiten, sehr vorsichtig sein und keinerlei Zugeständnisse mehr machen.

Kurzfristige Verhandlungssiege, die mit aller Härte durchgeboxt wurden, werden schnell zum Bumerang.

Verhandlungen sind vor allem dann erfolgreich, wenn Sie und Ihr Verhandlungspartner sich einen möglichst großen Verhandlungsspielraum erhalten. Wo es nur noch um ein Ja oder ein Nein geht, ist kein Raum mehr für konstruktive Lösungen. Dann geht es letztlich auch gar nicht mehr darum, etwas zu verhandeln. Die Kunst der Verhandlung, wie sie Diplomaten anwenden, besteht darin, die eigenen Ziele zu erreichen, ohne dabei die Beziehung zum Verhandlungspartner zu gefährden. Das wird nur gelingen, wenn sich die Verhandlungspartner auf die gemeinsamen Interessen konzentrieren und dafür weniger auf die unterschiedlichen Positionen. Auf dieser Grundlage entstehen sofort ganz andere Rahmenbedingungen, die eine erfolgreiche Einigung für beide Seiten erleichtern und so eine Gewinner-Gewinner-Verhandlung ermöglichen.

Der Vorteil einer Win-win-Situation in Verhandlungen liegt auf der Hand: Wo es nicht mehr einen Gewinner gibt, der sich durchsetzen konnte, und einen Verlierer, der zurückstecken musste, können beide von der gefundenen Lösung profitieren. Im Kleinen haben wir alle dieses Prinzip schon etliche Male erfolgreich praktiziert: Wenn wir uns mit einem Freund für das Kino verabreden, werden wir einen Film anschauen, der beiden gefällt – und eben nicht einen, für den sich der eine zwar brennend, der andere jedoch gar nicht interessiert. Und wenn wir mit einem Bekannten essen gehen, dann sicher dort, wo es beiden schmeckt. In solchen Fällen sind in der Regel beide Seiten sehr schnell bereit, auch die Interessen des anderen mit in die Lösungsfindung einzubinden, statt nur die eigenen Interessen auf Biegen und Brechen durchsetzen zu wollen. Das hat natürlich einen guten Grund: Irgendwo essen zu gehen, wo es einem der beiden überhaupt nicht schmeckt, würde ja beiden den Spaß verderben. Was im Kleinen meist ohne Weiteres gelingt, lässt sich in ähnlicher Weise auch auf wichtige Verhandlungen übertragen.

Der optimale Ausgang einer Verhandlung ist eine Win-win-Situation.

Wer in schwierigen Verhandlungssituationen weitsichtig denkt, dem wird sehr daran gelegen sein, aus jeder Verhandlung auch auf der Beziehungsebene einen Gewinn ziehen. Gibt es nach einer Verhandlung einen klaren Verlierer, wird sich dieser natürlich im Nachhinein sowohl über sich selbst als auch über seinen Verhandlungspartner ärgern. Er fühlt sich übers Ohr gehauen, austaktiert, unterlegen und überrumpelt, weil seine Interessen nicht ausreichend berücksichtigt wurden. Das bedeutet immer einen Imageschaden für den »Gewinner« und der Verhandlungspartner wird weitere Kontakte in der Zukunft meiden. Ein solcher Triumph ist deshalb ein überaus zweifelhafter Erfolg und ohne positive Langzeitwirkung.

Win-win-Situationen führen zu nachhaltigen Verhandlungsergebnissen und verlässlichen Absprachen.

Das Vorhaben, aus einer Verhandlung als der große Sieger hervorzugehen, hat noch einen weiteren Nachteil, der oft vergessen wird: Wer auf einen Sieg hin pokert, erhöht damit für sich selbst das Risiko einer Niederlage. Kein Verhandlungspartner lässt sich gern und bereitwillig über den Tisch ziehen; er wird folglich den größten Widerstand leisten, wenn er den Verdacht hat, dass sein Gegenüber ihn übervorteilen will. Deshalb bringt es auch wenig, nach dem Motto »Man kann es ja einmal versuchen« zu handeln. Schon durch den Versuch ist das Misstrauen des anderen geweckt. Danach wird es sehr schwierig sein, eine Lösung zum beiderseitigen Vorteil zu finden.

Auch deshalb ist es wesentlich erfolgversprechender, von vornherein mit dem festen Vorsatz in die Verhandlung zu gehen, dass sowohl Sie selbst als auch Ihr Partner gewinnen werden. Sie erhalten etwas und geben dafür zugleich etwas anderes. So wird ein Ausgleich geschaffen, der für beide Seiten Vorteile bringt. In Verhandlungen bleibt es also ein wichtiger Faktor, dass die Interessen aller Beteiligten gleichermaßen berücksichtigt werden. Damit wird es letztlich sogar unerheblich, wer bei einzelnen Punkten nun recht hat. Wenn Sie um jeden Preis recht behalten wollen, führt das letztlich nur zu einem leidigen Hin und Her und Sie versteifen sich auf bestimmte Positionen. Was wirklich zählt, ist jedoch eine für beide Seiten zufriedenstellende Lösung aller Kontroversen.

Nehmen Sie alle Standpunkte Ihrer Verhandlungspartner ernst, ganz unabhängig davon, welcher Ansicht Sie selbst sind. So wird Ihr Gegenüber erkennen, dass Sie seine Perspektive respektieren. Dadurch werden störende Blockaden abgebaut und gleichzeitig kreative Prozesse in Gang gesetzt. Selbst wenn Sie völlig anderer

Meinung sind als Ihr Partner, können Sie ihm dennoch signalisieren, dass sein Standpunkt bei Ihnen angekommen ist und von Ihnen verstanden wurde. Ein wesentliches Element einer Gewinner-Gewinner-Verhandlung ist die gegenseitige Wertschätzung. Und das heißt, dass auch voneinander abweichende Meinungen akzeptiert werden können. Sie brauchen eine Meinung nicht zu übernehmen, wenn Ihre Überzeugung eine andere ist, doch Sie können diese Meinung auf jeden Fall akzeptieren. Zudem ist es gar nicht möglich, Meinungen einfach zu ignorieren oder abzustellen. Auch sie beruhen auf dahinterliegenden Interessen. Und diese Interessen sind nun einmal da, ganz unabhängig davon, welchen Standpunkt Sie selbst vertreten. Nur wenn Sie die Motive und Interessenlage eines Verhandlungspartners erkennen, wird es Ihnen gelingen, gemeinsam einen Interessenausgleich zu finden. Es bringt also nichts, sich gegenüber den Interessen eines Gesprächspartners zu verschließen.

Persönliche Wertschätzung ist auch für das Gelingen einer Verhandlung unverzichtbar.

Wenn Sie mit dem Grundgedanken des beiderseitigen Gewinnens in eine Verhandlung gehen, ist das nicht gleichbedeutend mit leichtfertiger Nachgiebigkeit. Sie wollen weiterhin Ihre Ziele erreichen und in erster Linie auch Ihre Interessen wahren, nur eben nicht auf Kosten und zum Nachteil Ihres Verhandlungspartners.

Wer die Prinzipien einer Gewinner-Gewinner-Verhandlung berücksichtigt, wird am ehesten ein nachhaltiges und zufriedenstellendes Ergebnis erzielen. Und Sie lösen nicht nur die eigenen Probleme, sondern auch die Ihrer Verhandlungspartner – so stärken Sie die Beziehung, schaffen Vertrauen und gewinnen auch noch treue Verbündete. Beachten Sie deshalb in allen Verhandlungen:

- **Menschen und Sachfragen immer getrennt voneinander behandeln:** Wo Sachfragen auf der Beziehungsebene behandelt werden, entstehen schnell kommunikative Missverständnisse und es kommen störende Emotionen ins Spiel, die vom ursprünglichen Verhandlungsziel ablenken. Trennen Sie in Verhandlungen deshalb das eine vom anderen. In jeder Verhandlung haben Sie es nicht nur mit klärungsbedürftigen Sachverhalten zu tun, sondern vor allem auch mit Menschen. Hieraus ergeben sich zwei Ebenen, die wir getrennt voneinander behandeln sollten: zum einen der Verhandlungsgegenstand und zum anderen die persönliche Beziehung. Das Lösen der Probleme auf sachlicher Ebene stärkt dabei in der Regel auch die Beziehungsebene – und umgekehrt.

- **Auf gemeinsame Interessen, nicht auf Positionen konzentrieren:** Rücken Sie nicht die starren Positionen in den Vordergrund, sondern achten Sie stattdessen auf die gemeinsamen Interessen. Selbst bei völlig gegensätzlichen Positionen lässt sich meist etwas Gemeinsames finden.

- **Verhandlungsspielräume schaffen:** Erst die Verhandlungsspielräume machen eine echte Verhandlung möglich. Beide Parteien benötigen Spielraum und eine ganze Anzahl von Optionen, damit eine Lösung gefunden werden kann, die für beide Seiten einen Gewinn darstellt. Verzichten Sie bei der Suche nach Optionen zunächst auf eine Beurteilung derselben. Versuchen Sie, die Anzahl der möglichen Entscheidungen zu erhöhen, anstatt nur nach »der einen« Lösung zu suchen. Beachten Sie insbesondere Optionen, die für beide Seiten einen Vorteil bringen, und versuchen Sie Möglichkeiten zu finden, die dem Gegenüber eine Entscheidung erleichtern. Behalten Sie bei der Suche nach Entscheidungsmöglichkeiten die differierenden und die gemeinsamen Interessen im Blick – diese sind die Basis für alle Entscheidungen.

- **Vorschläge neutral bewerten:** Allein das sachbezogene und lösungsorientierte Verhandeln bringt vernünftige Übereinkünfte zustande. Eine Haltung mit dem Tenor »Weil ich das so will!« resultiert aus dem Beharren auf Positionen. Betrachten Sie Meinungsverschiedenheiten nicht als Streitfall, sondern vielmehr als eine gemeinsame Sache, für die es eine Lösung zu finden gilt. Halten Sie sich bei der Beurteilung allein an neutrale Kriterien. Rein persönliche und subjektive Ansichten verhindern eine sachbezogene Verhandlung. Etwas aus Prinzip abzulehnen, ist kein konstruktiver Ansatz und wird niemals zur Lösungsfindung beitragen.

Wenn Verhandlungen unter solchen Vorzeichen stattfinden, wird es Ihnen leichterfallen, eine für beide Seiten vorteilhafte Übereinkunft zu erzielen. Das ist zugleich eine außerordentlich gute Investition in die Zukunft! Ein Verhandlungspartner, der eine bittere Niederlage verbuchen musste, kann mit dem Ergebnis nicht zufrieden sein. Wer sich selbst und seine Interessen ernst genommen sieht, ist dagegen offen für eine Vertiefung der Beziehung und wird gern wieder mit Ihnen verhandeln – denn er kann ja nur gewinnen.

Verbündete suchen

Es ist ratsam, in schwierigen Gesprächen und Verhandlungen auf Verbündete zu zählen. Einige wohlwollende Worte eines Fürsprechers aus den Reihen der anderen Partei wiegen in der Regel weit mehr als die besten eigenen Argumente. Und es wird Ihre eigene Überzeugungskraft deutlich stärken, wenn Sie wissen, dass Ihre Gesprächspartner Ihre Auffassung teilen. Überlegen Sie daher schon vorab, ob und an welchen Stellen Ihrer Beweisführung sich Fürsprecher finden lassen. Oft lässt sich gerade dann eine Bresche schlagen, wenn auch andere Gesprächsteilnehmer für Ihre Thesen eintreten. Sobald Sie erkennen, dass jemand für Ihre Ansichten Partei ergreift, können Sie diesen Umstand nutzen, um Ihre Argumentation zu untermauern.

Es ist also klug, sich vor einem wichtigen Gespräch genau zu überlegen, welche Gesprächspartner welche persönlichen Interessen verfolgen. So können Sie gezielt darauf eingehen und selbst als Verbündeter Ihrer Gesprächspartner auftreten.

Wenn der Verhandlungspartner nicht mitspielt

Dass eine Gewinner-Gewinner-Verhandlung ausschließlich Vorteile mit sich bringt und schneller zu besseren Lösungen führt, steht außer Frage. Allerdings scheint die Sache einen kleinen Haken zu haben: Was ist, wenn der Verhandlungspartner nicht mitspielt und auf den alleinigen Sieg setzt? Wenn eine der beiden Parteien aus der Reihe tanzt, liegt es an Ihnen, welchen Verlauf die Verhandlung nimmt. Oft reicht es schon aus, wenn Sie weiterhin konsequent die Prinzipien einer Gewinner-Gewinner-Verhandlung anwenden. Denn das eigene Verhalten färbt auf den anderen ab. Außerdem würde der Verhandlungspartner sich selbst bloßstellen, wenn er trotz Ihres positiven Ansatzes immer wieder von der Sachebene abkommt. Doch manchmal beißen wir auch damit auf Granit. Dann reicht es nicht mehr aus, mit gutem Beispiel voranzugehen.

Torpediert der Verhandlungspartner die Win-win-Strategie, ist es wichtig, konsequent am Ball zu bleiben und nicht in gleicher Weise zurückzuschlagen.

Damit eine Verhandlung nicht in einen Wechsel von Angriff und Gegenangriff ausartet, der eine Einigung unmöglich macht, gibt es ein gutes Gegenmittel: Weichen Sie den Angriffen aus und lassen Sie diese ins Leere laufen. Diese Methode ist weitaus effektiver, als sich in eine Verteidigungshaltung drängen zu lassen oder selbst in gleicher Weise zurückzuschlagen. Die Methode besteht darin, den Angriff aufzunehmen und dann in eine Richtung zu lenken, die zurück zur Sachebene führt. Dafür stehen Ihnen verschiedene Möglichkeiten zur Verfügung:

- **Suchen Sie nach den Gründen für die Position der Gegenseite.** Manche Verhandlungspartner beharren stur auf ihrer eigenen Position und sind nicht bereit, sich davon wegzubewegen. Jetzt auf Gegenangriff zu schalten und diese Position anzugreifen, ist nicht sehr erfolgversprechend. Klüger ist es, die Position zunächst einmal so zu betrachten, als wäre sie eine mögliche Option. Anschließend können Sie diese Position gezielt hinterfragen und dabei die dahinterliegenden Interessen aufspüren. Sprechen Sie dann über diese Interessen, um so Bewegung in die Verhandlung zu bringen. Trennen Sie dabei den Verhandlungsgegenstand bewusst vom Verhandlungspartner. Greifen Sie ihn niemals persönlich an, bleiben Sie stattdessen bewusst auf der Sachebene. Und auch Sie selbst sollten keine starren Positionen einnehmen. Denn je unverrückbarer Ihre Position ist, die Sie dann gegen Angriffe verteidigen, umso stärker sind Sie später selbst an Ihre Position gebunden. Und das ist kein Vorteil für Sie.

- **Bleiben Sie auch bei persönlichen Angriffen souverän.** Wenn ein Verhandlungspartner den alleinigen Sieg einfahren will, müssen Sie auch mit persönlichen Angriffen rechnen. Lassen Sie sich in solchen Fällen nicht dazu hinreißen, sich zu verteidigen oder einen Gegenangriff zu starten. Bleiben Sie stattdessen betont höflich, hören Sie aufmerksam zu, signalisieren Sie ganz staatsmännisch Verständnis und lenken Sie den Angriff zurück zur Sache. Sagen Sie zum Beispiel: »Sie sagen, dass ich mich nicht gut genug auskenne, um das beurteilen zu können. An welcher Stelle fehlen mir Ihrer Meinung nach noch Informationen? Sie können mir das gerne kurz erläutern, damit wir diese Punkte genauer unter die Lupe nehmen können.«

- **Verhandeln Sie über die Spielregeln.** Wenn Ihr Verhandlungspartner hartnäckig in die rhetorische Trickkiste greift, sprechen Sie Ihre Beobachtungen offen an. Dann können Sie gemeinsam mit dem Verhandlungspartner erst einmal über die Spielregeln Ihrer Verhandlung reden. Klären Sie dabei, wie Sie vorgehen wollen, damit die Verhandlung zu einem vernünftigen Ergebnis geführt werden kann.

- **Zeigen Sie Interesse an Vorschlägen und Kritikpunkten.** Ganz gleich, welche Vorschläge Ihr Verhandlungspartner macht – blocken Sie diese nicht aus Prinzip ab, auch dann nicht, wenn sie Ihnen wenig zielführend erscheinen. Das Gleiche gilt für Kritik. Fragen Sie vielmehr direkt nach, was Ihr Verhandlungspartner woran auszusetzen hat. Dadurch erfahren Sie sehr viel über die Interessen der anderen Partei. Das gibt Ihnen die Möglichkeit, gezielt darauf einzugehen und mögliche Kritik zu einem wichtigen Teilstück auf dem Weg zur Lösung zu machen. Umgekehrt können Sie auch Ihren Verhandlungspartner dazu auffordern, Ihre Perspektive einzunehmen. So bringen Sie ihm Ihre Sicht der Dinge nahe.

- **Fragen Sie gezielt nach.** Durch nichts werden taktische Gebäude so sehr ins Wanken gebracht wie durch Fragen! Stellen Sie viele Fragen und hinterfragen Sie alle wilden Behauptungen Ihres Gegenübers. Konzentrieren Sie sich dabei auf die inhaltlichen und sachlichen Aspekte der Behauptungen. Es geht nicht darum, die Argumente und Behauptungen zu widerlegen: Sie wollen auf diese Weise vielmehr die Methode dahinter entlarven. Außerdem können Sie eine Auseinandersetzung wirkungsvoll entschärfen, wenn Sie Fragen stellen, statt Ihrerseits einfach etwas zu behaupten. Behauptungen provozieren oft Widerstand oder sogar Verweigerung und bieten eine willkommene Angriffsfläche. Fragen hingegen sind ergebnisoffene Lösungsvorschläge, die niemanden kritisieren und das Problem, also die Sache, in den Vordergrund rücken.

- **Lassen Sie sich nie provozieren.** Grundsätzlich sollten Sie sich niemals aus der Ruhe bringen lassen und ein falsches Spiel einfach nicht mitspielen. Zeigen Sie Ihrem Gegenüber verbal und nonverbal, dass Sie alle »Tricks« kennen und diese satthaben. Lassen Sie sich nicht provozieren und bleiben Sie selbst fair. Wem solche deutlichen Signale nicht reichen, der diskreditiert sich nur selbst. Auch wenn es das letzte aller Mittel ist: In manchen Verhandlungen findet man einfach keine gemeinsame Basis, weil das Gegenüber beharrlich an unfairen Mitteln festhält. Dann kann notfalls durchaus auch ein Abbruch der Verhandlung in Erwägung gezogen werden. Das sollte dann aber auch keine leere Drohung sein, sondern eine letzte Konsequenz – die Sie jedoch ohne Umschweife ziehen müssen.

12. Explosionsgefahr! Emotionen unter Kontrolle

Die meisten Menschen sehen sich am liebsten als vernunftbegabte Wesen, die vor allem ihren Verstand einsetzen, um Entscheidungen zu treffen und ihr Verhalten und ihre Handlungen zu lenken. Doch die alltäglichen Erfahrungen zeigen, dass unsere Gefühle und Emotionen dabei in vielen Fällen der Vernunft den Rang ablaufen. Auch wenn den Akteuren dieser Einfluss oft gar nicht bewusst ist: Es sind doch häufig Gefühle und Emotionen, die Entscheidungen und Handlungen auslösen und steuern. Das kann sogar so weit gehen, dass die Emotionen einen Menschen regelrecht beherrschen und die Vernunft völlig die Kontrolle verliert. Gerade in schwierigen Gesprächen, Auseinandersetzungen oder Verhandlungen gewinnen die Gefühle häufig die Oberhand. Wenn hitzig diskutiert wird, fällt schnell ein unbedachtes Wort, das den anderen (meist unbeabsichtigt) verletzt. Und persönliche Verletzungen und kränkende Worte steckt kaum jemand einfach so weg. Für eine Freundschaft, Partnerschaft oder eine berufliche Beziehung kann das schnell zur Belastung werden. So steigt die Gefahr, dass Auseinandersetzungen eskalieren und Beziehungen nachhaltig beschädigt werden. Das wiederrum verschärft die Lage. Wenn Stress oder Druck zunehmen, wird die Vernunft weiter in den Hintergrund gedrängt, die Emotionen übernehmen

Viel seltener, als wir denken, ist die Vernunft die treibende Kraft einer Entscheidung. Viel öfter folgen wir unseren Emotionen.

das Kommando und eine rationale Berücksichtigung der Interessen des Gegenübers wird fast unmöglich. Konstruktive Gespräche werden damit sehr schwierig.

Gefühle lassen sich jedoch nicht einfach ignorieren oder unterdrücken, früher oder später bahnen sie sich ihren Weg. Für ein diplomatisches Vorgehen ist es daher wichtig, einen klugen Umgang mit Emotionen zu finden. Wir sollten sie weder ausblenden noch uns ihrem Einfluss völlig unterwerfen. Richtig ist, Gefühle bewusst wahrzunehmen, zu kontrollieren und bei Bedarf auch gezielt zu beeinflussen. Dabei geht es sowohl um die eigenen Gefühle als auch um die des Gegenübers. Wer die eigenen Emotionen »im Griff« hat und nicht von jeder Provokation persönlich tief getroffen wird, kann die Eskalation einer Auseinandersetzung leichter vermeiden. Genauso wird es sich auf den Gesprächsverlauf und auf die gesamte Beziehung günstig auswirken, wenn man die Gefühle des Gegenübers erkennen und darauf angemessen reagieren kann. So werden zum Beispiel negative Gefühle des anderen nicht weiter verstärkt.

Weil unsere Gefühle einen großen Einfluss auf uns haben, ist es wichtig, sie zu kennen und kontrollieren zu können.

Gefühle bewusst wahrnehmen

Akzeptieren Sie die wichtige Rolle, die Emotionen in Beziehungen und in Gesprächen spielen. Wenn es um Auseinandersetzungen geht, pochen die Partner immer gerne auf Sachlichkeit. Emotionen werden dann schnell als störend oder als Schwäche – im Berufsleben auch als Zeichen von Unprofessionalität – betrachtet. Man versucht die Gefühle unter Verschluss zu halten und am besten gar nicht erst ins Spiel kommen zu lassen. Dabei wäre es oft sinnvoller, offen über die gerade wirkenden Gefühle zu sprechen, um etwaige Irritationen, Schwierigkeiten oder unterschwellige Botschaften bei der Kommunikation aufzuklären. Wer die Gefühle des Gegenübers kennt, wird ihn sicherlich besser verstehen. Und wer die eigenen Gefühle mitteilt, wird insgesamt besser verstanden werden. Doch das ist leichter gesagt als getan. Es braucht eine gute Vertrauensbasis zwischen den Beteiligten und kostet einige Überwindung, Gefühle direkt anzusprechen – sie zu erkennen und zu benennen, ist eine weitere schwierige Aufgabe.

Die Einbeziehung der Gefühle führt zu einem besseren Verständnis des anderen.

Die erste Schwierigkeit liegt bereits darin, die eigenen Gefühle überhaupt bewusst wahrzunehmen. Sie entstehen und wirken zumeist, ohne dass wir es bemerken, oder sie erscheinen uns nur als vage Empfindung, die wir nicht genauer bestimmen können. Einige Gefühlsregungen sind sogar Bestandteil von urzeitlichen »Reaktionsprogrammen«, die fest in unseren Instinkten verankert sind und dafür sorgen, dass wir zum Beispiel bestimmte Situationen unbewusst als bedrohlich empfinden, obwohl sie in der modernen Welt keineswegs mehr (lebens-)bedrohlich sind (beispielsweise Angst vor Veränderungen). Manche Gefühle werden aber auch von anderen überlagert und bleiben deshalb unerkannt. Oder wir verdrängen Gefühle, weil wir uns nicht mit ihnen befassen wollen, um etwaige Konsequenzen zu vermeiden. Es gibt unzählige Möglichkeiten, die eigenen Gefühle im Unbewussten zu belassen.

Wer jedoch Gefühle im Gespräch berücksichtigen und beeinflussen will, muss sie bewusst wahrnehmen. Dabei beginnt man am besten bei sich selbst, denn nur auf die eigenen Gefühle haben wir einen unmittelbaren Zugriff. Die Gefühle anderer können wir immer nur indirekt über äußere Anzeichen oder über verbale Aussagen wahrnehmen. Es geht also zunächst um Selbstwahrnehmung. Empathie ist auch hier das Stichwort, oder besser: Selbstempathie.

Ein offener, aufmerksamer, wertfreier, unvoreingenommener Blick auf die eigene Gefühlslage ist allerdings keine ganz einfache Angelegenheit. Schließlich sind es häufig die Gefühle selbst, die einen regelrechten Nebelschleier um unseren Verstand legen und einen bewussten Zugriff auf das eigene Gefühlsleben erschweren. Es erfordert zudem eine gewisse persönliche Reife und die Fähigkeit, sich selbst mit etwas Distanz zu betrachten, wenn man die eigenen Gefühle klar erkennen will. Es hilft auch, die körperlichen Aspekte der Gefühle ganz bewusst zu erleben. Viele Emotionen gehen mit körperlichen Reaktionen einher (Herzklopfen, Muskelanspannungen; ruhiger und gleichmäßiger Atem, entspannte Gesichtszüge etc.), die oft schon einen ersten Hinweis auf die Art des Gefühls (oder zumindest auf das Vorhandensein von Gefühlen) geben.

Den eigenen Gefühlen auf die Spur zu kommen, ist kein einfaches Unterfangen.

Um Ihren eigenen Gefühlen auf die Spur zu kommen, halten Sie einen Moment inne und hören Sie aufmerksam in sich hinein, um zu spüren, was in Ihnen vorgeht. Treten Sie gedanklich einen Schritt zur Seite, heraus aus der aktuellen Situation, um sich selbst und Ihre Empfindungen zu beobachten. Es ist wichtig, sich den eigenen Gefühlen möglichst wertfrei zu nähern. Ansonsten ist die Gefahr groß, dass bestimmte Gefühle herbeigeredet werden, weil sie in der aktuellen Situation vielleicht erwünscht sind oder von anderen erwartet werden. Oder Sie schließen andere Gefühle von vornherein gedanklich aus, weil Sie sich diese nicht eingestehen wollen oder sie unangemessen, ungerecht, peinlich oder auf andere Weise unvorteilhaft sein könnten. Es ist sehr wichtig, sich selbst nichts vorzumachen.

Gefühle konkret benennen

Das bewusste Wahrnehmen von Gefühlen ist jedoch nur der erste Schritt. Im zweiten geht es um das konkrete Benennen der Gefühle. Und auch das ist gar nicht so einfach. Ein Grund dafür ist natürlich, dass Gefühle und Emotionen eine diffizile Angelegenheit und schwer in Worte zu fassen sind. Menschen neigen außerdem dazu, ihre eigenen Gefühle so zu formulieren, dass es klingt, als hätten andere Menschen die Verantwortung dafür. Interessanterweise passiert das nicht nur bei negativen, sondern auch bei positiven Gefühlen. Eine typische Formulierung lautet zum Beispiel »Ich fühle mich übergangen«. Das beschreibt genau genommen gar kein echtes Gefühl wie »traurig«, »wütend«, »enttäuscht«, »unzufrieden«, »deprimiert« etc., sondern ist in erster Linie ein Vorwurf an diejenigen, die mich übergangen haben. Die anderen sind verantwortlich dafür, dass ich mich schlecht fühle. Mit mir selbst hat das gar nichts zu tun. Das Gleiche gilt für positive Aussagen wie »Ich fühle mich von meinen Kollegen voll und ganz akzeptiert«. Auch hier sind die Kollegen verantwortlich für meine Gefühlslage. Beide Formulierungen enthalten eher eine Bewertung der Situation und weniger eine echte Gefühlsäußerung. In beiden Fällen liegt es in der Macht der anderen, wie ich mich fühle. Und das ist ziemlich genau das Gegenteil von dem, was wir mit der Bewusstmachung der eigenen Gefühle erreichen wollen. Schließlich geht es darum, Zugriff auf die eigenen Gefühle zu bekommen, anstatt sich ihnen ohnmächtig auszuliefern.

Wer Zugriff auf seine Gefühle erlangen will, muss lernen, sie in Worte zu fassen.

Natürlich ist es wichtig zu erkennen, dass man sich übergangen fühlt. Doch ergibt sich daraus keine Möglichkeit, selbst direkt darauf einzuwirken, dass sich an diesem Gefühl etwas ändert. Schließlich sind es ja die anderen, die mich übergehen. Direkt beeinflussen kann ich nur meine eigenen Gefühle. Also kommt es darauf an, die echten Gefühle hinter solchen Formulierungen aufzuspüren. Im Falle der zweiten Aussage wären es wohl eher Wörter wie »zufrieden«, »froh«, »hoffnungsvoll«, »selbstsicher« etc., mit denen sich die tatsächlichen Gefühle beschreiben ließen. Damit übertragen wir auch keine Verantwortung oder Schuld an irgendjemanden, sondern es wird tatsächlich das benannt, was eine Person gerade fühlt. Es erfordert durchaus etwas Übung, sich voll und ganz auf diese echten Gefühle zu fokussieren, und eine gute Portion Selbstempathie, um sie konkret zu benennen.

Die eigenen Gefühle bewusst wahrzunehmen und konkret zu benennen, erfordert etwas Übung.

Sie sollten in ruhigen Momenten immer einmal wieder versuchen, den eigenen Gefühlen nachzuspüren, sie bewusst wahrzunehmen und ihnen einen Namen zu geben. Genauso sinnvoll ist es, zurückliegende Situationen Revue passieren zu lassen, um in der Rückschau die dort aufgekommenen Gefühle zu identifizieren. Das fördert die Fähigkeit, direkt in der Situation einen klaren Blick auf die eigene Gefühlswelt zu erlangen. Mit der Zeit wird dies einfacher, weil man sich selbst nach und nach besser kennenlernt, die eigenen Signale und Reaktionen besser versteht und sich auch Wiedererkennungseffekte einstellen.

Kontrolle über die eigenen Gefühle erlangen

Mit dem bewussten Wahrnehmen und konkreten Benennen Ihrer Gefühle schaffen Sie die notwendige Voraussetzung, um aktiv mit diesen Gefühlen umzugehen. Das wiederum ist erforderlich, um auch starke Gefühlsregungen wie Aggression, Frustration oder überschwängliche Euphorie unter Kontrolle zu bringen. Die Basis für eine diplomatische Vorgehensweise ist ein kühler Kopf. Nur mit einem wachen Verstand können wir beispielsweise Provokationen des Gegenübers standhalten und konsequent einen konstruktiven und fairen Kommunikationsstil pflegen. Wenn die eigenen Emotionen hohe Wellen schlagen, ist das kaum möglich. Auch positive Gefühle können, wenn sie unkontrolliert aufbrausen, ein Gespräch oder eine Situation ungünstig beeinflussen. So verstellt die eigene Begeisterung über eine Sache (zum Beispiel bei einer Wohnungsbesichtigung) manchmal den Blick auf die Realitäten (zu hoher Preis bei ungünstig geschnittenem Grundriss) und verleitet zu unrealistischen Zusagen oder Zugeständnissen (»Wird schon irgendwie gehen ...«), was weitreichende und kostspielige Konsequenzen haben kann (zu hohe Mietkosten). Doch wie kann es uns gelingen, auf die eigenen Gefühle Einfluss zu nehmen?

Ein erster Schritt ist mit der Identifizierung der Gefühle schon getan. Oft verringert sich die Intensität eines Gefühls bereits, wenn wir uns dieses Gefühls bewusst sind und uns damit auseinandersetzen, anstatt unkontrolliert davon beherrscht zu werden. Wenn sich dann auch noch die Gelegenheit ergibt, mit jemandem über das Gefühl zu sprechen, werden die Emotionen erst gar nicht hochkochen.

Eine andere und durchaus überraschende Möglichkeit, unsere eigenen Gefühle zu beeinflussen, liefert unser Körper. So wie unser Körper auf Gefühle reagiert, können auch Gefühle auf unseren Körper reagieren. Wer die körperliche Reaktion auf ein Gefühl imitiert, erzeugt in manchen Fällen ganz ähnliche Reaktionen im Gehirn wie im Fall des tatsächlichen Gefühls. Deshalb kann auch ein aufgesetztes Lächeln dazu führen, dass wir uns besser fühlen, weil unser Körper ähnlich darauf reagiert wie auf echte Freude.

Wir können die Intensität und die Art eines Gefühls verändern.

Viele Menschen verfolgen auch die Strategie, Situationen, die negative Gefühle auslösen, einfach zu vermeiden und solche, die positive Gefühle auslösen, zu wiederholen. Doch es ist nicht immer möglich – und manchmal auch falsch –, sich unangenehmen Situationen einfach zu entziehen. Man sollte stattdessen lieber prüfen, ob sich nicht an der Situation selbst etwas verändern lässt, damit bestimmte Gefühle gar nicht erst ausgelöst werden. Ein gutes Beispiel geben Kinder, die dies häufig ganz intuitiv tun: Wenn ein Kind bei den Eltern einen verlängerten Fernsehabend durchsetzen will, holt es sich einfach sein Geschwister zur Verstärkung. So hat das Kind – statt einer Situation, in der es sich recht chancenlos gesehen hat, weil die Eltern schließlich zu zweit sind – eine in seinen Augen ausgeglichene Situation geschaffen, in der durchaus die Chance besteht, dass es zu einem langen Fernsehabend kommt. Und aus Mutlosigkeit wurde Zuversicht.

Sicherlich ist das ein sehr vereinfachtes Beispiel. Doch auch für Sie als erwachsene Person lohnt sich der Versuch, eine Situation direkt zu ändern, statt sich mit den Gefühlen herumzuschlagen, die die ursprüngliche Situation herbeiführt. Nehmen wir zum Beispiel eine Fernbeziehung zwischen zwei Menschen. Der eine Partner ist sehr unzufrieden mit der Fernbeziehung und sucht lange nach Strategien, um diese Unzufriedenheit in den Griff zu bekommen oder zu kompensieren, damit die Beziehung nicht noch weiter belastet wird. Doch er bleibt unzufrieden. Die Rettung bringt schließlich die Einsicht, dass diese Fernbeziehung nicht funktioniert und daraus eine Nahbeziehung werden muss, wenn sie nicht in die Brüche gehen soll. Das ist kein einfacher Schritt und stellt die Beteiligten vor große berufliche und persönliche Herausforderungen. Doch es gelingt und die Unzufriedenheit ist passé.

Nicht die Situation selbst, sondern unsere Interpretation dieser Situation löst Gefühle aus – ein weiterer Ansatzpunkt, um Gefühle zu beeinflussen.

Es gibt noch einen anderen vielversprechenden Weg: Machen Sie sich bewusst, wie Sie eine Situation erleben und bewerten. Welche Bewertungen lösen welche Emotionen bei Ihnen aus? Ein und dieselbe Tatsache kann von verschiedenen Personen ganz unterschiedlich erlebt und interpretiert werden. Das Lächeln der Nachbarin ist für den einen eine freundliche Geste, für den anderen der Versuch, sich anzubiedern, um einen Vorteil daraus zu schlagen. Der Geländewagen ist für den einen protzig, für den anderen praktisch. Für den einen Partner ist die Partnerschaft vollkommen intakt, der andere erlebt tagtäglich Enttäuschungen. Und eine hitzige Diskussion wirkt auf den einen aggressiv und beunruhigend, auf den anderen anregend und engagiert. So unterscheiden sich die Perspektive auf das Geschehen, der Grad der persönlichen Betroffenheit (von den Folgen einer Entscheidung), die Erwartungen an die Beteiligten, die etwaigen Vorgeschichten zwischen ihnen, individuelle Empfindlichkeiten, Absichten, Interessen und vieles mehr. Identische Tatsachen werden deshalb von verschiedenen Personen unter Umständen ganz unterschiedlich bewertet und interpretiert. Und da es nicht die Tatsachen sind, die Gefühle bei uns auslösen, sondern unsere Interpretationen und Bewertungen dieser Tatsachen, kann ein und dieselbe Situation auch ganz unterschiedliche Gefühlslagen erzeugen. Diese Erkenntnis können Sie nutzen, um Ihre Gefühle zu beeinflussen.

Bleiben wir bei dem Beispiel einer Wohnungsbesichtigung: Der Wohnungssuchende hat bereits viele Wohnungen gesehen und gerät nun langsam unter Zeitdruck, denn in spätestens sechs Wochen muss er seine derzeitige Wohnung räumen. Von der Wohnung, die er gerade gesehen hat, ist er schwer begeistert. Er findet auch den Makler besonders nett und vertrauenswürdig. Der Makler geht auf alle Fragen geduldig ein, spricht auch die Mängel der Wohnung offen an und stellt einen mietfreien Monat in Aussicht. Und für die Schwierigkeiten, die sich aus dem verwinkelten Grundriss ergeben könnten, hat er auch schon ein paar Lösungsvorschläge parat. Für den Wohnungssuchenden ist klar: Hier will ich wohnen.

Etwas anders sieht jedoch sein Freund die Sache. Er begleitet den Wohnungssuchenden bei der Besichtigung und durchschaut sehr schnell die Strategie des Maklers: Über die Probleme wegen des Grundrisses geht er so schnell hinweg, dass gar keine echte Gelegenheit besteht, seine Lösungsvorschläge zu überdenken, die im Übrigen keinerlei Bezug zu den Bedürfnissen seines Freundes haben. Der mietfreie Monat ist angesichts der Mängel auch kein echtes Entgegenkommen, sondern eine schlichte Notwendigkeit. Und das nette und offene Auftreten sorgt auch nur dafür, dass sein Freund ein schlechtes Gewissen hätte, wenn er jetzt noch über die Miethöhe verhandeln würde. Alles in allem setzt der Makler ziemlich konsequent die Interessen des Vermieters durch und schafft es dabei, dem Wohnungssuchenden genau das Gegenteil zu vermitteln.

Ein bisschen Bedenkzeit und Abstand täten dem Wohnungssuchenden also gut, um eine Entscheidung treffen zu können, die nicht ausschließlich von seiner Begeisterung für die Wohnung beeinflusst ist – und von dem Gedanken, dass er nicht mehr viel Zeit für eine längere Wohnungssuche hat. Er sollte sich bewusst machen, wie stark seine Begeisterung ist und wie groß seine Ängste sind. Das würde die Intensität dieser beiden Gefühle schon einmal etwas herunterfahren. Im besten Fall würde es seinen Blick dafür öffnen, dass insbesondere seine Befürchtung, nicht rechtzeitig eine geeignete Wohnung zu finden, diese überaus positive Sicht auf die Wohnung erzeugt. Er empfindet diese Wohnungsbesichtigung als eine Art letzte Chance und setzt sich selbst stark unter Druck.

Wer sich bewusst macht, wie er eine Situation erlebt und interpretiert, kann diese Interpretation verändern und so die Kontrolle über seine Gefühle erlangen.

Dieser Druck wird in dem Moment spürbar reduziert, als er sich diesen starken Einflussfaktor bewusst macht und ihn hinterfragt. Ist das wirklich meine letzte Chance, eine geeignete Wohnung zu finden? Vermutlich nicht. Damit ändert sich der Blick auf die Situation und die Emotionen kühlen sich ab. Es handelt sich immer noch um eine sehr schöne Wohnung, die ihm gut gefällt, doch der ungünstige Grundriss wird in Wirklichkeit größere Schwierigkeiten verursachen, als er bisher wahrhaben wollte. Die Lösungsvorschläge des Maklers funktionieren in seinem Fall gar nicht. Und die Miete ist angesichts dessen auch nicht mehr angemessen. Die anfängliche Begeisterung und der Zeitdruck verschwinden zwar nicht komplett, doch sie sind längst nicht mehr so stark wie am Anfang. Und so entsteht Platz für neue Gefühle und für neue Handlungs- und Entscheidungsmöglichkeiten.

Unsere Sicht auf die Situation ist also ein wichtiger Ansatzpunkt, um die Kontrolle über unsere Gefühle zu erlangen. Wer das weiß, kann seine Gefühle beeinflussen – sie verändern oder zumindest relativieren –, indem er sich seine aktuelle Ansichten über die Situation bewusst macht, etwaige Einflussfaktoren erkennt und hinterfragt und die Tatsachen neu bewertet. Fragen Sie sich:

- Welches konkrete, echte Gefühl habe ich in dieser Situation?
- Aufgrund welcher Interpretation / Bewertung empfinde ich dieses Gefühl?
- Wie komme ich zu dieser Interpretation?
- Gibt es faktische Belege für meine Sicht der Dinge?
- Was sind die tatsächlichen Fakten?
- Gibt es auch andere Interpretationsmöglichkeiten?
- Welche anderen Gefühle sind möglich?
- Welche Interpretation ist plausibel?
- Was fühle ich jetzt?

Mit solchen Fragen gelingt es uns, unsere eigenen Emotionen bewusst wahrzunehmen, sie zu kontrollieren und Eskalationen zu vermeiden. Insbesondere für heikle Situationen oder Gespräche, in denen ein diplomatisches Vorgehen gefragt ist, empfiehlt es sich, die eigene Interpretation der Tatsachen und die daraus resultierenden Gefühle zu hinterfragen. So ergeben sich oft neue Perspektiven und Handlungsspielräume. Versuchen Sie darüber hinaus einmal, das Ganze mit den Augen des anderen zu sehen, um auch seine Interpretationen und Gefühle zu verstehen. Schließlich gehört zu einem diplomatischen Vorgehen auch der richtige Umgang mit den Emotionen des Gegenübers.

Die Emotionen des Gegenübers erkennen und verstehen

Die Gefühle unserer Mitmenschen können wir natürlich nicht direkt erfassen und kontrollieren. Doch wir können sie durchaus beeinflussen und dementsprechend auf Gespräche und Beziehungen einwirken. Doch zunächst geht es erst einmal um etwas anderes. Das Stichwort lautet: *aushalten*. Wenn der Gesprächspartner Gefühle zeigt, womöglich auch noch starke Gefühle, sind viele Menschen erst einmal überfordert. Sie neigen dazu, diese Gefühlsäußerungen zu übergehen, um eine weitere Emotionalisierung der Situation zu verhindern. Ein klassisches Beispiel aus dem beruflichen Kontext sind Entlassungsgespräche. Hier scheuen sich viele Vorgesetzte, auf die Gefühle des Mitarbeiters einzugehen, weil sie fürchten, die Situation dadurch noch schlimmer zu machen. Übrigens scheuen sie sich dabei ebenso vor ihren eigenen Gefühlen. Oft plagen sie Schuldgefühle oder auch Ängste vor der Reaktion des Mitarbeiters. Der herzlose Vorgesetzte, der seine Mitarbeiter ohne jede Gefühlsregung feuert, ist wohl eher eine Märchenfigur. Den meisten Führungskräften fällt ein Entlassungsgespräch sehr schwer. Und das liegt sowohl an ihren eigenen Gefühlen als auch an den Gefühlen des Mitarbeiters. Das Ignorieren dieser Gefühle ist jedoch das falsche Mittel, um eine Emotionalisierung der Situation zu verhindern. Oft wird sogar das Gegenteil erreicht, da sich unterdrückte Gefühle schnell aufstauen und sich dann irgendwann geradezu explosionsartig entladen. Wenn der andere hingegen die Gelegenheit bekommt, einigermaßen kontrolliert »Dampf abzulassen«, wird diese emotionale Explosion vermutlich ausbleiben. Zudem erleichtern sich die Beteiligten die Verständigung, wenn sie auch die emotionale Seite eines Gesprächs berücksichtigen.

Die Gefühle anderer Menschen können wir nicht kontrollieren, doch wir können sie durch unser Verhalten beeinflussen.

Es ist also durchaus ratsam, eine Atmosphäre zu schaffen, in der – kontrollierte – Gefühlsäußerungen zulässig sind. Es ist natürlich nicht immer ganz leicht, die aufkommenden Gefühle des Gegenübers auszuhalten und ihnen Raum zu geben, zumal wir selbst häufig sehr emotional reagieren, wenn beim Gegenüber die Gefühle überschäumen. Es sollte uns gelingen, einerseits unsere eigenen Gefühle bewusst wahrzunehmen und unter Kontrolle zu halten und andererseits auch die Gefühle des anderen zu erkennen und zu verstehen. Dabei helfen uns die Erkenntnisse über unser eigenes Gefühlsleben. Das bewusste Erleben der eigenen Emotionen und

Reaktionen erleichtert es uns, die äußeren Anzeichen beim Gegenüber richtig zu deuten. Und eine gesunde Portion Gelassenheit ist natürlich auch ganz hilfreich. Insofern gilt auch weiterhin der übliche Ratschlag bei emotionsgeladenen Gesprächen: Ruhe bewahren. Das und ein gewisses Maß an Selbstbeherrschung sind notwendig, um dem Gegenüber mit Empathie, also einfühlsam, offen und unvoreingenommen, gegenüberzutreten. Nur so ist es überhaupt möglich, die Gefühle des anderen zu erkennen, angemessen darauf zu reagieren und ihn besser zu verstehen.

Es ist gut für Beziehungen, wenn eine Atmosphäre herrscht, in der die Partner auch ihre Gefühle äußern können.

Zunächst einmal müssen wir jedoch erkennen, dass überhaupt Gefühle im Spiel sind. Das ist nicht immer so offensichtlich wie bei einem lauten Wutausbruch. Viele Gefühlsregungen gehen mit weitaus dezenteren Verhaltensweisen und Signalen einher. Schon die Körperhaltung oder Veränderungen in der Mimik können sehr aufschlussreich sein. Auch die Atmung oder kleine Gesten verraten, was in einem Menschen vorgeht. Und nicht zuletzt offenbaren Stimme und Tonfall, wie es um die Gefühlslage des anderen bestellt ist. Achten Sie auf solche Signale daher ebenso aufmerksam wie auf verbale Gefühlsäußerungen. Diese nonverbalen Signale geben natürlich auch wichtige Hinweise auf die Art des Gefühls. Die Gefühle des Gegenübers können wir jedoch nie mit absoluter Sicherheit bestimmen, da wir nur die äußeren Anzeichen interpretieren können. In vielen Fällen werden wir jedoch richtigliegen. Hilfreich ist auch das Erinnern an das eigene Verhalten in bestimmten Gefühlslagen; oft können wir daraus auf das Befinden des Gegenübers schließen.

Einfühlungsvermögen und Aufmerksamkeit sind also die entscheidenden Größen, um die Gefühle anderer zu erkennen. Auch dabei ist es wichtig, sich einen möglichst unvoreingenommenen Blick auf das Gegenüber zu bewahren. Ist der eigene Blick von Vorurteilen, Erwartungen oder starken Gefühlen verstellt, wird es nur schwer möglich sein, die Gefühle des anderen richtig zu deuten. Dabei zeigt sich eine Schwierigkeit: Einerseits bin ich darauf angewiesen, die Erfahrungen aus meinem eigenen emotionalen Erleben zu nutzen, um die Gefühlslage des Gegenübers zu erkennen. Andererseits soll ich mich dabei unvoreingenommen in den anderen hineinversetzen. Das ist in der Tat schwierig und es gibt auch keine einfache Lösung dafür. Die bewusste Reflexion über die eigene Gefühlswelt ermöglicht es uns allerdings, einen gewissen Abstand zu uns selbst einzunehmen und uns so für die Gefühle des anderen zu öffnen.

Doch was tue ich, wenn ich zum Beispiel erkannt habe, dass mein Gesprächspartner zunehmend frustriert ist? Soll ich das ansprechen oder provoziere ich dadurch eine Eskalation? Und soll ich meine eigenen Gefühle zum Ausdruck bringen oder mache ich mich dadurch angreifbar? Hier kommt es nun auf diplomatisches Fingerspitzengefühl an. Wenn die Emotionen ein Gespräch zwar begleiten und beeinflussen, aber nicht stören, ist es gut, sie zu erkennen; es ist jedoch nicht notwendig, sie ausdrücklich anzusprechen. Stören die Emotionen – sowohl die eigenen wie auch die des Gegenübers – jedoch den Gesprächsverlauf, weil sie eine sachliche Auseinandersetzung blockieren oder die persönliche Beziehung zwischen den Gesprächspartnern stark belasten, dann ist es sogar zwingend erforderlich, die Gefühle zum Gesprächsgegenstand zu machen. Es wäre jedoch falsch, dem anderen einen Vorwurf zu machen (»Du verunsicherst mich total!« oder »Jetzt sei doch nicht gleich beleidigt!«) oder dessen Gefühle herunterzuspielen (»Da muss man sich doch nicht gleich so aufregen«). Ziel ist das gegenseitige Verstehen, ohne zu bewerten. Und dazu gehört auch, den anderen und seine Ansichten und Gefühle ernst zu nehmen.

Stören oder belasten Gefühle ein Gespräch, müssen sie thematisiert werden.

Versuchen Sie also, Ihre eigenen Gefühle ohne einen Vorwurf zu äußern. Erklären Sie Ihre Gefühlslage und schlagen Sie, wenn möglich, Handlungsoptionen für eine Lösung vor. Sagen Sie zum Beispiel: »Entschuldige, ich muss hier einmal kurz unterbrechen.

Ich bin jetzt verunsichert, weil das ganz neue Informationen für mich sind. Ich bin bisher von vollkommen anderen Fakten ausgegangen. Können wir deine Informationen noch einmal mit meinen abgleichen?« Wenn Sie nun die Gefühle Ihres Gegenübers ansprechen, sollte Ihnen bewusst sein, dass Sie nie hundertprozentig wissen können, was in ihm vorgeht. Das sollten Sie auch bei Ihren Formulierungen berücksichtigen und nicht einfach behaupten, der andere fühle nun dieses oder jenes. Das kann schnell zu Widerständen führen. Hier ist es besser, Fragen zu stellen und insgesamt vorsichtig zu formulieren: »Habe ich dich mit einer bestimmten Äußerung beleidigt?« oder »Ich habe den Eindruck, dass du dich über etwas ärgerst. Wollen wir darüber sprechen?«. Sie zeigen mit solchen Fragen, dass Sie die Gefühle Ihres Gesprächspartners berücksichtigen und ernst nehmen und gleichzeitig darum bemüht sind, ihn besser zu verstehen. Das wirkt sich insgesamt positiv auf das Gespräch aus und zeugt von Offenheit und einem konstruktiven Herangehen.

Es ist wichtig, die eigenen Gefühle ohne Vorwürfe oder Schuldzuweisungen zu formulieren.

Die Befürchtung, das Ansprechen von Emotionen könne dazu führen, dass die Situation erst recht eskaliert, ist unbegründet, wenn Vorwürfe, Schuldzuweisungen und Provokationen ausbleiben. Schon allein das Bewusstmachen von Gefühlen und der verbale Austausch darüber schwächen oft die Intensität dieser Gefühle. Eine Eskalation ist dann also eher nicht zu befürchten. Heikel wird es nur, wenn man dabei die eigenen Gefühle nicht gut unter Kontrolle hat. Wenn Sie Ihre eigenen Gefühle ansprechen, macht Sie das nur auf den ersten Blick angreifbar. Sicherlich, man öffnet sich, zeigt eine persönliche Seite. Doch das ist nicht gleichbedeutend mit Schwäche. Im Gegenteil: Wer souverän zu seinen Gefühlen steht, signalisiert sogar persönliche Stärke. Und wer die eigenen Gefühle thematisiert, um das Gespräch voranzubringen, glänzt zudem mit einer konstruktiven Gesprächseinstellung.

Eskalation verhindern, positive Gefühle verstärken

Wer die Gefühle eines Gegenübers erkennt und versteht, kann damit auch, in gewissen Grenzen, auf diese Gefühle Einfluss nehmen. Vorab möchte ich eines klarstellen: Es geht nicht darum, Menschen mit versteckten, unfairen Tricks zu manipulieren und Gefühle oder Reaktionen zu provozieren, die diese Menschen letztlich nicht wollen. Es geht vielmehr darum, positive Gefühle zu nutzen, um den Gesprächsverlauf und die Beziehung der Beteiligten zueinander günstig zu beeinflussen sowie negative Gefühle so weit unter Kontrolle zu halten, dass es nicht zu einer Eskalation kommt.

Folgende Maßnahmen helfen dabei, das Überschäumen der Emotionen zu verhindern:

- **Vorwürfe und Schuldzuweisungen vermeiden:** Gegen Vorwürfe und Schuldzuweisungen (»Deine unsachliche Art macht mich wütend!«) würde sich der Gesprächspartner zur Wehr setzen, was die Emotionen nur noch weiter hochkochen ließe.

- **Ich-Botschaften verwenden:** Es ist besser, über die eigenen Gefühle in Form von Ich-Botschaften zu sprechen, wie zum Beispiel »Ich bin enttäuscht« und nicht »Du enttäuschst mich«.

- **Keine Unterstellungen, keine Wertungen:** Wer über die Gefühle des anderen spricht, ist gut beraten, sich dabei nicht zu Wertungen hinreißen zu lassen und Unterstellungen zu vermeiden. Sätze wie »Dass du immer gleich so beleidigt bist« oder »Ich sehe doch, dass du wütend bist« sind allzu oft das Zündholz am Pulverfass.

- **Fragen statt behaupten:** Fragen sind besser als Behauptungen, wenn es um die Gefühle anderer geht. Also besser: »Bist du verärgert?« und nicht: »Du bist sicher verärgert.«

- **Verständnis und Wertschätzung zeigen:** Wenn der Gesprächspartner spürt, dass seine Gefühle ernst genommen und verstanden werden, gibt es keinen Grund für eine Eskalation. Das Gegenteil ist der Fall, wenn seine Gefühle heruntergespielt oder einfach ignoriert werden.

- **Eigene widersprüchliche Gefühle nicht unter den Teppich kehren:** Widersprüchliche Gefühle (zum Beispiel freundschaftliches Verhältnis zwischen Vorgesetztem und Mitarbeiter vs. Ärger über schlechte Arbeitsergebnisse) erscheinen oft unlösbar, belasten die Beziehung und führen zu Konflikten, die härter ausgetragen werden als nötig. Wird das Dilemma hingegen offen thematisiert, erleichtert dies das gegenseitige Verstehen und fördert die Lösungsfindung.

- **Gelassen bleiben:** Wichtig ist natürlich auch, sich selbst nicht provozieren zu lassen und auf Angriffe nicht unsachlich zu reagieren.

- **Empfindlichkeiten umschiffen:** Je besser Menschen einander kennen, umso besser kennen sie auch die wunden Punkte des anderen. Statt diese Punkte gezielt anzusteuern, um den anderen zu schwächen, ist es besser, sie großräumig zu umschiffen, um negative Gefühle gar nicht erst aufkommen zu lassen.

- **Eigene negative Gefühle kontrollieren:** Die eigenen negativen Gefühle übertragen sich schnell auf den Gesprächspartner. Ist der eine frustriert, steigt auch beim anderen der Frustpegel. Wer seine negativen Gefühle in den Griff bekommt, verhindert so auch ein Eskalieren des Gesprächs.

Der letzte Punkt führt uns direkt zu einer Möglichkeit, die positiven Gefühle des Gegenübers zu stärken. Denn genau so, wie sich negative Gefühle auf den Gesprächspartner übertragen, übertragen sich auch die positiven. Es ist also ratsam, selbst mit einer positiven Einstellung in ein Gespräch zu gehen, Freude und Zuversicht auszustrahlen und bei Schwierigkeiten nicht gleich die Flinte ins Korn zu werfen. So steigen die Chancen, dass auch der Gesprächspartner ähnlich positive Gefühle hat. Stellen Sie sich zum Beispiel vor, Sie stehen vor einer schwierigen Verhandlung. Wie wird die Verhandlung wohl verlaufen, wenn Sie den Vertreter der anderen Partei mit finsterem Gesicht und einer knappen Begrüßung empfangen? Und wie würde sich die gleiche Verhandlung entwickeln, wenn er mit einem freundlichen, offenen Lächeln, einer Tasse Kaffee und einem ungezwungenen Small Talk empfangen werden würde? Der Unterschied dürfte gravierend sein, denn Ihre eigene Gefühlslage hat großen Einfluss auf die Gefühlslage Ihres Gesprächspartners. Das können Sie gezielt nutzen, um eine positive Gesprächsatmosphäre zu erzeugen.

Die eigenen Gefühle können sich im Gespräch auf den anderen übertragen – die negativen genauso wie die positiven.

Ein wirksamer Verstärker positiver Gefühle ist zudem die Aufmerksamkeit, die Sie diesen Gefühlen schenken. Äußert ein Gesprächspartner seine Freude über ein Ergebnis oder Begeisterung über eine Sache, so werden diese Gefühle noch intensiver, wenn er spürt, dass Sie seine Freude und Begeisterung wahrnehmen und diese auch teilen. Natürlich nützt es nichts, dem anderen etwas vorzumachen. Doch wenn Sie sich tatsächlich mit ihm freuen, zeigen, oder besser: sagen Sie es auch! Eine kurze Bemerkung wie »Ich freue mich für dich« kostet keine Mühe, sorgt dafür sofort für gute Stimmung.

Aufmerksamkeit ist ohnehin ein guter Begleiter bei der Gesprächsführung. Menschen lieben Aufmerksamkeit. Und wer Aufmerksamkeit schenkt, macht seinen Gesprächspartner zufriedener, glücklicher und aufgeschlossener und erhöht die Chancen für ein gutes Gespräch ohne emotionale Verwicklungen. Dabei zählen auch die kleinen Gesten: das leere Wasserglas unaufgefordert wieder auffüllen, die Fotos von den Kindern mit Interesse anschauen, den bequemeren Sitzplatz anbieten, Fragen stellen und die vollständige Antwort abwarten, nicht ins Wort fallen, ein aufrichtiges Kompliment machen, über einen Scherz lachen. Solche scheinbar banalen Dinge können das Gespräch äußerst positiv beeinflussen und sind mindestens so wirksam wie eine ausgefeilte Verhandlungstaktik.

Auch wenn es also nicht möglich ist, die Gefühle eines anderen direkt zu beeinflussen, so gibt es doch gute Möglichkeiten, indirekt Einfluss zu nehmen, um negative Gefühle im Zaum zu halten und positive Gefühle zu stärken. Das schützt vor der Gefahr einer Eskalation und vergrößert die Chancen, dass Gespräche und Auseinandersetzungen konstruktiv geführt und Beziehungen gestärkt werden. Und das gilt für berufliche Verhandlungen, private Auseinandersetzungen, familiäre Diskussionen und freundschaftliche Gespräche gleichermaßen.

Klarstellung statt Verteidigung

Fast jeder empfindet es als Provokation, wenn die eigene Kompetenz vom Gegenüber infrage gestellt wird. Genau deshalb ist dies auch so ein beliebtes Mittel von Gesprächspartnern, die uns innerlich zum Kochen bringen wollen. Wenn Sie in Rage geraten, weil Ihr Gegenüber Ihre Kompetenz anzweifelt, hat er sein Ziel bereits erreicht. Denn sein Ziel ist es ja, Sie zu provozieren und in die Defensive zu drängen. Das gelingt dann, wenn Sie sich zu rechtfertigen beginnen. Verweisen Sie stattdessen auf Gegenbeispiele, die Ihre Kompetenz untermauern. Und wiederholen Sie in einem solchen Fall nie die Vorwürfe mit eigenen Worten! Wer auf solche Tricks reinfällt, manövriert sich damit schnell in eine Sackgasse: Er schaltet um auf Verteidigung und wird damit zum gefundenen Fressen für seinen unfairen Gesprächspartner. Der wird jetzt nicht mehr lockerlassen und in die gleiche Kerbe schlagen, weil er den wunden Punkt seines Gegenübers bereits gefunden hat. Stellen Sie in solchen Fällen die Sachlage klar, jedoch ohne sich dabei zu verteidigen, bleiben Sie ruhig und sprechen Sie betont sachlich.

13. Bis hierhin und nicht weiter – bewusst Grenzen setzen

Mit einem diplomatischen Vorgehen verbinden wir üblicherweise Verständnis, Toleranz, Einfühlungsvermögen, Fingerspitzengefühl und Nachsicht und denken dabei an einen sanften Weg der Verständigung. Doch bei allem Einfühlungsvermögen und bei aller Toleranz wissen Diplomaten auch ganz genau, an welchem Punkt Schluss ist mit Verständnis und Nachsicht. Diplomatie darf nicht missverstanden werden als ein softer und defensiver Kommunikationsstil, bei dem um des lieben Friedens willen einfach ein paar mehr Zugeständnisse gemacht werden. Diplomaten verfolgen im Gegenteil eine sehr klare Linie und setzen deutliche Grenzen. Sie wissen genau, wo ihr Verhandlungsspielraum endet, welches Verhalten sie nicht mehr tolerieren, was ihnen wichtig ist, wann ihre Integrität auf dem Spiel steht und wie weit sie dem anderen entgegenkommen können oder wollen – und sie handeln entsprechend.

Diplomatie ist kein softer, defensiver Kommunikationsstil. Diplomaten verfolgen eine ganz klare Linie und ziehen ebenso klare Grenzen.

Das heißt: Ein guter Diplomat kennt seine persönlichen Werte und Grenzen und weiß, wie er richtig reagiert, wenn diese Grenzen erreicht sind. Dabei geht es sowohl um konkrete inhaltliche Grenzen (z. B.: Wie viel Miete kann / will ich maximal bezahlen? Welcher Urlaubsort kommt für mich überhaupt nicht infrage?) als auch um persönliche und emotionale Grenzen (z.B.: Welche Klischeevorstellungen / Vorurteile kann ich nicht tolerieren? Welche meiner ethischen Überzeugungen kann ich keinesfalls übergehen? Wann fühle ich mich ungerecht behandelt?). Das Wissen um die eigenen Grenzen ist allerdings nur dann von Bedeutung, wenn man diese Grenzen auch einhält und gegenüber anderen durchsetzt. Die Kunst besteht nun darin, integer und konsequent zu agieren, ohne dabei die Beziehung zum Gegenüber zu gefährden. Das ist vor allem dann schwierig, wenn der andere zu unfairen Mitteln greift.

Eine Frage des Timings

Manchmal ist es eine Gratwanderung: Wer auf Provokationen zu empfindlich reagiert, löst damit leicht eine Eskalation des Gesprächs aus; wer jedoch so lange zögert, bis ihm der Kragen platzt, macht es damit noch schlimmer. Es erfordert daher etwas Gespür, den passenden Zeitpunkt zu finden, an dem wir klare Grenzen ziehen. Wann dieser gekommen ist, hängt im Einzelfall von mehreren individuellen Faktoren ab. Grundsätzlich sollten wir jedoch eingreifen, wenn klar erkennbar wird, dass sich ein Gesprächspartner vorsätzlich im Ton vergreift und uns manipulieren, lenken oder das gesamte Gespräch torpedieren will. Manche Menschen fühlen sich sehr schnell auf den Schlips getreten, doch ist es in vielen Fällen eher so, dass wir unseren Ärger zu lange herunterschlucken. Dann staut sich die Wut im Bauch, bis man das eigene Verhalten kaum noch kontrollieren kann und ohne Rücksicht auf Verluste zurückschlägt. Ein diplomatischer Gesprächspartner wird über einzelne Unbedachtheiten zwar großzügig hinwegsehen, doch um unangenehme Themen sicher keinen Bogen machen und sie deshalb frühzeitig ansprechen – bevor sich Emotionen aufstauen, die ein konstruktives Gespräch dann erheblich erschweren. Das erfordert Mut, ist jedoch weitaus klüger, als so lange zu warten, bis man mit dem Rücken zur Wand steht und gar keine andere Wahl mehr hat als einzuschreiten.

Unfaires Verhalten ist in einer guten Beziehung tabu

Der unfaire Umgang miteinander stellt für viele Menschen eine Grenze dar, die in Beziehungen generell nicht überschritten werden darf. Manipulationsversuche, Angriffe unter der Gürtellinie, Hinterhältigkeit, emotionale Erpressung, respektloser Umgang, Kampfrhetorik, Rücksichtslosigkeit und ähnliche Verhaltensweisen sind deshalb in einer guten Beziehung tabu. Zumindest lautet der Anspruch so. Tatsächlich treten all diese Dinge immer wieder auf, in beruflichen wie in privaten Beziehungen und Gesprächen. Sei es, weil einer der Beteiligten sich nicht anders zu helfen weiß, Stärke demonstrieren will oder weil er glaubt, dadurch einen Vorteil in einer Auseinandersetzung zu erlangen, oder sei es, weil er die Gefahr für die Beziehung nicht erkennt.

Unfaire Strategien und Verhaltensweisen überschreiten eine wichtige Grenze, da sie direkt die Beziehungsebene angreifen.

Gefährlich sind unfaire Strategien und Verhaltensweisen vor allem deswegen, weil sie sich nicht auf der sachlichen Ebene der Auseinandersetzung abspielen, sondern direkt die Beziehungsebene angreifen. Es wird sehr persönlich, wenn es unfair wird. Und für die meisten Menschen ist es schwierig, mit einem solchen persönlichen Angriff souverän umzugehen. Sie reagieren häufig verärgert, verletzt und verunsichert darauf, denn sie fühlen sich als Person infrage gestellt. Da fällt es schwer, die eigenen Emotionen unter Kontrolle zu halten und nicht gleich zum Gegenangriff auszuholen. Wer diplomatisch geschickt vorgehen will, braucht daher Strategien, die eine Eskalation verhindern und gleichzeitig den anderen in seine Schranken weisen, ohne die Beziehungsebene weiter zu belasten.

Doch bevor wir dazu kommen, möchte ich noch einen anderen Gesichtspunkt ansprechen, der häufig übersehen wird, obwohl er vermutlich vielen Auseinandersetzungen die Schärfe nehmen könnte. Es handelt sich um die Klärung der Frage »Bin ich tatsächlich gemeint?«. Wenn das unfaire Verhalten des Gegenübers uns verletzt oder anderweitig aus der Fassung zu bringen droht, sollten wir uns fragen, ob wir tatsächlich das Ziel des Angriffs sind oder ob etwas anderes dahintersteckt. Sie kennen das doch sicher von sich selbst: Im Büro war es stressig, es gab Streit mit einem Kollegen, Sie müssen seinen Fehler ausbaden – und dann fragt Ihre Teenager-Tochter zu Hause bei Ihrer Rückkehr ins traute Heim als Allererstes, ob Sie ihr nicht eine neue Hose für die Party am Wochenende spendieren können. Wie wird Ihre Reaktion wohl aussehen? Sie werden sich vermutlich aufbrausend darüber beschweren, dass Ihre Tochter ständig neue Klamotten haben will und dass es doch wahrhaftig wichtigere Dinge im Leben gibt als so eine doofe Party, auf der ihre angeblichen Freunde doch nur auf die neuesten Markenklamotten gucken. Nun: Ist mit diesem Angriff wirklich die Tochter gemeint? Oder doch eher der Kollege, der Ihnen schon den ganzen Arbeitstag vermiest hat?

Nicht immer gilt das unfaire Verhalten tatsächlich dem Angegriffenen.

Wenn Sie Glück haben und Ihre Teenager-Tochter bereits über etwas diplomatisches Geschick verfügt, dann wird sie Sie mit ruhiger Stimme fragen: »Mama, was ist denn mit dir los? War die Arbeit stressig? Soll ich dir einen Tee machen?« Doch wahrscheinlicher ist, dass sie Ihnen ein zorniges und lautes »Du bist total ungerecht!« entgegenschleudert, womit der verbale Zweikampf eröffnet wäre.

Was dieses Beispiel zeigen soll, ist klar: Nicht immer gilt das unfaire (Kommunikations-)Verhalten tatsächlich dem Angesprochenen. Es kann viele Gründe dafür geben. Sie entziehen sich manchmal nur unserer Kenntnis, sodass wir fälschlicherweise annehmen, das ungehörige Verhalten des anderen hätte etwas mit uns zu tun. Wer sich dessen bewusst ist, wird sich nicht so schnell angegriffen fühlen und viel gelassener reagieren.

Konsequent agieren, klare Grenzen ziehen

Wenn unser Gegenüber tatsächlich versucht, mit unfairen Mitteln seine (Gesprächs-)Ziele zu erreichen, sollten wir mit der nötigen Gelassenheit reagieren. Gelassenheit bedeutet jedoch nicht, alles stoisch hinzunehmen. Es geht vielmehr darum, Ruhe zu bewahren, im eigenen Verhalten die angemessene Konsequenz zu zeigen und Grenzen zu setzen. Das beginnt bereits damit, dass man über verbale Angriffe, Respektlosigkeiten oder gar Manipulations- und Lenkungsversuche nicht einfach hinwegsieht, sondern diese entlarvt, sobald man sie erkannt hat. So zeigen Sie Ihrem Gegenüber deutlich, dass er eine entscheidende Grenze überschritten hat. Wenn Sie jedoch zögern und Ihren Gesprächspartner erst einmal gewähren lassen, bis es Ihnen irgendwann dann doch zu bunt wird, provozieren Sie unter Umständen, dass er es immer wieder versucht. Machen Sie hingegen von Anfang an klar, wo Ihre Grenzen liegen und dass Sie eine Verletzung dieser Grenzen nicht akzeptieren, wird er seine Manipulationsversuche wahrscheinlich einstellen. In vielen Fällen reicht das sofortige Entlarven auch bereits aus, um die Taktik des Gegenübers wirkungslos zu machen und ihn gleichzeitig in die Schranken zu weisen. Die meisten unfairen Mittel funktionieren nämlich nur so lange, wie sie unentdeckt bleiben. Und ein deutlicher Wink mit dem Zaunpfahl bewegt viele Gesprächspartner dazu, es nicht weiter zu versuchen. Es gilt also, unverzüglich und unmissverständlich zu signalisieren: »Ich merke, was du vorhast. Lass es sein, es führt zu nichts.«

Wer Grenzen setzen will, muss konsequent agieren.

In einem privaten Streit zwischen guten Freunden spricht auch nichts dagegen, diese Beobachtung ohne Umschweife auszusprechen (Ich-Botschaften!) und darum zu bitten, den Rest des Gesprächs mit Fairness zu bestreiten. Auch wenn ein Freund hinter dem Rücken des anderen lästert, um in einer Sache vielleicht selbst besser dazustehen, wird ein offenes Wort an ihn wohl die beste Lösung sein.

Schwieriger wird es jedoch meist im beruflichen Umfeld. Professionelle Beziehungen, zumal wenn die Beteiligten verschiedenen Hierarchieebenen angehören, sind in der Regel fragiler und anfälliger für Störungen als gefestigte private Freundschaften. Es gibt jedoch auch hier Möglichkeiten, unfaires Verhalten aufzudecken und zu beenden. Hierzu einige Beispiele:

- Wer sich nicht auf das Spiel auf der persönlichen Ebene oder auf Provokationen einlässt, sondern konsequent bei der Sache bleibt, zeigt deutlich, dass er den sachlichen und fairen Umgang miteinander bevorzugt.
- Konsequent auf unfaire Mittel zu verzichten, markiert deutlich, wo die eigenen Grenzen liegen.
- Bei verbalen Provokationen und Unverschämtheiten ist demonstrative Höflichkeit ein deutliches Signal.
- Das Gleiche gilt für ein betont ruhiges Auftreten, wenn der andere gerade so richtig aufdreht.
- Mit gezielten Fragen kann der Gesprächspartner zur sachlichen Auseinandersetzung und einer konstruktiven Gesprächsführung zurückgeführt werden. (Angriff: »Ach, mit Ihnen kann man doch gar nicht reden, Sie kennen doch nicht einmal die aktuellen Zahlen!« – Antwort: »Wie sehen diese Zahlen denn konkret aus?«) So wird deutlich, dass die Sache und die Suche nach einer Lösung im Zentrum stehen und das auch so bleiben soll.
- Um die inakzeptablen Strategien des Gegenübers offen anzusprechen, eignet sich am besten ein Sprung auf die Metaebene – also das Gespräch über das Gespräch. So lassen sich die Spielregeln für die Auseinandersetzung thematisieren und festlegen.

Diese Maßnahmen haben den großen Vorteil, dass sie sich nicht zusätzlich negativ auf die Beziehung der Beteiligten auswirken und so auch für die Zukunft keine ungünstigen Folgen zu befürchten sind. Gehen Sie hingegen mit harten Bandagen gegen einen unfairen Gesprächspartner vor, ist das oft eine große Belastung für zukünftige Gespräche und die Zusammenarbeit generell. Der Einmalerfolg wäre damit sehr teuer bezahlt. Stellen Sie sich zum Beispiel vor, Sie fahren Ihrem Chef hart in die Parade, weil er Sie mit unsachlichen Vorwürfen konfrontiert. Er wird dann sicherlich umso energischer versuchen, bei der nächsten Gelegenheit die Oberhand zu behalten, sodass eine Eskalation fast schon vorprogrammiert ist.

Die diplomatischen und diskreten Vorgehensweisen geben dem Gegenüber zudem die Gelegenheit zum Rückzug, ohne klein beigeben zu müssen oder (vor Dritten) das Gesicht zu verlieren. Das macht es ihm häufig leichter, sein eigenes Fehlverhalten ohne viel Aufhebens zu korrigieren.

Überhaupt nicht zu empfehlen sind hingegen Belehrungen von oben herab wie »Bitte zügeln Sie Ihr Temperament!« oder »Ich verbitte mir diesen Tonfall!«. Sie provozieren den Zurechtgewiesenen eher noch, als dass sie ihn zur Räson bringen. Sie wirken nur auf der persönlichen Ebene, sind anmaßend und greifen die Person an, was eine entsprechende Abwehrreaktion und in der Folge eine Eskalation provozieren würde. Das gilt im Übrigen auch für die etwas netter klingenden ironischen Varianten solcher Sätze (»Na, da ist heute aber einer mit dem falschen Fuß aufgestanden!«), die trotz der humorigen Formulierung sehr verletzend sein können.

Wenn nichts mehr hilft, ist der Gesprächsabbruch das allerletzte Mittel.

Bei aller Diplomatie und Gelassenheit wird es allerdings immer wieder auch Menschen geben, die sich von nichts und niemandem beeindrucken lassen und unbeirrt auf unfaire Methoden setzen. Dann hilft nur eines: der Gesprächs- oder sogar Beziehungsabbruch. Er sagt am deutlichsten: Bis hierhin und nicht weiter! Beides sollte allerdings nur als allerletztes Mittel gewählt werden, wenn alle anderen Versuche einer konstruktiven und fairen Auseinandersetzung gescheitert sind. Dann allerdings ist Konsequenz gefragt. Eine bloße Androhung ist kontraproduktiv. Wer den Gesprächsabbruch ins Spiel bringt, weil es keinen anderen Ausweg mehr gibt, der muss das Gespräch dann auch konsequent und unverzüglich beenden – auch wenn der andere versucht, einen Abbruch durch Zugeständnisse, Einsichten oder Entschuldigungen zu verhindern. Ein kurzer erklärender Satz und das Angebot eines neuen, späteren Gesprächsversuchs sind alles, was dann noch zu sagen bleibt: »Herr Meier, das führt heute zu nichts. Ich kann und will Ihre persönlichen Angriffe nicht weiter akzeptieren und werde das Gespräch daher jetzt abbrechen. Wenn Sie möchten, können wir uns nächste Woche noch einmal zusammensetzen und bis dahin unsere Positionen überdenken. Auf Wiedersehen.«

Mit Bestimmtheit Nein sagen

Doch nicht immer sind es so offensichtliche Dinge wie unfaire oder manipulierende Verhaltensweisen, die es erfordern, konsequente Grenzen zu ziehen. Manchmal ist es auch eine freundlich gestellte Bitte um einen Gefallen, die mit einem klaren Nein beantwortet werden muss. Sei es die wiederholte Bitte einer Kollegin, für sie den Telefondienst zu übernehmen, damit sie etwas früher gehen kann, oder die zu häufige Bitte einer Freundin, als Babysitter einzuspringen – wer immer nur Ja sagt, bürdet sich mit der Zeit zu viele Aufgaben auf, fühlt sich früher oder später ausgenutzt und ärgert sich dann auch noch über sich selbst. (Und natürlich kann es sein, dass man tatsächlich ausgenutzt wird. Schließlich sind nicht alle Zeitgenossen rücksichtsvolle, ehrliche Menschen.) Außerdem steigt das Risiko, die eigenen Bedürfnisse zu sehr der Hilfsbereitschaft unterzuordnen. Auf Dauer kann das nicht gut gehen.

Vielen Menschen fällt es schwer, eine freundlich gestellte Bitte abzulehnen.

In solchen Fällen werden die übernommenen Aufgaben dann oft nur zähneknirschend und nicht mit vollem Einsatz erledigt. Im schlechtesten Fall kommt es dann auch noch zu Konflikten zwischen dem Bittsteller und demjenigen, der die Bitte nicht ausschlagen konnte. Das führt dann nicht nur zu Unzufriedenheit auf beiden Seiten, sondern belastet auf Dauer auch die Beziehung zwischen den Beteiligten.

Nein sagen zu können, ist also unverzichtbar. Doch das ist leichter gesagt als getan. Vielen Menschen fällt es sehr schwer, eine Bitte auszuschlagen. Sie befürchten, den anderen mit ihrer Absage zu verletzen oder Sympathiepunkte zu verspielen. Auch möchten viele Menschen gern als großzügig und hilfsbereit wahrgenommen werden, was ein Nein nicht gerade befördert. Im Berufsleben besteht auch die Angst, arbeitsunwillig oder unkollegial zu wirken, wenn man das Anliegen eines Kollegen – oder gar des Vorgesetzten – ablehnt. Oder man befürchtet, mit einem Nein einen Konflikt zu provozieren, der sich mit einem einfachen Ja vermeiden ließe.

Mit diplomatischem Geschick ist es möglich, Nein zu sagen, ohne den Bittsteller vor den Kopf zu stoßen.

Auch fürs Neinsagen sind also diplomatische Qualitäten gefragt. Das Ziel: Wir möchten einerseits klar und unmissverständlich Nein sagen können und andererseits den Fragenden nicht vor den Kopf stoßen, sodass die Beziehung unbelastet bleibt. Einen großen Schritt in Richtung Ziel gehen Sie bereits, wenn Sie bestimmte Reaktionen vermeiden. Dazu zählen zum Bespiel fadenscheinige Ausreden, Ausflüchte und vage Antworten (»Kann ich noch nicht genau sagen«) sowie das Herunterspielen des Problems (»Stell dich doch nicht so an. Das kann doch nicht so schwer sein«). Auch wenn Sie ungebeten Lösungsvorschläge machen, wie das Ganze auch ohne Ihre Hilfe zu machen wäre (»Du kannst doch stattdessen ganz einfach …«), kommt das in der Regel nicht so gut an. Das gilt auch für den Hinweis, dass es jetzt leider zu spät ist (»Wenn du mich vor zwei Tagen gefragt hättest, wäre das überhaupt kein Problem gewesen«). Besser, diplomatischer sind folgende Möglichkeiten:

- Sagen Sie nur das zu, was Sie auch tatsächlich halten können und wollen.
- Zeigen Sie auch bei einer Absage Verständnis für das Anliegen.
- Formulieren Sie Ihr Nein direkt und unmissverständlich.
- Begründen Sie Ihr Nein plausibel und wahrheitsgemäß.
- Wenn möglich, verbinden Sie Ihr Nein mit einer eingeschränkten Zusage. So können Sie eventuell eine Teilaufgabe übernehmen oder stehen für einen bestimmten Zeitraum zur Verfügung.
- Knüpfen Sie Ihre Zusage bei Bedarf an eine Gegenleistung, um chronischen Bittstellern zu signalisieren, dass Sie sich nicht ausnutzen lassen.

Das heißt natürlich nicht, dass Sie nun jedes Anliegen ausschlagen sollen, nur damit Sie als konsequente Person wahrgenommen werden. Entscheidend ist vielmehr, dass Sie bei aller Hilfsbereitschaft Ihre eigenen Bedürfnisse und Interessen nicht vernachlässigen und das dem Fragenden verdeutlichen, ohne sein Anliegen abzuwerten. Für Ihre Beziehung ist es sogar vorteilhafter, ausgewählte Bitten oder Anfragen mit echtem Engagement zu erfüllen, anstatt auf viele oder wiederholte Anliegen nur halbherzig oder widerwillig einzugehen. Bei besonders hartnäckigen Mitmenschen kann bei der Absage auch eine Portion Schlagfertigkeit ganz nützlich sein.

Schlagfertigkeit auf Diplomatenart

Auf den ersten Blick scheint die Schlagfertigkeit nicht so gut zu einem feinsinnigen diplomatischen Vorgehen zu passen. Doch dieser Eindruck täuscht, zumindest wenn man von einer intelligenten Schlagfertigkeit ausgeht. Diese passt sehr gut zu einem Diplomaten – es geht dabei ja eben nicht darum, den Gesprächspartner mit ein paar rhetorischen Tricks oder Hau-drauf-Methoden mundtot zu machen und um jeden Preis einen rhetorischen Sieg davonzutragen. Intelligente Schlagfertigkeit hat stattdessen das Ziel, dass ich auch in schwierigen Situationen souverän bleibe, mich von einem angriffslustigen Gesprächspartner nicht in die Enge treiben lasse, dabei meine eigenen Überzeugungen und auch meine Person mit fairen Mitteln behaupte und verbale Angriffe parieren kann, ohne gleich mit der Verbalkeule zum Gegenangriff auszuholen. Auch hierbei geht es also darum, dem anderen bestimmte Grenzen zu setzen.

Schlagfertigkeit, die den »Gegner« mundtot machen und besiegen will, hat nichts mit Diplomatie zu tun.

Die Art von Schlagfertigkeit jedoch, die ganz bewusst zu harten Bandagen und zu unfairen Mitteln greift, ist mit diplomatischen Prinzipien nicht vereinbar. Diese falsch verstandene Schlagfertigkeit setzt ganz klar die Beziehung zum Gegenüber aufs Spiel, weil sie oftmals unter die Gürtellinie zielt und die Grenze zur Unverschämtheit schnell überschreitet. Sie zeugt von einem Mangel an persönlicher Wertschätzung des Gesprächspartners, provoziert Gegenangriffe und schürt Konflikte, Misstrauen und Kränkungen. Hier steht der kurzfristige rhetorische Sieg im Vordergrund, nicht die gegenseitige Verständigung und die langfristige Beziehungspflege. Damit lassen sich zwar auch klare Grenzen setzen, doch nur zu einem sehr hohen Preis.

Intelligente Schlagfertigkeit hingegen braucht keine faulen Tricks, sie überzeugt mit Kreativität, Spontaneität, Sprachwitz, Ideenreichtum und einem selbstbewussten Auftreten. Sie entsteht aus dem kreativen Spiel mit originellen Assoziationen und setzt Sprache vielseitig ein. Schlagfertige Diplomaten können also auf die grobschlächtige Verbalkeule verzichten und stattdessen auf ihre Sprachgewandtheit, Assoziationsfähigkeit sowie ihre Freude am Spiel mit Wörtern zurückgreifen. So finden sie zur richtigen Zeit die richtige Antwort, treffen zielsicher den Kern einer Sache und brillieren mit Sprachwitz und überraschenden Ideen. Unfaire Techniken wie zum Beispiel Kampfrhetorik, Rabulistik, Nonsens-Antworten, Killerphrasen oder Manipulationen sind deshalb auch absolut tabu.

Die Vorteile der Schlagfertigkeit auf Diplomatenart liegen damit auf der Hand:

- Sie können sich mit fairen Mitteln durchsetzen und verbale Angriffe erfolgreich abwehren.
- Das Gespräch wird weiterhin von persönlicher Wertschätzung getragen.
- Das Ziel bleibt die gegenseitige Verständigung, nicht der persönliche Sieg.
- Der Gesprächspartner wird nicht provoziert.
- Die Gefahr, dass eine Auseinandersetzung eskaliert, wird minimiert.
- Die Beziehung zum anderen wird nicht belastet.
- Sie werden als überzeugende und souveräne Persönlichkeit wahrgenommen.
- Sie können mit Kreativität, Spontaneität, Intelligenz und einer schnellen Auffassungsgabe punkten.
- Sie werden sowohl im Berufs- als auch im Privatleben als starker und gleichzeitig fairer (Verhandlungs-)Partner wahrgenommen.

Die intelligente Schlagfertigkeit lässt sich also mit den leisen Tönen der Diplomatie sehr gut in Einklang bringen. Auch hier zeigt sich wieder deutlich, dass Diplomatie eben auch Durchsetzungsfähigkeit, Stärke und Souveränität bedeutet und keineswegs immer nur Nachsicht walten lässt. Im Gegenteil: Da Diplomaten sehr auf ihre Integrität achten, achten sie eben auch genau darauf, wie weit sie gehen, was sie tolerieren und an welchem Punkt einfach Schluss ist. Anders ausgedrückt: Diplomaten zeigen Charakterstärke.

14. Diplomaten zeigen Charakterstärke

Eines ist inzwischen sicherlich deutlich geworden: Diplomatisches Geschick umfasst weit mehr als ein paar nützliche Gesprächs- und Verhaltensregeln. Es geht dabei um eine bestimmte Einstellung zu anderen Menschen und auch zu sich selbst. Diese Einstellung drückt sich in den Verhaltensweisen aus, die wir als diplomatisch wahrnehmen. Die Basis für die Kunst der Diplomatie liegt also unzweifelhaft in der Persönlichkeit, im Charakter eines Menschen. »Charakterstärke« ist sicher ein guter Begriff, um sich der Beschreibung einer solchen Persönlichkeit anzunähern. Was die Charakterstärke eines Diplomaten nun konkret ausmacht, darum geht es in diesem Kapitel. Sicherlich ist es hier nicht möglich, die Komplexität einer charakterstarken Persönlichkeit vollständig zu erfassen und abzubilden. Die Erläuterungen können jedoch ein Gefühl dafür vermitteln, wie sich Charakterstärke äußern kann und welche Charakterzüge dabei eine besondere Rolle spielen.

Verbindlichkeit und Integrität

Zwei Charaktereigenschaften, die ich als Erstes mit diplomatisch auftretenden Menschen in Verbindung bringe, sind Verbindlichkeit und Integrität. Bei Menschen, die über diese wertvollen Eigenschaften verfügen, kann ich mich darauf verlassen, dass das, was sie sagen, Bestand hat, dass sie Zusagen einhalten und dass ihren Worten Taten folgen. Sie übernehmen Verantwortung für ihre Entscheidungen und Handlungen und stehen für ihre Überzeugungen ein. Das gilt sowohl für die vielen kleinen Alltäglichkeiten des Lebens als auch für große und bedeutsame Herausforderungen. Weil das so ist, werden sie in Gesprächen und Beziehungen als vertrauenswürdige, glaubwürdige und zuverlässige Partner wahrgenommen. Das wiederum stärkt die Beziehung und ermöglicht Gespräche, die zu guten und tragfähigen Ergebnissen führen.

Verbindlichkeit und Integrität sind zwei der hervorstechendsten Charaktereigenschaften von Menschen mit diplomatischem Geschick.

Verbindlichkeit und Integrität kommen natürlich nicht von ungefähr. Diese Eigenschaften entspringen einem souveränen Umgang mit den eigenen Wertvorstellungen und Überzeugungen. Das bedeutet, dass Entscheidungen, Verhaltensweisen und Handlungen mit den persönlichen ethischen Maßstäben in Einklang gebracht werden. Die inneren Überzeugungen geben die Richtung vor; auf halbherzige Kompromisse oder einfache Abkürzungen wird verzichtet. Und das ist bei einem echten Diplomaten nicht nur dann der Fall, wenn es bequem und opportun ist, sondern auch wenn schwierige Entscheidungen anstehen oder unbequeme Folgen oder Widerstände zu erwarten sind. So habe ich zum Beispiel einmal erlebt, wie ein Klient, Geschäftsführer eines Unternehmens aus dem produzierenden Gewerbe, trotz heftigen Widerstands seiner Geschäftspartner darauf bestanden hat, die Produktfertigung seines Unternehmens in Deutschland zu belassen. Es war beeindruckend, wie konsequent er sich für seine Überzeugung einsetzte, dass es nicht um jeden Preis einzig um mehr Gewinn gehen könne. Es war ihm wichtig, dass sein Unternehmen nicht in irgendeinem Billiglohnland produziert, sondern in der Region Arbeitsplätze erhält und schafft. Und er wollte, dass sein Unternehmen danach handelt. Nach einer Zeit harter Auseinandersetzungen und Diskussionen konnte er sich schließlich durchsetzen und wurde nach einigen Monaten mit einem ordentlichen Auftragsplus belohnt.

Um sich auf diese Weise für seine eigenen Überzeugungen einsetzen zu können, braucht es ein klares Bewusstsein der eigenen Wertvorstellungen und ein ebenso klares Bekenntnis dazu. Nur so ist es möglich, Entscheidungen und Handlungen konsequent an den eigenen Werten und Überzeugungen auszurichten und sich selbst treu zu bleiben. Deshalb handeln Menschen, die über Charakterstärke verfügen, stets sehr reflektiert. Sie wissen, was ihnen im Leben und im Umgang mit anderen Menschen wichtig ist und nach welchen Prinzipien sie ihre Lebensführung und ihre berufliche Tätigkeit gestalten. Das gibt ihnen eine große Sicherheit und Klarheit, was sich für andere vor allem in einer ausgeprägten Entscheidungsfähigkeit und Unabhängigkeit zeigt. Sie zögern nicht, wenn Entscheidungen anstehen, und lassen sich nicht voreilig von Erwartungen oder abweichenden Meinungen beeinflussen. Sie ziehen alternative Möglichkeiten und Gesichtspunkte zwar in Betracht, bleiben jedoch autonom in ihrer Entscheidung und ihrer Linie treu. Das macht sie zu zuverlässigen und beständigen Partnern und prädestiniert sie dafür, auch mit schwierigen Beziehungen, Situationen und Gesprächen angemessen umzugehen.

Integre Menschen wissen, was ihnen wichtig ist, und handeln danach.

Integrität und Verbindlichkeit sind darüber hinaus auch die Grundlage für eine weitere Charaktereigenschaft von Diplomaten: Sie übernehmen ganz bewusst die Verantwortung für ihre Entscheidungen und Handlungen und stehen für die Folgen gerade.

Verantwortungsbewusstsein und Verantwortungsbereitschaft

Wer eine Entscheidung aus voller Überzeugung trifft, weil sie mit den eigenen Wertvorstellungen, Ansichten und Wünschen übereinstimmt, dem wird es nicht schwerfallen, für diese Entscheidung, ihre Umsetzung und ihre etwaigen Folgen die Verantwortung zu übernehmen. Er wird sich sicher sein, das Richtige aus den richtigen Gründen zu tun. Für das soziale Miteinander – sowohl im Berufs- als auch im Privatleben – ist dies von großer Bedeutung. Denn eine Entscheidung, für die jemand die Verantwortung übernommen hat, erhält größeres Gewicht und eine starke Verbindlichkeit. Entscheidungen, für die sich niemand verantwortlich fühlt, bleiben hingegen unverbindlich und deshalb auch häufig folgenlos.

Diplomaten stehen zu ihren Entscheidungen und übernehmen die Verantwortung für die Umsetzung und die Folgen.

Nehmen wir noch einmal das Beispiel des Klienten, der sich für eine Fertigung seiner Produkte in Deutschland eingesetzt hatte: So eine Entscheidung zu treffen, ist ja schön und gut, doch letztlich kommt es auf die tatsächliche Umsetzung an. Und diese war in diesem Fall mit vielen Herausforderungen verbunden. Der Geschäftsführer musste weitere Geschäftspartner überzeugen, einen Ausgleich für die höheren Produktionskosten finden und die Kunden davon überzeugen, dass sie trotz des höheren Stückpreises ein gutes Geschäft mit seinem Produkt machen. Für all das mussten Strategien und Argumente entwickelt und Auseinandersetzungen geführt werden. Außerdem ging es ja auch um das berufliche Schicksal vieler Mitarbeiter, wofür mein Klient mit seiner Entscheidung ebenfalls die Verantwortung übernommen hatte. Doch seine Gewissheit, das Richtige zu tun und seinen Überzeugungen zu folgen, motivierte ihn, diese Herausforderungen anzunehmen und sich mit ganzer Kraft für die Umsetzung seiner Entscheidung einzusetzen. Er fühlte sich verantwortlich für das Gelingen und handelte dementsprechend. Es hätte wohl anders ausgesehen, wenn seine Entscheidung beispielsweise nur ein taktisches Manöver gewesen wäre, um auf sich aufmerksam zu machen. Ohne die feste Überzeugung, sich für etwas Wichtiges und Richtiges einzusetzen, wäre er sicher nicht bereit gewesen, die anstrengenden und nervenaufreibenden Folgen auf sich zu nehmen.

Im tatsächlichen Fall war die Entscheidung meines Klienten also goldrichtig und hat seinen unternehmerischen Erfolg sogar vergrößert. Doch jetzt stellen Sie sich einmal den entgegengesetzten Verlauf vor, bei dem seine Rechnung aufgrund einer Fehlannahme nicht aufgegangen wäre und seine Entscheidung zu hohen Kosten bei geringeren Einnahmen und damit zu Verlusten für das Unternehmen geführt hätte. Wie hätte seine Reaktion dann wohl ausgesehen? Spätestens dann, wenn es darum geht, für die eigenen Fehler geradezustehen, trennt sich die Spreu vom Weizen. Hier zeigt sich, wer zu seinen Überzeugungen steht und wirklich bereit ist, Verantwortung zu übernehmen. Natürlich liegt man auch einmal daneben mit einer Einschätzung oder entscheidet sich für einen falschen Weg. Jeder Mensch macht Fehler. Es zeugt gerade nicht von besonderer Charakterstärke, wenn man dann versucht, den Fehler zu vertuschen oder die Folgen jemand anderem in die Schuhe zu schieben. Schließlich verleugnet man damit auch die eigenen Überzeugungen. Charakterstärke zeigt vielmehr derjenige, der zu seinem Fehler steht und für die Folgen dieses Fehlers eintritt. Irrtümlicherweise nehmen viele Menschen an, dass sie damit Schwäche zeigen würden. Doch das Gegenteil ist der Fall: Ein offener Umgang mit den eigenen Fehlern unterstreicht die Glaubwürdigkeit und Charakterfestigkeit einer Person, da sie ihren Überzeugungen treu bleibt und Verantwortung für die Konsequenzen übernimmt.

Echte Verantwortungsbereitschaft zeigt sich vor allem dann, wenn es darum geht, für die eigenen Fehler geradezustehen.

Der Versuch, Fehler zu vertuschen, führt zudem häufig zu unnötigen Verwicklungen – das gilt im Berufsleben genauso wie in privaten Gesprächen oder Auseinandersetzungen. Die Beteiligten vergeben dabei die Chance, doch noch eine gute Lösung zu finden, indem sie zum Beispiel bestimmte Sachverhalte verschleiern oder die Folgen ihrer Entscheidung herunterspielen. Die sachliche Basis für eine echte Verständigung und für ein lösungsorientiertes Vorgehen geht dann schnell verloren, sodass sich die negativen

Folgen einer Fehlentscheidung weiter verschärfen. Oft entstehen schwerwiegende negative Konsequenzen überhaupt erst durch den Versuch, einen Fehler zu vertuschen. Und wenn dann zu allem Überfluss auch noch ein Unbeteiligter für den Fehler verantwortlich gemacht werden soll, bahnt sich schnell ein Konflikt an, der weitere Schwierigkeiten provoziert. Für Diplomaten kommt ein solches Vorgehen daher nicht infrage. Sie sind bereit, auch für ihre Fehler und die daraus entstandenen Probleme die Verantwortung zu übernehmen.

Der offene Umgang mit Fehlern ermöglicht es übrigens auch den anderen Beteiligten, etwaige Fehler zuzugeben. Das wiederum trägt wesentlich dazu bei, dass Gespräche erfolgreich verlaufen und Beziehungen offen, ehrlich und vertrauensvoll geführt werden.

Verantwortungsbewusste Menschen ergreifen die Initiative, statt darauf zu warten, dass es jemand anderes tut.

Verantwortungsbewusstsein zeigt sich außerdem auch darin, dass jemand bewusst die Initiative ergreift. Er wird nicht darauf warten, dass sich irgendwann ein anderer um ein Problem kümmern wird. Menschen, die über Charakterstärke verfügen, suchen zum Beispiel aktiv das Gespräch, wenn sie bemerken, dass zwischen ihnen und einem Kollegen wiederholt Spannungen auftreten. Sie warten nicht, bis sich die Sache zu einer offenen Auseinandersetzung auswächst oder der andere den ersten Schritt macht. Auch wenn es unbequem oder unangenehm ist: Wenn sie der Überzeugung sind, dass jemand etwas unternehmen muss, dann unternehmen sie etwas. Deshalb zögern sie auch nicht, wenn es gilt, eine aufrichtige Entschuldigung auszusprechen, weil sie zum Beispiel jemandem zu Unrecht einen Vorwurf gemacht haben. Sie gehen lieber auf den anderen zu, um die Situation zu bereinigen, anstatt untätig darauf zu hoffen, dass sich eine Unstimmigkeit irgendwann von allein in Luft auflöst. Und sie sind selbst sehr verständnisvoll, wenn es darum geht, eine Entschuldigung anzunehmen.

Diplomatisch über Fehler hinwegsehen

Niemand bekommt gern einen Fehler unter die Nase gerieben. Und niemand lässt sich gern als Schuldiger an den Pranger stellen. Deshalb besteht in solchen Situationen verbale Explosionsgefahr. Es stellt sich die Frage, wann es überhaupt sinnvoll ist, einen Gesprächspartner auf Fehler hinzuweisen. Das ist bei Kleinigkeiten und einmaligen Vorkommnissen sicher nicht der Fall. Zudem stärkt es das eigene Ansehen und wird uns hoch angerechnet, wenn wir diplomatisch über einen Fehler hinwegsehen, statt darauf herumzureiten. Wenn Fehler, weil sie schwerwiegend sind, doch thematisiert werden, sollten wir im Gespräch nicht nach einem Schuldigen, sondern nach einer Lösung suchen. Das senkt das Risiko, dass ein Gespräch eskaliert, ganz erheblich. Zudem ist aus dem Fehlermanagement in Unternehmen bekannt, dass Vorhaltungen nichts bringen: Zwar machen Mitarbeiter nach einem Tadel tatsächlich weniger Fehler. Ohne diese Vorhaltung machen sie nach einem Fehler allerdings ebenfalls weniger Fehler. Die Erklärung ist verblüffend einfach: Fehler sind statistisch betrachtet eher selten. Und je folgenschwerer ein Fehler war, desto unwahrscheinlicher ist, dass er sich in nächster Zeit wiederholen wird. Die Ermahnung spielt dabei gar keine Rolle. Ärgerliche Reaktionen auf einen Fehler haben im besten Fall also keinen Einfluss, im ungünstigsten Fall sogar einen negativen. Denn der Druck, nun bloß nicht noch einen Fehler zu machen, bewirkt genau das Gegenteil vom Gewünschten – nämlich mehr Fehler.

Geradlinigkeit im Umgang mit anderen

Integrität, Verbindlichkeit und Verantwortungsbewusstsein beeinflussen natürlich den Umgang mit anderen Menschen. Wie charakterfest jemand ist, zeigt sich darin, wie er auf andere zugeht und sich ihnen gegenüber verhält. Charakterstarke Menschen sind sich ihrer selbst sehr sicher und stehen zu ihren Wertvorstellungen und Überzeugungen. Das erleichtert es ihnen, anderen Menschen aufrichtig gegenüberzutreten. Es gibt für sie keinen Grund, sich zu verstellen oder mit ihren Ansichten hinterm Berg zu halten. Sie wissen, für welche Interessen sie sich einsetzen und warum sie eine bestimmte Meinung vertreten. Und sie sind bereit, die damit verbundenen Konsequenzen zu tragen. Diese Aufrichtigkeit, gepaart mit einer gewissen Konsequenz im Verhalten, führt zu einer besonderen Geradlinigkeit im Umgang mit anderen Menschen. Das schafft nachhaltiges Vertrauen. Ob in Gesprächen oder in Beziehungen – der andere kann sich auf das, was gesagt wird, verlassen, muss keine versteckten Finten oder Tricks befürchten oder auf der Hut sein. So entsteht eine Atmosphäre der Offenheit und Aufrichtigkeit, die Beziehungen immer guttut. In einer solchen Atmosphäre hören wir einander unvoreingenommen zu und können über alles sprechen; die Sache steht im Mittelpunkt, niemand muss versteckt taktieren oder befürchten, sich mit bestimmten Äußerungen die Blöße zu geben. Intrigen oder falsche Spielchen haben keinen Platz.

Aufrichtigkeit, Offenheit und Konsequenz schaffen Vertrauen und Verbindlichkeit.

Diese Geradlinigkeit und Konsequenz geht stets mit einem hohen Maß an Toleranz einher. Die Ansichten und Überzeugungen anderer Menschen werden bewusst respektiert und ernst genommen, weil sie nicht als Bedrohung der eigenen Position, sondern als Bereicherung betrachtet werden. Deshalb können Personen mit einem starken Charakter anderen Menschen auch völlig vorurteilsfrei gegenübergetreten und deren Ansichten rein danach beurteilen, welchen Beitrag sie zur Lösung des Problems oder zum

Gesprächsergebnis leisten können. Auch das ist ein Resultat ihrer Selbstsicherheit und ihres Selbstbewusstseins. Dabei geht es nicht darum, die Meinungen der anderen einfach zu teilen und das Mäntelchen immer nach dem Wind zu drehen. Es geht darum, abweichende Meinungen und unterschiedlich ausgeprägte Persönlichkeiten als Bestandteil des sozialen Miteinanders anzuerkennen und sich unvoreingenommen damit auseinanderzusetzen. (Dass die Toleranz natürlich auch ganz klar ihre Grenzen hat, haben wir bereits im vorigen Kapitel gelesen.) Diese tolerante Einstellung gegenüber anderen zeigt sich beispielsweise darin, dass ein Mensch aufmerksam zuhört und in Gesprächen oder Auseinandersetzungen viel Geduld zeigt. Er will den anderen richtig verstehen, um gemeinsam mit ihm eine Lösung zu finden und ein gutes Gesprächsergebnis zu erzielen.

Loyalität und Diskretion

Loyalität und Diskretion sind die beiden Größen, an denen sich die Charakterstärke eines Diplomaten in der Praxis immer wieder messen lassen muss. Blicken wir auf die »echte« diplomatische Arbeit, also auf die Verhandlungen zwischen Staaten, dann stellen wir fest: Diese beiden Größen sind absolut notwendig, damit Diplomatie überhaupt gelingen kann. Die Verhandlungen zwischen Diplomaten verlaufen in der Regel hinter den Kulissen und sind streng vertraulich. Oft steht eine Menge auf dem Spiel. Absprachen und Entscheidungen kommen überhaupt nur zustande, wenn alle Beteiligten sich darauf verlassen können, dass alles Vertrauliche auch vertraulich bleibt, niemand sein exklusives Wissen missbraucht und Verabredungen langfristig Gültigkeit haben.

Ohne Loyalität und Diskretion ist Diplomatie in der Praxis undenkbar.

Das lässt sich direkt auf die Diplomatie im Alltag übertragen. Auch hier kommt es darauf an, sich dem anderen gegenüber loyal und diskret zu verhalten. Vertrauliche Informationen dürfen nicht dazu verwendet werden, jemanden nach dem Gespräch in die Pfanne zu hauen; ebenso wenig geht es an, getroffene Vereinbarungen kurzerhand wieder über den Haufen zu werfen. Wer meint, er könne intime Kenntnisse nutzen, um sich in der Auseinandersetzung einen Vorteil zu verschaffen oder gegenüber Dritten mit exklusiven Neuigkeiten zu prahlen, der ist von Diplomatie meilenweit entfernt. Wenn er sich beispielsweise gegenüber seinem Vorgesetzten besonders zu profilieren versucht, indem er hervorhebt, dass die Kollegin XY – wie sie ihm vor Kurzem in einem vertraulichen Gespräch offenbarte – im Gegensatz zu ihm große Schwierigkeiten damit hat, ihr Arbeitspensum in der vorgegebenen Zeit zu schaffen, ist das völlig inakzeptabel. (Dann bleibt übrigens zu hoffen, dass die weitsichtige Führungskraft dieses illoyale Verhalten durchschaut und nicht auch noch mit Anerkennung belohnt.)

Indiskretion und Illoyalität sind eine schwere Belastung für eine Beziehung.

Doch auch in weniger schwerwiegenden Fällen können Indiskretion oder Illoyalität eine Beziehung belasten. Das ausgeplauderte kleine Geheimnis eines Freundes ist vielleicht keine große Sache, doch es wird den Freund kränken, dass sein Wunsch nach Verschwiegenheit ignoriert wurde. Und wenn die Eltern den blauen Brief von der Schule direkt mit dem Lehrer besprechen, anstatt vorher mit ihrer Tochter darüber zu reden, wird diese vermutlich daran zweifeln, dass ihre Eltern wirklich auf ihrer Seite sind. Für Außenstehende mag das vielleicht banal wirken, doch für die Beteiligten kann das durchaus größere Auswirkungen haben, da ihre Beziehung auf eine Belastungsprobe gestellt wird. Dabei kommt es übrigens gar nicht so selten vor, dass Diskretion und Loyalität eher aus Versehen oder aus Unachtsamkeit auf der Strecke bleiben. Die Eltern des Mädchens wollten sich vielleicht sogar besonders engagiert für ihre Tochter einsetzen, indem sie unverzüglich Kontakt zum Lehrer aufnahmen. Dass ihre Tochter einen ganz anderen Eindruck davon gewinnen könnte, war ihnen gar nicht bewusst.

Vertrauensvolle Beziehungen sind eine sensible Angelegenheit, die bewusst geschützt werden muss. Menschen mit Charakterstärke und diplomatischem Geschick wissen das und gehen sorgsam damit um. Sie verhalten sich loyal und wahren Diskretion, um das gegenseitige Vertrauensverhältnis zu stärken und keine Zweifel an ihrer Vertrauenswürdigkeit aufkommen zu lassen. Sie respektieren den Wunsch ihres Gegenübers nach Vertraulichkeit, sie stehen zu der Beziehung und setzen sich für sie ein.

15. Das sensible Beziehungsgeflecht in Unternehmen

Die Beziehungen zwischen Kollegen beziehungsweise zwischen Mitarbeitern und Vorgesetzten sind besonders und verdienen deshalb auch besondere Aufmerksamkeit. Das beginnt meist schon bei den Rahmenbedingungen, unter denen berufliche Beziehungen zustande kommen und dann geführt werden. Als angestellter Mitarbeiter kann man sich zum Beispiel seine Kollegen und Vorgesetzten in der Regel nicht aussuchen. Wenn man neu in ein Unternehmen kommt, sind die Kollegen schon da. Und wenn man selbst schon etablierter Kollege ist, kommen neu eingestellte Mitarbeiter hinzu. Im günstigsten Fall ist man einander sympathisch und es entsteht eine kollegiale, konstruktive und zufriedenstellende Arbeitsbeziehung. Doch dieser günstigste Fall tritt natürlich nicht immer ein. Und dann wird es meist schwierig.

Konstellation mit Konfliktpotenzial

Eine erste Schwierigkeit besteht darin, dass die Beteiligten nun nicht einfach sagen können »Tja, Pech gehabt, wir müssen ja nicht unbedingt eine Beziehung führen«. Im Normalfall müssen sie das eben doch, schließlich arbeiten sie zusammen – und das fünf Tage die Woche, sieben bis acht Stunden am Tag und oft gemeinsam in einem Büro. Sie können also gar nicht anders, als eine Beziehung zueinander aufzubauen. Doch dafür sind die Bedingungen häufig nicht gerade optimal: Kollegen verbringen sehr viel Zeit miteinander – oft sogar (viel) mehr Zeit als beispielsweise mit ihren Familien oder Freunden. Und wenn es einmal Stress gibt, können sie sich nicht einfach für eine Weile aus dem Weg gehen, denn sie teilen sich ja ein gemeinsames Büro und haben vielleicht bestimmte Aufgaben auch gemeinsam zu erledigen. Hinzu kommen unter Umständen verschiedene Hierarchiestufen oder ein großer Altersunterschied, eine gewisse Konkurrenz zueinander, Kompetenzgerangel, fachliche Meinungsverschiedenheiten oder auch Unterschiede bei der Qualifikation, der beruflichen Erfahrung oder beim fachlichen Können. Auch der Status innerhalb des Kollegiums (der Neue / der langjährige Kollege; die Gesprächige / die Zurückhaltende; privat befreundet / nur Kollegen) spielt eine Rolle. Das alles stellt auch gute, funktionierende Beziehungen auf eine harte Probe und macht es schwer, unbelastete Beziehungen aufzubauen.

Die besonderen Rahmenbedingungen im Unternehmen machen es nicht gerade leichter, gute Beziehungen aufzubauen.

Wenn es nun zwei Kollegen – aus welchen Gründen auch immer – nicht gelingt, gegenseitiges Vertrauen und gegenseitige Wertschätzung aufzubauen, stehen potenziell eine Menge Konflikte ins Haus. Fehlendes Vertrauen erzeugt ein Klima des Misstrauens und das wiederum verhindert eine konstruktive und produktive Zusammenarbeit. Stattdessen entstehen dann häufig Machtkämpfe: Wer hat das Sagen? Wer entscheidet über die Vorgehensweise bei der Erledigung der Aufgaben? Wer präsentiert die guten Arbeitsergebnisse? Wer die schlechten? Wer steht für Kritik gerade? Wer übernimmt lästige Teilaufgaben? Wer erledigt die Teilaufgaben mit hohem Prestigewert? Spitzen sich diese Machtkämpfe zu, entstehen Konflikte, die offen oder auch verdeckt ausgetragen werden. Schon bei verdeckten Konflikten sind die Auswirkungen auf das Arbeitsverhältnis verheerend: Nach außen hin wird zwar die Fassade der Professionalität und Sachlichkeit gewahrt, alle Aufgaben werden erledigt. Doch tatsächlich wird nur so viel miteinander gesprochen, wie unbedingt nötig ist, und das auch betont sachlich und gänzlich unpersönlich. Im Inneren gärt Unmut und statt gemeinsam nach guten Lösungen für die anstehenden Aufgaben zu suchen und die jeweiligen Kompetenzen als gegenseitige Ergänzung zu verstehen, versucht jeder, den anderen auszustechen, um selbst einen Vorteil daraus zu ziehen.

Scheitert der Aufbau von guten Beziehungen im Unternehmen, drohen Konflikte mit potenziell verheerenden Auswirkungen.

Bei offen ausgetragenen Konflikten sieht es natürlich nicht besser aus: Die Zusammenarbeit wird gleich ganz vermieden, wann immer es geht. Die eigenen Arbeitsergebnisse und Erkenntnisse werden vor dem anderen verborgen. Es herrscht tief sitzendes Misstrauen, sodass kein Austausch mehr stattfindet. Man sucht die Fehler immer beim anderen und zieht dessen Kompetenzen und Fähigkeiten vehement in Zweifel. Oft kommt es dann zu persönlichen Angriffen und Vorwürfen. Und so mancher will gleich das gesamte Kollegium gegen den missliebigen Kollegen aufbringen. Beide Parteien versuchen stets, einander zu übertrumpfen, um gegenüber ihren Vorgesetzten besser dazustehen. An eine konstruktive und effektive Zusammenarbeit ist überhaupt nicht (mehr) zu denken.

Oft spielen bei diesem Verhalten auch Ängste und Verunsicherung eine wichtige Rolle. Wenn ein Mitarbeiter befürchtet, im Vergleich zu einem neuen Kollegen schlecht abzuschneiden, hat er vor allem die Konkurrenzsituation im Blick. Im schlimmsten Fall fürchtet er dann sogar um seinen Arbeitsplatz. Dass er von der gemeinsamen Arbeit mit dem Kollegen vermutlich auch profitieren würde, kann er deshalb überhaupt nicht sehen. Die hohen Anforderungen im Berufsleben setzen viele Mitarbeiter unter Druck, sodass sie es kaum schaffen, sich für neue Perspektiven zu öffnen. Am Ende stehen dann Arbeitsbeziehungen, die keine Chance haben, zu vertrauensvollen, guten Beziehungen heranzuwachsen.

Handelt es sich bei den Beteiligten zudem um Kollegen auf unterschiedlichen Hierarchiestufen, also um einen Mitarbeiter und seinen Vorgesetzten, verschärfen sich die Bedingungen noch einmal, da bereits ein starkes Ungleichgewicht zum Beispiel bei den Entscheidungskompetenzen oder den Weisungsbefugnissen, aber auch bei der Arbeitszeit und beim Einkommen herrscht.

All diese Probleme treten natürlich nicht nur zwischen angestellten Mitarbeitern auf, sondern in allen Arbeitsgemeinschaften. Auch Selbstständige oder Freiberufler, die (an einem Ort) zusammenarbeiten, stehen vor den gleichen Herausforderungen. Auch sie können in der Regel eine Zusammenarbeit nicht so ohne Weiteres beenden, sondern müssen die in der Beziehung auftretenden Schwierigkeiten meistern.

Gute Beziehungen sind eine Voraussetzung dafür, dass ein Unternehmen effizient arbeitet und Erfolg hat.

Ob Angestellte oder Selbstständige: Belastete oder gar zerrüttete Beziehungen zwischen Mitarbeitern sind fatal, denn gute Beziehungen sind eine Voraussetzung dafür, dass ein Unternehmen effizient arbeitet und letztlich Geld verdient. Gute Beziehungen sorgen dafür, dass Reibungsverluste in der Zusammenarbeit minimiert werden, Kreativität sich entfalten kann, Ergebnisse und Vereinbarungen Bestand haben, Aufgaben bestmöglich erledigt werden, alle an einem Strang ziehen, Mitarbeiter gern zur Arbeit kommen und gern ihr Bestes geben.

Reiben sich die Mitarbeiter jedoch aneinander oder an ihren Vorgesetzten, geht viel Arbeitszeit und Engagement verloren, was letztlich Geld kostet. Tief sitzender Ärger mit einem Kollegen oder mit dem Chef nimmt einen Mitarbeiter emotional und gedanklich in Beschlag. Er ist unkonzentriert, demotiviert und bringt nicht sein volles Potenzial in die Arbeit ein.

Eine derart verfahrene Situation ist natürlich nicht der Normalfall in Unternehmen, sondern stellt eher den Extremfall dar. Solche

Phänomene gibt es in ganz unterschiedlicher Ausprägung. Manchmal sind es auch nur ein paar vorübergehende Spannungen oder Startschwierigkeiten zwischen zwei Kollegen, die nach einiger Zeit bereinigt sind und keinen größeren Schaden hinterlassen. Oder ein Missverständnis sorgt für Unmut, klärt sich dann aber schnell auf. Zwischen solchen recht harmlosen Varianten und den oben beschriebenen Szenarien gibt es viele Abstufungen. Keiner dieser Fälle darf jedoch vom Unternehmen ignoriert oder als Lappalie abgetan werden. Für gute Beziehungen zwischen den Mitarbeitern müssen Unternehmen und alle Beteiligten etwas tun.

Konkurrenz verhindert Kooperation

Es gab Zeiten, in denen Unternehmen zum Wettkampf um den Titel »Mitarbeiter des Jahres« aufriefen. Wie wir heute wissen, ist das nicht nur ein besonders plumper, sondern obendrein ein völlig kontraproduktiver Versuch, die Mitarbeiter zu motivieren. Das Motto »Konkurrenz belebt das Geschäft« lässt sich nun einmal nicht auf das interne Geschehen in Unternehmen übertragen. Diese Formel geht schon rein rechnerisch nicht auf: Zwar führt Konkurrenz natürlich dazu, dass sich einige Mitarbeiter mehr anstrengen, um dann zu den Besten gezählt zu werden. Nur können eben nicht alle zu den Besten gehören, sondern allenfalls 10 oder 20 Prozent der Belegschaft. Die übrigen 80 oder 90 Prozent sind dann die Verlierer. Doch niemand will gern verlieren. Als Folge werden die einen zu unfairen Mitteln greifen, um den anderen den Konkurrenzkampf wenigstens schwer zu machen. So kommt es zu Reibungsverlusten, Intrigen, Machtkämpfen und allen erdenklichen unfairen Verhaltensweisen. Jeder steht damit unter dem Druck, sich gut verkaufen zu müssen. Das kostet Kraft und häufig leidet die Arbeit darunter. All das belastet die Beziehungen im Unternehmen schwer. Unterm Strich schaden Konkurrenzkämpfe deshalb weitaus mehr, als sie nutzen – zumal der Einzelkämpfer heute längst ausgedient hat. Statt die Konkurrenz zwischen Mitarbeitern noch künstlich

⇨

anzuheizen, ist es, gerade aus Sicht der Unternehmen, weitaus sinnvoller, den Teamgeist zu stärken. Einige plumpe Motivationsversuche führen leider auch heute noch genau zum Gegenteil und verhindern eine effektive Kooperation.

Wertschätzung und Vertrauen

Der Schlüssel zu guten Beziehungen ist auch im Berufsleben eine offene, vertrauensvolle und wertschätzende Kommunikation. Einfühlungsvermögen und aktives Zuhören ermöglichen es allen Beteiligten, den anderen zu verstehen und selbst verstanden zu werden. Insbesondere den Führungskräften eines Unternehmens kommt daher die wichtige Aufgabe zu, eine Unternehmenskultur zu etablieren, in der vertrauensvoll und mit Wertschätzung kommuniziert wird.

Immer noch gehen einige Führungskräfte fälschlicherweise davon aus, dass man die Wertschätzung seiner Mitarbeiter am besten durch materielle Zuwendungen ausdrückt. Sie meinen, mit einem großzügigen Weihnachtsgeld, einem Büro mit schöner Aussicht oder einem schicken Dienstwagen sei der Sache Genüge getan. Für viele Mitarbeiter sind das zwar durchaus reizvolle Annehmlichkeiten, aber über ihre Zufriedenheit am Arbeitsplatz entscheiden letztlich doch andere Dinge. Mitarbeiter fühlen sich wohl, wenn die Arbeitsatmosphäre von gegenseitigem Vertrauen und Respekt geprägt ist, wenn sie selbst und ihre (Wert-)Vorstellungen ernst genommen werden, wenn sie sowohl mit Kollegen als auch mit Vorgesetzten partnerschaftlich zusammenarbeiten, für ihre Arbeit Anerkennung erhalten und ihnen eine gewisse Eigenständigkeit bei der Arbeit ermöglicht wird. Das ist die Basis für gute und tragfähige Beziehungen.

Wertschätzung, Vertrauen und Respekt sind auch im Unternehmen die Grundpfeiler eines funktionierenden Miteinanders.

Wertschätzung und Vertrauen können jedoch nicht einfach als Unternehmensmaxime ausgegeben werden. Sie müssen gelebt werden – und zwar von allen Beteiligten. Ob wir jemandem mit Respekt, echtem Interesse und Wertschätzung gegenübertreten, zeigt sich vor allem im persönlichen Gespräch, denn die eigene innere Haltung zum Gegenüber spiegelt sich im Kommunikationsverhalten wider. Was ein gutes Gespräch ausmacht, haben Sie bereits gelesen. Sie wissen daher, worauf es ankommt: dem anderen aufmerksam und unvoreingenommen zu begegnen, ihm aktiv zuzuhören, sich in seine Perspektive hineinzuversetzen, seine Anliegen ernst zu nehmen und nicht nur auf der Sachebene miteinander zu kommunizieren, sondern auch auf der Beziehungsebene. So verbessern Sie die Chance, dass Sie sich gegenseitig tatsächlich verstehen und auch die Untertöne eines Gesprächs erfassen.

Dabei geht es keineswegs nur um die wichtigen Verhandlungen oder Diskussionen auf der sachlichen Ebene. Auch der kurze Small Talk in der Teeküche oder zur morgendlichen Begrüßung erfüllt beim Aufbau und der Pflege von Beziehungen im Beruf eine wichtige Funktion. Gerade solche Gespräche stellen Kontakt her, vertiefen Kontakte und sind auf diese Weise gemeinschaftsbildend. Sie vermitteln den Gesprächspartnern ein Zugehörigkeitsgefühl, einen Zusammenhalt und schaffen eine vertrauensvolle Atmosphäre, in der gute Beziehungen entstehen und wachsen können. (Führungskräfte sollten den kleinen Plausch zwischen Mitarbeitern also nicht als vertrödelte Arbeitszeit sehen, sondern als Beitrag zur Beziehungspflege.) Das fördert das gegenseitige Vertrauen und die Bereitschaft, wirklich miteinander zu arbeiten, statt nur auf den eigenen Vorteil zu schauen. Wenn es Unternehmen gelingt, einen solchen Kommunikationsstil im Unternehmen zu etablieren, sind sie auf dem besten Weg, das sensible Beziehungsgeflecht zwischen den Mitarbeitern und Führungskräften zu festigen und damit den Unternehmenserfolg zu sichern.

Dafür müssen insbesondere die Führungskräfte mit gutem Beispiel vorangehen. Aufgrund ihrer übergeordneten Position fungieren sie als Leitbilder. Leider verleitet diese Position aber oft dazu, von oben herab zu kommunizieren statt auf Augenhöhe. Das zeigt sich zum Beispiel an der Art und Weise, wie Führungskräfte einem Mitarbeiter Anerkennung zollen. In bester Absicht sprechen viele Vorgesetzte ihren Mitarbeitern ein Lob aus, wenn diese sehr gute Arbeitsergebnisse vorweisen. »Das haben Sie wirklich gut gemacht, Herr Becker! Sehr schöne Präsentation.« Das ist gut gemeint, doch leider nicht gut gemacht. Denn ein solches Lob macht vor allem eines deutlich: Ich stehe über dir und habe das Recht, dich zu bewerten. Mit Kommunikation auf Augenhöhe hat das nicht viel zu tun. Im Gegenteil: Solche Aussagen betonen die hierarchischen Unterschiede zwischen den Gesprächspartnern und vergrößern so die Distanz zwischen ihnen.

Die Führungskräfte geben im Unternehmen den Ton an – in jeder Hinsicht.

Anders sähe das mit einer Formulierung wie dieser aus: »Herr Becker, vielen Dank für diese Präsentation. Das war sehr aufschlussreich für mich. Besonders gefallen hat mir die Klarheit Ihres Vortrags. Mit Ihren Ergebnissen können wir jetzt sehr gut weiterarbeiten. Ich möchte Sie deshalb bitten, auch die Zahlen vom Vorjahr noch einmal genauer zu beleuchten. Vielleicht ergeben sich hieraus weitere wichtige Erkenntnisse.« Hier wird die Distanz zwischen Vorgesetztem und Mitarbeiter aufgehoben, sie arbeiten miteinander und ergänzen einander. Statt von oben herab zu loben, macht der Vorgesetzte deutlich, wie wichtig die Arbeit des Mitarbeiters ist, und überträgt ihm Verantwortung für das Gelingen der Aufgabe. So erfährt der Mitarbeiter Anerkennung für seine Leistung und fühlt sich wertgeschätzt. Das wird ihn motivieren, seine neue Aufgabe mit viel Elan anzugehen.

Führungskräfte sollten sich eine Einstellung aneignen, bei der es nicht nur um ihre Wünsche und Interessen geht, sondern auch die Perspektive des Mitarbeiters berücksichtigt wird. Wenn sie einen Umgang mit ihren Mitarbeitern pflegen, der von persönlicher Wertschätzung und gegenseitigem Vertrauen geprägt ist, wird sich das positiv auf sämtliche Beziehungen innerhalb des Unternehmens auswirken. So schaffen sie ein Umfeld, in dem sich alle Mitarbeiter als Mensch wahrgenommen und akzeptiert fühlen und ihre Persönlichkeit entfalten können. Das fördert das Verantwortungsbewusstsein des Einzelnen gegenüber den Kollegen und dem Unternehmen sowie einen fairen und konstruktiven Kommunikationsstil.

Es ist Aufgabe der Führungskraft, eine wertschätzende und vertrauensvolle Atmosphäre zu etablieren.

Gute Beziehungen untereinander und zum Vorgesetzten schützen Mitarbeiter auch davor, in eine Art Untergebenen-Rolle zu schlüpfen oder gedrängt zu werden. Wer diese Rolle einnimmt, fühlt sich oft nur als ein Mitarbeiter unter vielen, der als individuelle Persönlichkeit für das Unternehmen nicht weiter wichtig ist. In der Folge wird dann oft lediglich Dienst nach Vorschrift gemacht. Kreativität, Flexibilität, Motivation und persönliches Engagement bleiben dabei meist auf der Strecke. Und die Beziehung zum Vorgesetzten ist eher unpersönlich und im Ungleichgewicht.

Die Beziehung zum Chef

Selbst wenn es dem Chef gelingt, mit seinen Mitarbeitern eine gute Beziehung auf Augenhöhe zu führen, bleibt er schon rein formal in einer stärkeren Position. Er hat Weisungs- und Entscheidungsbefugnisse, mit denen er letztlich über seine Mitarbeiter und im Extremfall über deren Arbeitsplatz bestimmen kann. Deshalb erfordert das Verhältnis zwischen Mitarbeiter und Chef besonders viel Fingerspitzengefühl, damit eine vertrauensvolle Beziehung entstehen kann. Und das fällt beiden Seiten oft nicht so leicht.

Natürlich sind Mitarbeiter erst einmal zurückhaltend, wenn ihnen ein Vorgesetzter gegenübersteht. Solange sie nicht wissen, wie der Chef diese Arbeitsbeziehung handhabt, werden sie eher abwarten und sich nicht gleich vertrauensvoll öffnen. Das hindert sie zum Beispiel daran, sich gegenüber dem Chef über Dinge zu äußern, mit denen sie bei der Arbeit unzufrieden sind, oder sich mit Problemen an ihn zu wenden. Mitarbeiter tun sich häufig schwer damit, volles Vertrauen zu ihrem Chef zu entwickeln, da sie befürchten, sich durch zu viel Offenheit letztlich doch selbst zu schaden. Dem Vorgesetzten bleibt nur, intensiv an einer vertrauensvollen Beziehung zum Mitarbeiter zu arbeiten, wobei er sich dessen Vertrauen vor allem durch glaubwürdiges, verlässliches und respektvolles Verhalten erwirbt.

Der Vorgesetzte und der Mitarbeiter tragen gleichermaßen zu einer guten Beziehung bei.

Und auch der Mitarbeiter muss seinen Teil dazu beitragen, dass die Beziehung zum Chef wachsen kann. Er sollte sich ganz bewusst nicht in eine Untergebenen-Rolle begeben. Es wäre falsch, die Verantwortung, die Initiative und alle Entscheidungen grundsätzlich dem Vorgesetzten zu überlassen. Wer als Gesprächspartner auf Augenhöhe behandelt werden will, muss sich auch entsprechend verhalten, also selbst Verantwortung übernehmen und Initiative zeigen. Respekt und Wertschätzung kann ich von anderen auch nur erwarten, wenn ich ihnen ebenfalls mit Respekt und Wertschätzung gegenübertrete. Genauso ist auch Vertrauen keine einseitige Angelegenheit: Nur wer Vertrauen schenkt, erntet auch Vertrauen.

Doch manchmal hat man als Mitarbeiter einfach Pech. Der eigene Chef verfügt nicht über die persönliche Stärke, sich gegenüber seinen Mitarbeitern offen zu verhalten, er ist selbst verunsichert und errichtet deshalb eine Fassade, die nur durch Macht- und Dominanzgebaren aufrechtzuerhalten ist – oder er fällt durch einen eklatanten Mangel an Führungsqualitäten auf. Vorgesetzte, die ihre Führungsrolle nicht beherrschen oder beispielsweise selbst um ihren Posten bangen, haben größte Schwierigkeiten, ihren Mitarbeitern das nötige Vertrauen entgegenzubringen, das es für eine gute Beziehung braucht. Stattdessen neigen sie zu übermäßigen Kontrollen und versuchen, sich stets nach allen Seiten hin abzusichern, sodass sie als Persönlichkeit kaum zu fassen sind. Probleme oder Konflikte werden lieber ignoriert, statt sie in Angriff zu nehmen. Solche Chefs vermeiden grundsätzlich jedes Risiko und machen für eigene Fehler möglichst die Mitarbeiter verantwortlich. Und Erfolge feiert ein solcher Chef natürlich allein.

Es ist schwierig, sich in solchen Fällen als Mitarbeiter diplomatisch geschickt zu verhalten. Wichtig ist jedoch, dass man selbst nicht in ein solch destruktives Verhalten verfällt und die Lage damit weiter verschlimmert. Wer jetzt versucht, seine eigene Haut zu retten, indem er am Stuhl des Chefs sägt, schlecht über ihn redet, ihn auf der nächsthöheren Ebene anschwärzt, ihm Arbeitsergebnisse oder Informationen vorenthält und mit den Kollegen Intrigen gegen ihn schmiedet, wird sich damit selbst schnell ins Abseits stellen und sämtliches Vertrauen verspielen. Stattdessen sollte er auch in dieser Situation auf einen respektvollen und wertschätzenden Umgang achten und den Chef unterstützen, indem er seine eigenen Aufgaben engagiert und verantwortungsbewusst erledigt. Es ist auch hilfreich, sich die Qualitäten des Chefs – neben seinen Schwächen – bewusst zu machen. Manchmal zeigt sich dabei, dass da noch jede Menge Kompetenzen und Kenntnisse sind, die echte Anerkennung verdienen und eine gute Arbeitsgrundlage bilden. Es ist also durchaus angebracht, das Bild, das man vom eigenen Chef hat, hin und wieder einmal zu hinterfragen, um sich eine gewisse Unvoreingenommenheit zu bewahren.

Diplomatisch agierende Mitarbeiter hüten sich auch in schwierigen Situationen davor, in destruktives Verhalten zu verfallen.

Diese Unvoreingenommenheit ist auch in Gefahr, wenn Sie die negative Einstellung von Kollegen gegenüber dem Chef einfach

übernehmen. Lassen Sie sich von Kantinengesprächen über »den Supertyrannen« nicht allzu sehr beeindrucken, sondern machen Sie sich lieber Ihr eigenes Bild. Erwarten Sie etwas Gutes, anstatt von vornherein vom Schlechten auszugehen.
Es liegt auch in Ihrer eigenen Verantwortung, mit welcher Einstellung Sie Ihrem Chef gegenübertreten und wie Sie die Beziehung gestalten.

Mitarbeiter sollten versuchen, sich auch in die Lage ihres Chefs hineinzuversetzen.

Machen Sie sich auch bewusst, dass Ihr Vorgesetzter in der Regel deutlich mehr Verantwortung trägt als Sie und dass er meist selbst einen Vorgesetzten hat, dem gegenüber er sich loyal verhalten und dessen Entscheidungen er umsetzen muss. Auch er muss sich im Unternehmensgefüge behaupten und wird für die Arbeitsergebnisse seiner Mitarbeiter zur Verantwortung gezogen. Und auch Ihr Chef wird, zum Beispiel von der Geschäftsführung, manchmal unter Druck gesetzt.

Wer die Beziehung zu seinem Vorgesetzten günstig beeinflussen will, sollte ihm also die nötige persönliche Anerkennung zollen. Akzeptieren Sie, dass der Chef eben der Chef ist und dementsprechend einen anderen Status hat als Sie selbst. Dafür trägt er auch mehr Verantwortung und hat in der Regel den stressigeren Job. (Diese Anerkennung des Status ist nicht zu verwechseln mit der oben genannten Untergebenen-Rolle. Entscheidend ist, dass auch ein Mitarbeiter die Perspektive seines Chefs berücksichtigt und sich in dessen Lage hineinversetzt.) Darüber hinaus können Mitarbeiter zu einer vertrauensvollen Beziehung beitragen, indem sie ihren Vorgesetzten so weit wie nötig auf dem Laufenden halten: über den Stand der Arbeit, über die Arbeitsergebnisse oder über auftretende Schwierigkeiten. Das gibt dem Chef die Sicherheit, dass er den Überblick behalten kann, ohne die Mitarbeiter ständig kontrollieren zu müssen. Auch ein offener Umgang mit Fehlern stärkt das Vertrauen zwischen den Beteiligten. Versucht ein Mitarbeiter hingegen, durch Ausflüchte oder Vertuschen seiner Verantwortung für einen Fehler und für die Folgen zu entgehen, schadet das dem Vertrauensverhältnis.

Eine gute Beziehung zum Vorgesetzten erleichtert darüber hinaus den Umgang mit schwierigen Situationen erheblich. So ist es viel einfacher, bei Bedarf gegenüber seinem Chef auch einmal Nein zu sagen, wenn man sich des gegenseitigen Respekts sicher ist. Der Mitarbeiter weiß, dass auch seine Bedürfnisse für den Chef eine Rolle spielen. Und der Chef weiß, dass ein Nein des Mitarbeiters immer einen triftigen Grund hat und dieser sein Anliegen nicht voreilig ablehnt. Andersherum fällt es unter solchen Bedingungen einem Mitarbeiter auch deutlich leichter, etwaige Kritik des Chefs nicht als persönlichen Angriff, sondern als konstruktiven Vorschlag für ein besseres Arbeiten aufzufassen. Und nicht zuletzt wird die Hürde für den Mitarbeiter kleiner, sich aktiv für die eigenen Anliegen einzusetzen und zum Beispiel selbst das Gespräch über eine Gehaltserhöhung oder eine Beförderung zu suchen (anstatt passiv auf die Gnade des Chefs zu warten).

Eine gute Beziehung zwischen Chef und Mitarbeiter macht es allen leichter, auch mit schwierigen zwischenmenschlichen Situationen angemessen umzugehen.

In einem guten Arbeitsverhältnis zwischen Vorgesetztem und Mitarbeiter können beide Seiten unbefangen aufeinander zugehen und offen miteinander umgehen. Es herrschen gegenseitiger Respekt, Vertrauen und persönliche Wertschätzung. Beide Seiten sehen sich auf einem gemeinsamen Weg zu einem gemeinsamen Ziel, bei dem jeder seine Kompetenzen, Fähigkeiten und Ansichten einbringt. Statt sie ständig zu kontrollieren, überträgt der Chef seinen Mitarbeitern Verantwortung und Entscheidungsbefugnis für ihren jeweiligen Tätigkeitsbereich und steht im partnerschaftlichen Austausch mit ihnen. In einer solchen Atmosphäre werden seine Mitarbeiter ihre eigenen Ideen einbringen und den Arbeitsalltag gerne aktiv mitgestalten.

16. So war das nicht gemeint – wie Missverständnisse entstehen

Die Erfahrung zeigt: Missverständnisse sind offensichtlich ein fester Bestandteil der zwischenmenschlichen Kommunikation. Und manchmal führen sie zu echten Beziehungskrisen. Unversehens entstehen Konflikte, die unter Umständen auf eine einzige falsch verstandene Bemerkung zurückzuführen sind. Und das Bedauerlichste daran: Häufig ist sich keiner der Beteiligten dessen bewusst.

Verantwortlich für Missverständnisse ist vor allem die komplexe Struktur der Nachrichten, die Menschen miteinander austauschen. Dass wir immer mehr als nur die gesprochene Rede übermitteln, ist bekannt. Doch wie viele verschiedene Aspekte in jeder Nachricht enthalten sind, ist uns in der Regel nicht klar. Sehr anschaulich beschreibt der Psychologe und Kommunikationswissenschaftler Friedemann Schulz von Thun*, wie sich eine Nachricht zusammensetzt: Jede Nachricht hat nach Schulz von Thun vier Seiten:

1. Sachaspekt: Sachverhalte werden übermittelt.
2. Beziehungsaspekt: Die Art und Weise, wie ich kommuniziere, gibt Auskunft darüber, wie ich mein Gegenüber sehe und behandle.

---

* Schulz von Thun, Friedemann: Miteinander reden. Störungen und Klärungen. Reinbek bei Hamburg: Rowohlt, 2001, S. 25ff.

3. Selbstoffenbarungsaspekt: Mit jeder Nachricht gebe ich auch etwas von meiner Persönlichkeit preis, als absichtliche Selbstdarstellung oder als unabsichtliche Selbstenthüllung.
4. Appellaspekt: Mit einer Nachricht an ein Gegenüber habe ich in der Regel auch die Absicht, etwas zu bewirken.

Da diese vier Seiten gleichwertig sind, stellt Schulz von Thun sie als Quadrat dar und macht deutlich, dass eine klare und unmissverständliche Kommunikation nur stattfinden kann, wenn alle vier Dimensionen der Nachricht berücksichtigt und verstanden werden. Doch gerade das ist eben häufig nicht der Fall. Auch wenn das Gesagte (Sachaspekt) störungsfrei beim Gegenüber ankommt, herrscht oft noch Unklarheit darüber, wie es um die anderen drei Seiten des Nachrichtenquadrats steht. Diese drei Botschaften werden allerdings auch nicht explizit geäußert, sondern sind implizit in der Nachricht enthalten. Was der Sprecher mit dem Gesagten tatsächlich meint, ist daher häufig nicht eindeutig zu erkennen. Der Empfänger der Nachricht fängt also an, die unklaren Botschaften der Nachricht zu interpretieren. Mit diesen Interpretationen wiederum kann er nun schlicht und einfach falschliegen. Und genau hier liegt die Quelle vieler Missverständnisse.

Sich verstehen ist schwer

Nehmen wir eine einfache Frage aus dem Privatleben: »Hast du die Stromrechnung schon bezahlt?«, fragt ein Mann seine Frau. Der *sachliche Aspekt* dieser Nachricht ist klar: Der Mann will wissen, ob seine Frau die Stromrechnung schon bezahlt hat. Doch schon beim *Beziehungsaspekt* wird es knifflig, denn die Interpretationsmöglichkeiten sind vielfältig: Bei seiner Frau könnte ankommen, dass der Mann sie für vergesslich hält und sie deshalb wiederholt nach der Rechnung fragt. Mit der

Selbst einfachste Aussagen bieten eine Menge Interpretationsspielraum.

Frage könnte aber auch ein Vorwurf verbunden sein, dass sie die Rechnung immer noch nicht bezahlt hat. Der Ehemann könnte mit der Frage aber auch ausdrücken, dass er sich voll und ganz auf seine Frau verlässt oder dass er ihr im Gegenteil nicht völlig vertraut. Unklar ist auch, was der Mann über sich selbst damit sagt / sagen will *(Selbstoffenbarungsaspekt)*: Ist er genervt, weil die Rechnung immer noch nicht bezahlt ist? Ist er froh, dass seine Partnerin sich darum kümmert? Ist er enttäuscht, weil sie die Sache nicht von sich aus einfach erledigt? Was er mit seiner Frage erreichen will *(Appellaspekt)*, ist ebenfalls nicht eindeutig: Will er, dass seine Frau die Rechnung jetzt sofort bezahlt? Oder soll sie vielleicht noch etwas damit warten, weil gerade ein größerer Betrag vom Girokonto abgebucht wird? Oder will er die Rechnung selbst bezahlen, weil er seiner Partnerin diese Arbeit abnehmen will?

Wie wir eine Aussage interpretieren, hängt von vielen verschiedenen Faktoren ab.

Es gibt offensichtlich unzählige Varianten, wie seine Frau diese an sich simple Frage verstehen kann. Hinzu kommen noch die verschiedenen Möglichkeiten, die sich aus dem Kontext ergeben, in dem die Frage gestellt wurde (vielleicht steht das Paar gerade direkt vor der Bank oder der Mann stellt fest, dass bereits der Strom abgestellt wurde), und aus der Art und Weise der Fragestellung (zum Beispiel sarkastisch). Für welche Verständnisvariante sich die Ehefrau nun entscheidet, wie sie diese Frage also interpretiert, hängt vor allem von ihr selbst ab, von ihren Erwartungen, Wünschen oder Befürchtungen und von ihren Erfahrungen im Umgang mit ihrem Mann und im Umgang mit solchen Fragen. Ein mögliches Szenario: Sie weiß, dass ihr Mann sich am liebsten um alles selbst kümmert und sehr ungeduldig wird, wenn er bestimmte Aufgaben anderen überlässt. Deshalb fasst sie seine Frage als Drängen auf, die Rechnung doch endlich zu bezahlen, und als Vorwurf, dass ohne das Mahnen ihres Mannes letztlich nichts erledigt werden würde. Sie fühlt sich kontrolliert und bevormundet, wird wütend und schaltet auf Angriff um. »Ich mach das schon! Du musst mich nicht ständig kontrollieren!« Dabei hatte ihr Mann es vielleicht tatsächlich gut gemeint und wollte ihr in Wirklichkeit den Gang zur Bank abnehmen. Doch nun fühlt sich nun wiederum er zu Unrecht attackiert und ein vollkommen unnötiger Streit beginnt – und das alles wegen eines nicht erkannten Missverständnisses.

Wie wir den anderen sehen, hat also großen Einfluss darauf, wie wir seine Nachrichten interpretieren. Und auch unser Selbstbild beeinflusst unsere Interpretationen, vor allem auf der Beziehungsseite. Hält die Ehefrau sich selbst zum Beispiel für ein bisschen schusselig, wird sie die Frage ihres Mannes womöglich als Bestätigung für ihre Schusseligkeit auffassen und sich wohl kaum für eine andere Interpretation entscheiden.

Erschwerend kommt hinzu, dass in den Augen der Ehefrau ein ganz anderer Aspekt der Nachricht besonders wichtig sein kann als in den Augen ihres Mannes. Ihr Mann hatte vielleicht vor allem den Appellaspekt im Sinn, weil er ihr Arbeit abnehmen wollte. Sie hingegen springt vor allem auf den Beziehungsaspekt an und fühlt sich gegängelt. Die jeweils übrigen Aspekte der Nachricht werden so in den Hintergrund gedrängt und bekommen nicht die ihnen zustehende Aufmerksamkeit. Das vergrößert das Missverständnis noch.

Übrigens geht es hier nicht nur um gesprochene Nachrichten. Treffen Menschen aufeinander, wird immer kommuniziert, auch wenn sie nichts sagen. Auch ein Schweigen teilt dem Gegenüber eine Nachricht mit, die alle genannten vier Aspekte aufweist.

Weitere häufige Ursachen für Missverständnisse

- Wenn sprachliche und nicht sprachliche Bestandteile einer Nachricht (Mimik, Gestik, Tonfall, Körpersprache) einander widersprechen, entsteht Verwirrung, weil die Sachinformation nicht mit den anderen drei Aspekten der Nachricht in Einklang zu bringen ist. Sagt Ihr Gegenüber zum Beispiel mit matter Stimme und trübem Gesichtsausdruck »Ich freue mich, dich zu sehen« und blickt dabei konsequent an Ihnen vorbei, wird es schwer, eine stimmige Interpretation der Nachricht zu entwickeln. Ist der Sprecher gerade nur in Gedanken und etwas abgelenkt, aber tatsächlich durchaus erfreut über das Wiedersehen? Oder ist die Aussage bloß eine bedeutungslose Floskel? Oder will er mit dem demonstrativen Ausweichen des Blickkontakts sogar Ablehnung signalisieren?

- Missverständnisse entstehen auch, wenn die Nachricht im Widerspruch zu ihrem Kontext steht. Sie fragen beispielsweise eine Freundin, wie ihr das Buch gefallen hat, das Sie ihr geschenkt haben. Sie antwortet »Toll, ich hab es regelrecht verschlungen«, obwohl Sie das Geschenk ungeöffnet im Regal liegen sehen. Sie sind verletzt, weil Ihre Freundin sich offensichtlich nicht für Ihr Geschenk interessiert und Sie auch noch anlügt. Vielleicht ist es ihr aber auch selbst unangenehm, dass sie das Geschenk einfach vergessen hat. Oder sie flunkert, weil Sie sie nicht in Verlegenheit bringen will – schließlich haben Sie ihr dasselbe Buch im letzten Jahr schon einmal geschenkt …

- Auch die Herkunft der Gesprächspartner aus unterschiedlichen Schichten oder Kulturkreisen kann eine Quelle für Missverständnisse sein, weil Redewendungen, Symbole, Rituale, Umgangsformen etc. voneinander abweichende Bedeutung haben können.

- Eine weitere Quelle sind sogenannte korrelierende Botschaften. Das sind Botschaften, die häufig bei einer bestimmten Aussage mitschwingen und deshalb immer mitgedacht werden, selbst dann, wenn sie im aktuellen Fall vielleicht nicht mitgemeint sind. So hören wir in einer Aufforderung häufig den Vorwurf mit, dass wir das schon längst hätten erledigt haben sollen – auch wenn unser Gegenüber uns diesen Vorwurf gar nicht machen will. Für den Sprecher kann es sogar sehr schwierig oder unmöglich sein, eine Aufforderung auszusprechen, ohne dass darin ein Vorwurf mitzuschwingen scheint. Er hat im Grunde keine Chance.

- Vorurteile verleiten uns häufig dazu, die Aussagen und Botschaften stärker wahrzunehmen, die dieses Vorurteil unterstreichen, als solche, die das Vorurteil widerlegen. Das tatsächlich Gemeinte kann so unter Umständen von unserem Vorurteil überlagert werden.

- Wenn bestimmte Botschaften nicht in unser Weltbild und in unsere Denkmuster passen, interpretieren wir sie manchmal so lange, bis wir sie passend gemacht haben. Neuen Interpretationsmöglichkeiten, die unser Weltbild möglicherweise verändern würden, verschließen wir uns dann. Auch das kann zu Fehlinterpretationen und Missverständnissen führen.

- Und natürlich kann es auch Störungen bei der Übermittlung der Sprachnachricht geben (schwer verständlicher Dialekt, schlechte Telefonverbindung, undeutliches Sprechen, unverständlicher Satzbau etc.), die dann Missverständnisse verursachen.

Damit wir uns besser verstehen

Um einander besser zu verstehen und Missverständnisse zu vermeiden, ist es wichtig, alle vier Seiten der Nachricht – Sach-, Beziehungs-, Selbstoffenbarungs- und Appellaspekt – gleichermaßen wahrzunehmen. Friedemann Schulz von Thun nennt das die erforderliche »Vier-Ohrigkeit« des Empfängers. Doch da wir häufig nur einen Aspekt wahrnehmen, können wir einander oft nicht richtig und vollständig verstehen. Dass es uns so schwerfällt, alle vier Seiten einer Nachricht zu beachten, liegt auch daran, dass in vielen Zusammenhängen – zum Beispiel im Berufsleben – vor allem der Sachaspekt betont wird und alle anderen Aspekte an den Rand gedrängt werden. Wir sind einfach ein bisschen aus der Übung, was die Wahrnehmung der drei übrigen Seiten der Nachricht betrifft.

Ein erster Schritt, um wieder etwas in Übung zu kommen, ist das ganz bewusste Kommunizieren und Wahrnehmen von Kommunikationsvorgängen und das Sich-Öffnen für alternative Interpretationsmöglichkeiten. Wir sollten uns bewusst machen, dass unsere Interpretationen vor allem ein Produkt unserer eigenen Vorstellungen und Erwartungen – und oft vor allem unserer eigenen Empfindlichkeiten – sind und sowohl zutreffend als auch unzutreffend sein können. Mit dieser Erkenntnis im Kopf wird es uns leichterfallen, auch andere Möglichkeiten in Betracht zu ziehen, wie eine Nachricht zu verstehen ist. Kenne ich meine eigenen wunden Punkte – zum Beispiel meinen Hang zur Schusseligkeit – und weiß ich, dass ich auf diesbezügliche Vorhaltungen gerne empfindlich reagiere, kann ich mich leichter von dem Automatismus lösen, in allem immer den Vorwurf der Schusseligkeit zu hören. Genauso sollte ich das Bild, das ich mir von meinem Gegenüber mache, hin und wieder hinterfragen – nur so kann ich meine eingeschliffenen Reaktionsweisen aufdecken, die mich an alternativen Interpretationen hindern.

Für ein besseres gegenseitiges Verständnis ist es wichtig, sich für alternative Interpretationsmöglichkeiten zu öffnen.

Hilfreich ist dabei auch die Erkenntnis, dass Missverständnisse normal und kein Fauxpas sind, für den man sich schämen müsste oder an dem man Schuld haben könnte. Es sollte daher ein Leichtes sein, ein mögliches Missverständnis anzusprechen, dem anderen die eigene Interpretation der Nachricht mitzuteilen und so eine Klärung der Sache herbeizuführen. Sollte – ist es aber nicht. Oft gehen wir von der schlimmsten möglichen Interpretation einer Nachricht aus und sind sofort emotional angeschlagen. Wir hören Vorwürfe, wo Hilfestellungen angeboten werden. Wir hören, wie der andere mit Trennung droht, obwohl er tatsächlich nur eine Unzufriedenheit aus der Welt schaffen will. Wir hören Neid, wo der andere Anerkennung ausdrücken will. Und so weiter und so fort. Aus Angst, das Schlimmste noch zu befördern, wenn wir es ansprechen, und so Konflikte heraufzubeschwören, halten wir uns lieber zurück.

Missverständnisse sind kein Fauxpas, für den man sich schämen müsste.

Doch tatsächlich belastet und vergiftet das Unausgesprochene eine Beziehung. Erst das Ausgesprochene ermöglicht einen offenen Austausch und eine Klärung. Ich kann nicht *wissen*, was mein Gegenüber *tatsächlich* fühlt, denkt und meint. Deshalb muss ich mit ihm darüber sprechen und ihm meine Interpretationen mitteilen, um sie dann mit der Realität abzugleichen. Auch als Empfänger einer Nachricht trage ich dazu bei, dass die Kommunikation gelingt. Dabei gilt es einige Punkte zu beachten:

- Gehen Sie bei Ihrer Interpretation nicht sofort vom Schlimmsten aus.
- Denken Sie an andere Interpretationsmöglichkeiten, die harmloser oder sogar positiv sind. Das hält die Emotionen im Zaum.
- Sprechen Sie mit Ihrem Gegenüber darüber, wie seine Nachricht bei Ihnen ankommt.
- Berücksichtigen Sie dabei alle vier Aspekte der Nachricht.
- Verwenden Sie Ich-Botschaften und unterstellen Sie Ihrem Gegenüber nicht, dass er dieses oder jenes sagen wollte. Machen Sie deutlich, dass es sich um Ihre Interpretation handelt.
- Bitten Sie Ihren Gesprächspartner, Ihnen zu erläutern, wie er die Nachricht *gemeint* hat.
- Machen Sie deutlich, dass Ihr Gesprächspartner seine Sicht der Dinge frei äußern kann, auch wenn sie im Widerspruch zu Ihrer Auffassung steht.
- Hören Sie aufmerksam zu. Nutzen Sie das aktive Zuhören, um das gegenseitige Verständnis zu verbessern.
- Bleiben Sie aufgeschlossen gegenüber der Darstellung des anderen.

- Sprechen Sie etwaige Missverständnisse offen an.
- Besprechen Sie gegebenenfalls die Faktenlage und klären Sie Widersprüche in den Interpretationen auf.
- Zeigen Sie Bereitschaft, Ihre Interpretation zu ändern, falls es gute Gründe dafür gibt.

Doch nicht nur ein solches Feedback kann Missverständnisse verhindern oder aufklären. Auch die Metakommunikation kann den Beteiligten helfen, Störungen im Gespräch zu erkennen und aufzulösen.

Unter Metakommunikation versteht man die Kommunikation über die Kommunikation, also ein Gespräch darüber, wie wir miteinander sprechen. Sie ist ein wichtiges Hilfsmittel, um Unausgesprochenes zu thematisieren und Missverständnisse und Störungen aufzudecken. Bei der Metakommunikation werden der Verlauf des Gesprächs, auffällige Gesprächsereignisse, Besprochenes und Nichtbesprochenes, Gesprächsergebnisse sowie das Verhalten und die Gefühle der Gesprächspartner thematisiert. Dabei wahren die Beteiligten einen gewissen Abstand zum ursprünglichen Gespräch. Das erleichtert es ihnen, Schwachstellen, Störungen oder Missverständnisse zu erkennen, zu analysieren und zu beheben. Außerdem ist es dann einfacher, über die Beziehungs-, Selbstoffenbarungs- und Appellaspekte einer Nachricht zu sprechen und etwaige Fehlinterpretationen aufzuklären.

Vertrauensverlust infolge von Missverständnissen

Missverständnisse können zu einer Belastung von Beziehungen führen. Außerdem kosten sie Zeit (und oft auch Geld) und es kommt zu einem Vertrauensverlust. Wer glaubt, sich im Gespräch über einen Sachverhalt korrekt verständigt zu haben und daraus bestimmte Handlungen ableitet,

⇨

wird bitter enttäuscht sein, wenn er einige Zeit später feststellen muss, dass die »Vereinbarung« nicht umgesetzt wurde. Das Vertrauen ist erschüttert und zwischen den Gesprächspartnern kommt es zum Streit – der eine ist erbost, weil nicht das passierte, was er erwartet hatte, der andere, weil er empörte Vorwürfe zu hören bekommt, obwohl er sich doch keiner Schuld bewusst ist. Missverständnisse sind, wenn sie nicht zügig aufgeklärt werden, oft der Beginn von ernsthaften Konflikten. Bei wichtigen Vereinbarungen kann es Ihnen viel Ärger ersparen, wenn Sie sich vergewissern, dass Ihr Gesprächspartner und Sie selbst alles richtig verstanden haben. Manchmal reicht es schon, wenn der eine »bis Juni« gesagt und der andere »bis Juli« verstanden hat, um beide in eine unangenehme Situation zu bringen.

Wenn Botschaften zu Gesprächskillern werden

Es gibt neben dem klassischen Missverständnis auch andere Störungen, die eine offene und lösungsorientierte Kommunikation verhindern. So kann zum Beispiel einer der Gesprächspartner den Eindruck gewinnen, dass der andere ihn lenken und verändern will – wogegen er dann Widerstände aufbaut. In diesem Zusammenhang sind die sogenannten Kommunikationssperren von Thomas Gordon* bekannt. Der Sprecher sendet Botschaften, mit denen er das Verhalten seines Gegenübers beeinflussen und ihn verändern will. Für den so Angesprochenen bedeutet dies vor allem einen Eingriff in seine Autonomie, einen Mangel an Akzeptanz und Wertschätzung und somit einen Angriff auf seine Persönlichkeit. Eine konstruktive Gesprächsführung wird damit verhindert. Tho-

* Gordon, Thomas: Managerkonferenz. München: Heyne, 2005, S. 83ff.

mas Gordon hat insgesamt zwölf solcher Kommunikationssperren identifiziert:

1. Befehlen, anordnen, auffordern
   Du musst das tun; ich erwarte von dir …
2. Warnen, mahnen, drohen
   Wenn du das tust, dann wird …; ich warne Sie: …; versuchen Sie lieber gar nicht erst …
3. Moralisieren, predigen, beschwören
   Sie müssen unbedingt …; es ist deine Pflicht …
4. Beraten, Vorschläge machen, Lösungen liefern
   Du kannst das doch lieber so machen …; ich zeige dir, wie das geht; das geht ganz einfach, warte …
5. Durch Logik überzeugen, Vorträge halten, Gründe anführen
   Daraus folgt doch ganz eindeutig …; die Entscheidung ist klar, denn …
6. Urteilen, kritisieren, widersprechen, Vorwürfe machen
   Da hättest du besser aufpassen müssen; das stimmt so nicht; das war Ihr Fehler.
7. Loben, zustimmen, schmeicheln
   Das hast du wirklich gut gemacht; für Sie ist das doch kein Problem; ich bin wie immer ganz deiner Meinung.
8. Beschimpfen, lächerlich machen, beschämen
   War ja klar, dass du das nicht hinbekommst; Sie können ja gar nichts.
9. Interpretieren, analysieren, diagnostizieren
   Im Grunde genommen meinen Sie doch, dass …; dir fehlt es ganz eindeutig an Durchsetzungskraft.
10. Beruhigen, Sympathie äußern, trösten, aufrichten
    Das wird schon wieder; mach dir mal keine Sorgen.
11. Forschen, fragen, verhören
    Wieso hast du das so gemacht? Wer hat dir geholfen? Warum hast du nicht …?
12. Ablenken, ausweichen, aufziehen
    Man könnte aber auch erst einmal überlegen, ob …; das tut jetzt

nichts zur Sache, lassen Sie uns lieber darüber sprechen, wie Sie ...; na, da ist aber jemand mit dem falschen Fuß aufgestanden.

Für eine diplomatische Kommunikation, bei der die Beziehung zum Gesprächspartner möglichst nicht belastet wird, heißt das: Schärfen Sie Ihr Bewusstsein dafür, wie solche Botschaften auf das Gegenüber wirken können und inwieweit Sie selbst dazu neigen, Ihren Gesprächspartnern in der von Gordon beschriebenen Weise gegenüberzutreten. Das verringert die Gefahr von Störungen im Gespräch und erhöht die Chance, erfolgreiche und zufriedenstellende Gespräche zu führen.

Diese Kommunikationssperren zu vermeiden, ist allerdings nicht immer ganz einfach. Wir setzen sie durchaus auch unabsichtlich ein beziehungsweise sogar mit guter Absicht. Ein Beispiel dafür sind die vielen gut gemeinten Ratschläge, die Menschen in allerbester Absicht ihren Freunden oder Kollegen geben – gern auch unaufgefordert. Ratschläge vermitteln dem Empfänger jedoch oft die Botschaft, dass das Problem doch letztlich ganz einfach zu bewältigen ist, und enthalten die unterschwellige Vorhaltung, dass er ja nun auch längst selbst hätte auf diese Lösung kommen können. Statt also den Gesprächspartner, sein Problem und dessen Tragweite ernst zu nehmen, wird das Ganze mit einem schnellen Lösungsvorschlag (ungewollt) heruntergespielt und dem Gesprächspartner (ungewollt) auch noch fehlende Lösungskompetenz unterstellt. Da wundert es kaum, wenn er wenig begeistert auf den Ratschlag reagiert.

Grundsätzlich hören wir es nicht so gern, wenn uns jemand sagen will,

- was wir sind oder nicht sind,
- was wir tun sollen,
- wie wir sein sollen und
- was wir einsehen sollen.

Der Grund dafür ist, dass unsere eigenen Bedürfnisse, Interessen und Ansichten dabei übergangen werden. Unser Gesprächspartner betrachtet dann vor allem seine Ansichten als richtig und wertet damit indirekt unsere Ansichten ab. Darauf reagieren wir dann meist mit Widerstand, der schließlich zum Konflikt eskalieren kann.

Das beste Mittel gegen den unabsichtlichen Einsatz dieser Kommunikationssperren ist eine gute Gesprächsführung, die von Empathie, Unvoreingenommenheit und aktivem Zuhören geprägt ist.

17. Verhärtete Fronten – vom Umgang mit ernsthaften Konflikten

Bereits im letzten Kapitel haben wir gesehen, dass schon aus einem simplen Missverständnis schnell ein handfester Konflikt entstehen kann. Wenn das geschieht, besteht Handlungsbedarf. Wird auf Konflikte falsch – oder gar nicht – reagiert, entwickeln sie unter Umständen eine solche Dynamik, dass sich binnen Kurzem zwei unversöhnliche Parteien gegenüberstehen, die jeweils an verhärteten Fronten kämpfen. Damit es so weit nicht kommt, ist es wichtig, Konflikten angemessen zu begegnen. Was das genau bedeutet, werden wir im Folgenden klären.

Worst Case: Beziehungsabbruch

Doch beginnen wir zunächst einmal mit dem schlechtesten anzunehmenden Ausgang eines Konflikts: dem Beziehungsabbruch. Wenn ein Konflikt eskaliert und sich bei einem Streit so viel Wut, Ärger und Enttäuschung ansammeln, dass die Beteiligten partout nichts mehr miteinander zu tun haben wollen, dann scheint der Abbruch der Beziehung der letzte mögliche Ausweg zu sein. Dabei verschleiert das recht sachlich klingende Wort »Beziehungsabbruch« jedoch ein wenig, welche Dramatik in der Regel hinter einem solchen Vorgang steckt. Diese wird deutlich, wenn man sich einige konkrete Fälle von Beziehungsabbrüchen vor Augen führt:

Ein Arbeitsverhältnis oder eine Geschäftsbeziehung wird beendet, jemand verlässt seinen Lebenspartner und reicht die Scheidung ein, eine Freundschaft zerbricht, Familienbande werden zerrissen oder ein Staat zieht seine Diplomaten ab und lehnt weitere diplomatische Gespräche und Verhandlungen ab. Jedes dieser Ereignisse hat für die Beteiligten zumeist schwerwiegende praktische und / oder emotionale Folgen.

Der Beziehungsabbruch ist der denkbar schlechteste Ausgang eines Konflikts.

Und was wäre im Gegenzug damit erreicht? Im Grunde nichts – außer dass die Beteiligten sich nicht mehr gegenübertreten müssen. Der Konflikt wurde nicht geklärt, die Ursache für den Konflikt existiert immer noch, für den sachlichen Gegenstand der Auseinandersetzung wurde auch keine Lösung gefunden. Oft kämpfen die Beteiligten lange mit der emotionalen Erschütterung, die eine solche Eskalation erzeugt, und mit den ganz praktischen Notwendigkeiten, die sich aus dem Beziehungsabbruch ergeben (neuen Arbeitsplatz finden, neue Geschäftsbeziehungen aufbauen, gemeinsame Wohnung auflösen etc.).

Ein Abbruch ist also der absolute Worst Case in Sachen Beziehung und Diplomatie und für diplomatisch agierende Menschen daher nur dann eine Option, wenn gar nichts mehr geht. Nur wenn der andere absichtlich immer wieder Grenzen überschreitet (lügt, beleidigt, manipuliert, Vertrauen missbraucht etc.) und absolut keine Chance auf irgendeine Verständigung besteht, greifen Diplomaten zu diesem Mittel, um die Einhaltung bestimmter Grenzen durchzusetzen und so auch ihre eigene Souveränität zu wahren.

Zu all den Schwierigkeiten, die mit einem Beziehungsabbruch verbunden sind, kommt hinzu, dass er in vielen Fällen gar nicht so einfach zu realisieren ist. Manchmal ist es uns sogar überhaupt nicht möglich – oder nur unter Inkaufnahme großer Schwierigkeiten oder Nachteile –, den Kontakt zu jemandem vollständig abzubrechen. Mit unserem Lebenspartner sind wir zum Beispiel auch nach einer Trennung weiterhin gemeinsam für die Erziehung der Kinder zuständig, sodass der persönliche Kontakt unvermeidlich ist. Auch eine zerbrochene Freundschaft beendet nicht automatisch den Kontakt zueinander, schließlich hat man häufig einen gemeinsamen Freundes- und Bekanntenkreis, innerhalb dessen man sich auch zukünftig noch begegnen wird. Und die Folgen, die ein Abbruch von diplomatischen Beziehungen zwischen zwei Staaten hat, erzeugen häufig sogar neue Spannungen oder rufen Verbündete auf den Plan, was zu weiteren Verwicklungen führen kann.

Ein Beziehungsabbruch ist nicht so ohne Weiteres umzusetzen und bringt viele, zum Teil dramatische, Konsequenzen mit sich.

Ein Beziehungsabbruch ist also ganz offensichtlich keine sinnvolle Strategie für den Umgang mit Konflikten. Besser ist es, Vorgehensweisen zu entwickeln, bei denen sich die Beteiligten hinterher noch in die Augen schauen können.

Unnötigen Konflikten vorbeugen

Der diplomatischste Umgang mit einem Konflikt besteht darin, dass man ihn gar nicht erst entstehen lässt. Das ist durchaus machbar. Die Ursachen für einen Konflikt sind ja zumeist nicht in objektiven Gegebenheiten zu finden, sondern in der Beziehung und den Emotionen sowie dem Verhalten und der Kommunikation der Beteiligten. Menschen mit diplomatischem Geschick wissen das, agieren dementsprechend und beugen so unnötigen Konflikten vor.

All das, was Sie in diesem Buch bisher bereits über Kommunikation, die innere Einstellung zum Gegenüber und das persönliche Auftreten gelesen haben, fördert ein konfliktfreies Miteinander. Wer authentisch, glaubwürdig und verlässlich auftritt, aufmerksam und mit Einfühlungsvermögen kommuniziert, dem Gegenüber unvoreingenommen und mit Wertschätzung begegnet, der kann damit das Entstehen von Konflikten verhindern. Denn so wird vielen Konfliktursachen die Grundlage entzogen.

Um Konflikten vorzubeugen,

- übernehmen diplomatische Menschen ganz bewusst die Verantwortung für ihre Entscheidungen und Handlungen;
- setzen sie nie ihre persönliche Glaubwürdigkeit aufs Spiel und erweisen sich stets als vertrauenswürdig;
- stehen sie zu ihren Zusagen;
- gehen Menschen mit diplomatischem Geschick offen mit ihren eigenen Fehlern um und stehen für die Folgen gerade;
- sind sie bereit, die Dinge auch aus anderen Perspektiven zu betrachten und Handlungsalternativen in Betracht zu ziehen;
- begegnen sie anderen Menschen unvoreingenommen und mit einem hohen Maß an Toleranz.

Zu den häufigen Konfliktursachen zählen zum Beispiel:

- das Fehlen oder das Scheitern von Kommunikation
- unfaire Kommunikation / Gesprächsführung
- Informationsdefizite / Intransparenz
- unterschiedliche Wertvorstellungen
- unterschiedliche Ziele
- Konfliktverdrängung
- Entscheidungsschwäche
- fehlende Akzeptanz und Wertschätzung
- Ungerechtigkeiten
- Unzuverlässigkeit, Unglaubwürdigkeit, Misstrauen
- Unter- und Überforderung
- unklare Verantwortlichkeiten
- Vorurteile und Empfindlichkeiten
- unklare Machtverhältnisse / Machtkämpfe
- unklare Kompetenzen / Zuständigkeiten
- Unaufmerksamkeit / Ignoranz

- negative Einstellung zum Gegenüber
- Lügen, Beleidigungen, persönliche Angriffe

Sinnvolle Konflikte zulassen und austragen

Doch nicht alle Konflikte sind unnötig. Manche sind durchaus sinnvoll und haben eine bestimmte Funktion, weshalb die Konfliktvermeidung in diesen speziellen Fällen nicht immer erstrebenswert ist. So können ausgetragene Konflikte zum Beispiel dazu beitragen, die Unterschiede zwischen den Beteiligten zu nutzen – auf diese Weise werden wiederum neue Ideen und Lösungen geboren, weil sich durch die Auseinandersetzung mit dem jeweils anderen Standpunkt neue Perspektiven entwickeln. Konflikte können auch dazu führen, dass Unterschiede oder Meinungsverschiedenheiten ausdrücklich akzeptiert werden oder an Bedeutung verlieren. Das festigt Beziehungen. Manchmal treten Unterschiede und verschiedene Ansichten auch durch die Auseinandersetzung bei der Konfliktbearbeitung zutage und werden so überhaupt erst wahrgenommen und in die Auseinandersetzung mit einbezogen. Das ermöglicht es nun, die Interessen und Bedürfnisse aller Beteiligten zu berücksichtigen. Oft stoßen Konflikte wichtige Veränderungsprozesse an, bei denen alte und eingefahrene Gewohnheiten und Muster überwunden werden. Konflikte erfüllen also durchaus wichtige Funktionen im sozialen Miteinander. Dies setzt aber voraus, dass sie erfolgreich ausgetragen und gelöst werden.

Die Vermeidung von Konflikten ist nicht in jedem Fall sinnvoll. Es gibt Konflikte, die ausgetragen werden sollten.

Gute zwischenmenschliche Beziehungen zeichnen sich unter anderem dadurch aus, dass sie auch bei bestehenden Meinungsverschiedenheiten funktionieren und niemandem irgendwelche fremden Überzeugungen aufgezwungen werden. Eine gute Beziehung bedeutet daher nicht, dass stets gegenseitiges Einverständnis herrscht. Das wäre nur für den Preis zu haben, dass Meinungsverschiedenheiten geleugnet oder ignoriert werden. Das würde auf die Dauer nicht gut gehen und eine Beziehung eher gefährden als fördern.

In guten Beziehungen werden Konflikte ausgetragen, denn Meinungsverschiedenheiten werden als normaler Bestandteil des Beziehungslebens betrachtet.

In einer stabilen Beziehung werden die Interessen und Wertvorstellungen aller Beteiligten berücksichtigt. Sie finden für Auseinandersetzungen oder Konflikte Lösungen, die weder einen Gewinner noch einen Verlierer kennen, sondern eine klassische Win-win-Situation herstellen und von beiden Seiten als zufriedenstellend und gerecht empfunden werden. Auf diese Weise tragen gelöste Konflikte zur Stabilisierung einer Beziehung bei und fördern das gegenseitige Verständnis und Vertrauen. Doch bevor ein Konflikt bearbeitet werden kann, müssen die Beteiligten erst einmal erkennen, dass sie sich in einem Konflikt befinden.

Erste Anzeichen für einen schwelenden Konflikt sind zum Beispiel:

- zunehmende Ungeduld im Umgang miteinander
- unterschwellige Aggressionen in Gesprächen
- viele sarkastisch oder ironisch gefärbte Bemerkungen
- beharrliches Festhalten am eigenen Standpunkt
- Vorschläge des anderen werden grundsätzlich abgelehnt
- gegenseitige Vorwürfe, einander nicht zu verstehen
- Aussagen des anderen werden falsch wiedergegeben
- negative Äußerungen über den Partner gegenüber Dritten

Aufmerksame Menschen werden diese Anzeichen zu deuten wissen und bereits jetzt ein klärendes Gespräch anstreben. Werden diese Hinweise jedoch übersehen und tritt der Konflikt offen zutage, ohne dass die Beteiligten an einer Lösung arbeiten, durchläuft er mehrere »Wachstumsphasen«, die von steigender Destruktivität und zunehmender Verhärtung der Fronten gekennzeichnet sind. Eine kleine Meinungsverschiedenheit entwickelt sich dann nach und nach zu einem Konflikt, bei dem die Unterschiede der Beteiligten immer deutlicher zum Tragen kommen und die Gemeinsamkeiten mehr und mehr in den Hintergrund treten. Auf dem Höhepunkt der Eskalation geht es dann nur noch darum, die eigenen Interessen um jeden Preis durchzusetzen und keinen Millimeter von der eigenen Position abzurücken. Ist es erst einmal so weit gekommen, wird es ohne Hilfe von außen kaum gelingen, eine Lösung herbeizuführen.

Unerkannte oder ungeklärte Konflikte können eine dramatische Dynamik entwickeln, die die Beziehung der Beteiligten schwer belasten oder sogar zerstören kann.

Den Beteiligten ist es dann kaum noch möglich, sachlich miteinander zu reden, da die Sache selbst gar nicht mehr zur Debatte steht und die sachlichen Argumente auch kaum noch eine Rolle spielen. Stattdessen stehen Kränkungen und verletzte Gefühle im Zentrum der Aufmerksamkeit. In der Folge sind die Streitenden gar nicht mehr in der Lage, einander zuzuhören, was wieder neue Missverständnisse, Fehlschlüsse und Kränkungen hervorruft. Sämtliche Äußerungen des anderen werden als Angriff oder als Vorwurf interpretiert und keiner der Beteiligten lässt ein gutes Haar am anderen. Und das einzige Ziel besteht darin, die andere Partei als Schuldigen zu überführen. Um eine Lösung des Konflikts geht es schon lange nicht mehr. Im schlimmsten Fall greifen die Beteiligten zu Intrigen oder anderen unfairen Mitteln, die schließlich zum Beziehungsabbruch führen können.

Doch so weit muss es nicht kommen. Ein klärendes Konfliktlösungsgespräch kann das Fortschreiten dieser destruktiven und dramatischen Entwicklung aufhalten und die letzte Eskalationsstufe verhindern, indem es eine Lösung des Konflikts herbeiführt.

Konflikte sind teuer

Durch ungelöste Konflikte werden nicht nur Beziehungen beschädigt, sie kosten obendrein auch noch Geld. Ein Nachbarschaftsstreit, der vor Gericht landet, muss schließlich auch bezahlt werden, eine Scheidung ebenfalls. Und selbst die vielen kleineren Konflikte führen letztlich oft dazu, dass jemand in die Tasche greifen muss. Der Gesamtschaden im privaten Bereich lässt sich nicht genau bemessen, aber er ist sicherlich immens. Für den wirtschaftlichen Schaden, der deutschen Unternehmen als Folge ungelöster Konflikte und Mobbing entsteht, gibt es hingegen Zahlen: Je nach Berechnungsgrundlage entsteht der Wirtschaft jährlich ein Schaden zwischen 3,5 und 10,5 Milliarden Euro. Diese Kosten entstehen zum Beispiel durch:

- Demotivation
- innere Kündigung
- mehr Krankheitstage
- abnehmende Kreativität und Initiative
- erhöhte Mitarbeiterfluktuation
- abspringende Kunden
- Qualitätsminderungen
- geringere Produktivität und Effizienz
- Prozesskosten und erhöhter Verwaltungsaufwand
- Imageschaden für das gesamte Unternehmen
- Fehlentscheidungen
- mehr Fehler, Pannen, Sabotage

Weil mithilfe der Diplomatie viele Konflikte erst gar nicht entstehen und schwelende Konflikte schneller gelöst werden, ist ein diplomatisches Auftreten auch rein ökonomisch betrachtet überaus sinnvoll.

Das Konfliktlösungsgespräch

Auch in einem Konfliktlösungsgespräch gelten zunächst einmal die Grundregeln einer gelungenen Kommunikation und einer gekonnten Gesprächsführung, die Sie bereits kennen. Hinzu kommen jedoch einige Besonderheiten.

Grundvoraussetzung für ein Konfliktlösungsgespräch: Nur wenn beide Parteien akzeptieren, dass es einen Konflikt gibt, und eine Lösung erzielen wollen, hat ein Klärungsgespräch Aussicht auf Erfolg.

Vor dem Gespräch: Vor dem Gespräch ist es wichtig, die eigenen Emotionen unter Kontrolle zu bringen, um die Auseinandersetzung nicht emotional erregt, sondern sachlich und vernünftig führen zu können. Dabei hilft eine vorangestellte Analyse. So erhält man einen gewissen (emotionalen) Abstand zum Geschehen, wodurch es leichter wird, sich ein sachliches Bild von der Situation zu machen. Folgende Fragen sollten dabei beantwortet werden:

- Was ist der sachliche Gegenstand des Konflikts? Worum wird gestritten? Welches Problem gilt es zu lösen?
- Wer ist an dem Konflikt beteiligt?
- Welche Ursache liegt dem Konflikt zugrunde?
- Welche Auswirkungen hat der Konflikt?
- Wo liegt der emotionale Anteil des Konflikts?
- Welche besonderen Empfindlichkeiten gibt es bei den einzelnen Parteien?
- Was wurde bisher von den Beteiligten gesagt? Was haben sie damit gemeint und welche Botschaften kamen tatsächlich beim Gegenüber an?

Die Gesprächsführung: Die Art der Gesprächsführung und die Herangehensweise an den Lösungsprozess haben großen Einfluss auf das Gelingen der Konfliktbearbeitung, da sie stark auf die Beziehungsebene einwirken. Daher kommt es im besonderen Maße auf eine einfühlsame, faire, kooperative und wertschätzende Kommunikation an. Unangebracht und kontraproduktiv sind vorschnelle Lösungsversuche (»Die Sache ist ja ganz klar. Wir sollten also einfach …«) oder Holzhammermethoden nach dem Motto »Raus mit der Sprache – jetzt schaffen wir das aber ein für alle Mal aus der Welt«.

Der Gesprächseinstieg: Bei einem guten Gesprächseinstieg gelingt es, eine konstruktive und offene Gesprächssituation herzustellen. Höflichkeit, Aufrichtigkeit, Direktheit und geeignete Rahmenbedingungen (Störungen ausschließen, Zeitdruck vermeiden etc.) sind hier entscheidend, um ein vertrauensvolles Gesprächsklima zu fördern. Außerdem werden der Anlass und die Ziele des Gesprächs besprochen.

Vertrauensbildung und Verstehen: In der Anfangsphase des Gesprächs geht es in erster Linie um die Vertrauensbildung und das gegenseitige Verstehen. Deshalb ist es wichtig, sehr präzise zu kommunizieren, dem Gegenüber aufmerksam zuzuhören und durch aktives Zuhören und Nachfragen Missverständnisse zu vermeiden beziehungsweise umgehend aufzuklären. Beide Parteien erläutern ihre Sicht der Dinge, jedoch noch ohne darüber in einen Dialog zu treten. Sie verwenden Ich-Botschaften und vermeiden konsequent Generalisierungen, Vorwürfe, Appelle und vorgezogene Lösungsvorschläge.

Der Konfliktdialog: Ziel des eigentlichen Konfliktdialogs ist es, gemeinsam eine Lösung zu finden, die das Problem aus der Welt schafft und für beide Seiten einen Gewinn darstellt, sodass keiner als Sieger oder Verlierer aus dem Konflikt hervorgeht. Gegenseitige Wertschätzung, Akzeptanz und das aufrichtige Ernstnehmen der Standpunkte, Bedürfnisse und Interessen des jeweils anderen sind von größter Wichtigkeit. Es geht darum, die Interessen des Gegenübers zu verstehen und die eigenen Interessen zu verdeutlichen, den Sachverhalt und die emotionalen Gründe des Konflikts zu klären, die Hintergründe zu beleuchten und so auf den Kern des Konflikts zu stoßen. Für einen Lösungsansatz versuchen die

Beteiligten dann, gemeinsame Interessen zu finden und auf dieser Basis eine Konfliktlösung zu entwickeln.

Vereinbarungen treffen: Die gefundene Lösung wird abgesichert, indem die Beteiligten unter Berücksichtigung ihrer jeweiligen Interessen und der bisherigen Gesprächsergebnisse verbindliche Vereinbarungen treffen und die praktische Umsetzung konkretisieren. Diese Absprachen werden noch einmal ausdrücklich zusammengefasst und fixiert, dann wird das weitere Vorgehen vereinbart. Dabei müssen die Details genau besprochen werden und es darf nicht voreilig zu einem Abschluss kommen.

Nach dem Gespräch: Alle Konfliktbeteiligten sollten sich nach dem Gespräch etwas Zeit nehmen, um sich mit dem Gesprächsergebnis auseinanderzusetzen, es zu verarbeiten und zu akzeptieren. So können etwaige Rachegefühle aufgelöst und Enttäuschungen verarbeitet werden. Das ist wichtig, damit alle Konfliktbeteiligten den Vereinbarungen aufrichtig zustimmen und die gefundene Lösung tatsächlich Bestand hat.

Konfliktmediation

Doch manchmal sind die Beteiligten zu einem solchen Klärungsgespräch nicht mehr in der Lage. Der Konflikt ist dann bereits so weit eskaliert, dass sie nicht mehr sachlich und lösungsorientiert miteinander sprechen können. Dann kann das Hinzuziehen eines Mediators, eines ausgebildeten Profis in Sachen Konfliktvermittlung, helfen. Er fungiert dann als neutraler Dritter und soll den Konfliktparteien dabei helfen, neue Möglichkeiten der Auseinandersetzung und Optionen für eine Einigung zu finden, mit der beide Seiten zufrieden sind.

Mediatoren kommen sowohl im Job als auch im Privatleben zum Einsatz, zum Beispiel um juristische Streitfälle außergerichtlich zu klären oder Lösungen für private Beziehungsprobleme zu erarbeiten. Ziel der Mediation ist es, zwischen den Parteien wieder einen echten Dialog und gegenseitiges Verstehen zu ermöglichen, sodass alle zu einer konstruktiven Haltung zurückfinden. Damit sollen tiefe persönliche Verletzungen, Schuldzuweisen und ein möglicherweise drohender Beziehungsabbruch verhindert werden. Auch bei der Mediation geht es darum, eine Win-win-Lösung zu entwickeln, die für alle Seiten akzeptabel und zufriedenstellend ist. Dabei liefern die Mediatoren den Streitenden jedoch nicht einfach eine am Schreibtisch ausgedachte Lösung. Vielmehr helfen sie den Beteiligten dabei, eigenverantwortlich eine Lösung zu entwickeln. Die inhaltliche Verantwortung bleibt also bei den »Streithähnen«, die damit ihre Selbstbestimmung behalten. Das ist wichtig für die Akzeptanz und die zuverlässige Umsetzung der Lösung. Der Mediator übernimmt hingegen die Verantwortung für den konstruktiven und wertschätzenden Verlauf des Konfliktlösungsprozesses.

Mediatoren durchlaufen eine professionelle Ausbildung und können wichtige Hilfestellung bei der Konfliktbewältigung leisten.

Ein Konfliktlösungsgespräch unter der Leitung eines Mediators ähnelt dem »normalen« Konfliktlösungsgespräch, enthält jedoch einige zusätzliche Aspekte, die durch die Person des Mediators eingebracht werden:

Die Regeln festlegen: Mediationsgespräche unterliegen bestimmten Regeln, die die Beteiligten vor dem Gespräch festlegen. Zum Beispiel:

- Alle konzentrieren sich auf die aktuelle Situation und reiten nicht auf Vergangenem herum.
- Persönliche Angriffe sind nicht gestattet.
- Es wird nicht nach einem Schuldigen gesucht.
- Wer spricht, darf ausreden, es sei denn, der Mediator unterbricht ihn.

Den Konflikt konkretisieren: Zunächst wird geklärt, worin der Konflikt konkret besteht. Dabei zeigt sich oft, dass die Konfliktbeteiligten die Situation ganz unterschiedlich wahrnehmen. Es geht an dieser Stelle vor allem darum, dass alle Beteiligten verstehen, was den Konflikt für die anderen ausmacht.

Interessen klären und neue Perspektiven ermöglichen: Bei der Konkretisierung des Konflikts treten auch die Interessen der Parteien zutage, die es nun weiter zu klären gilt. Manchmal zeigt sich, dass einige der jeweiligen Interessen sehr ähnlich oder sogar deckungsgleich sind.

Gemeinsamkeiten hervorheben und Aktivität fordern: Die gefundenen Gemeinsamkeiten sind ein guter Lösungsansatz, weshalb der Mediator die Übereinstimmungen in den Interessen nochmals herausarbeitet und betont. Gleichzeitig macht er den Beteiligten deutlich, dass sie aktiv werden müssen, um eine Lösung herbeizuführen, und nicht darauf warten können, dass der andere nachgibt oder die Sache sich von selbst erledigt.

Konfliktlösung: Bei der Mediation erarbeiten die Konfliktparteien die Lösung eigenverantwortlich. Der Mediator gibt vor allem Hilfestellung und Denkanstöße beim Prozess der Lösungsfindung. Er kann auch versuchen, den Verhandlungsspielraum zu erweitern, indem er anregt, weitere denkbare Alternativen zu entwickeln.

Ergebnis: Bevor nun ein Ergebnis formuliert wird, muss man sicherstellen, dass die Konfliktbeteiligten mit der Lösung sowohl einverstanden als auch zufrieden sind. Ist dies nicht der Fall, wird der Mediator die Parteien darauf hinweisen und Vorschläge für das weitere Vorgehen machen. Mit dem Ergebnis wird auch festgelegt, wie die getroffene Vereinbarung umgesetzt und die Umsetzung kontrolliert wird und wie die Beteiligten künftige Folgekonflikte vermeiden wollen.

Umsetzung in der Praxis: Da die theoretisch ausgearbeiteten Lösungen erst ihre Praxistauglichkeit beweisen müssen, wird die getroffene Vereinbarung zunächst als Test betrachtet. Das Ergebnis wird zwar vereinbarungsgemäß umgesetzt, die Beteiligten haben jedoch die Möglichkeit, noch Verbesserungs- und Änderungsvorschläge einzubringen, falls sich die besprochene Vorgehensweise als nicht praxistauglich erweisen sollte. Mit dem Mediator wird deshalb häufig gleich ein Folgetermin vereinbart, an dem nach zwei, vier oder sechs Wochen die Umsetzung besprochen und bei Bedarf korrigiert werden kann.

18. Heikle Gespräche

Diplomatisches Geschick bewährt sich vor allem dann, wenn es richtig heikel wird. Heikle Gespräche gibt es nicht nur in Konfliktsituationen, sondern auch im täglichen Miteinander. Am liebsten würden wir ihnen aus dem Weg gehen. Beispiele gibt es viele: die Entschuldigung, die uns nicht so recht über die Lippen kommen will, oder eine Unzufriedenheit in der Partnerschaft, die wir nicht anzusprechen wagen, das Kritikgespräch mit einem Mitarbeiter, das der Vorgesetzte seit Wochen vor sich herschiebt, oder der Vorwurf einer engen Freundin, auf den wir keine gute Antwort haben, das Problem mit der Kollegin, für das wir einfach nicht die richtigen Worte finden, um es so auszudrücken, dass sie sich nicht angegriffen fühlt … und so weiter.

Heiklen Gesprächen gehen wir am liebsten aus dem Weg, denn ihr Ausgang ist oft ungewiss. Und das verunsichert uns.

Der Grund für unser Zögern liegt darin, dass bei einem solchen Gespräch viel auf dem Spiel steht (oder zu stehen scheint). Je nachdem, wie es verläuft und zu welchem Ergebnis man kommt, ergeben sich für die Beziehung der Beteiligten positive oder eben negative Folgen. Verläuft das Gespräch gut, könnten im Idealfall alle Unstimmigkeiten geklärt sein. Doch es könnte auch sein, dass die Sache nur noch schlimmer wird, wenn ich sie anspreche. Was ist zum Beispiel, wenn meine Entschuldigung nicht angenommen wird? Dann kommt es vielleicht zu einem offenen Konflikt, der zu eskalieren droht. Oder vielleicht bringe ich, wenn ich meine Unzufriedenheit in der Partnerschaft anspreche, einen Stein ins Rollen, durch den dann auf einmal die ganze Beziehung infrage gestellt wird. Die Situation, wie sie jetzt ist, ist zwar etwas belastet, aber wenigsten noch akzeptabel. Doch wer weiß, wie das nach einer Aussprache wäre! Die Unsicherheit darüber, wie ein heikles Gespräch ausgeht und welche Auswirkungen das hat, führt häufig dazu, dass wir uns lieber mit der aktuellen Situation (mit der wir vertraut sind und die uns nicht verunsichert) arrangieren, als das Wagnis einer Klärung einzugehen.

Heikle Gespräche berühren stets die Beziehung und die Gefühle der Beteiligten, weshalb es uns viel Überwindung kostet, ein solches Gespräch zu führen.

Ein heikles Gespräch bewegt uns zudem emotional sehr stark, da es meistens nicht allein um ein Sachthema geht, sondern in besonderem Maße um die Beziehung und die Gefühle der Beteiligten. Wir haben zum Beispiel die Befürchtung, dem anderen vielleicht zu nahe zu treten, ihn zu verletzen oder selbst verletzt zu werden oder gleich die ganze Beziehung aufs Spiel zu setzen. Auch wissen wir häufig gar nicht, wie der andere die Situation überhaupt sieht. Möglicherweise besteht für ihn gar kein Problem, weil er die Sache ganz anders wahrgenommen hat als wir. Dann würden wir uns mit unserer Initiative vielleicht sogar lächerlich machen oder schlafende Hunde wecken. Sich einem heiklen Gespräch zu stellen, kostet daher viele Menschen Überwindung und setzt sie auch emotional gehörig unter Druck. Das macht es doppelt schwer, klar zu denken und besonnen zu reagieren.

Doch es ist enorm wichtig für jede Art von Beziehung, solche Gespräche zu führen! Die Beteiligten sollten dazu fähig sein, über wichtige und emotional aufgeladene Themen, zu denen sie unterschiedliche Ansichten vertreten, offen zu sprechen. Viele Schwierigkeiten, Kränkungen, Missverständnisse, Verletzungen und Konflikte in Beziehungen sind das Ergebnis nicht geführter oder misslungener Gespräche über heikle Themen.

Bei heiklen Gesprächen steht also in der Tat eine Menge auf dem Spiel – allerdings anders als gedacht. Denn nicht das heikle Gespräch an sich, sondern das *Vermeiden* dieses Gesprächs gefährdet die Beziehung.

Im Dialog bleiben

Der richtige Umgang mit heiklen Gesprächen beginnt deshalb mit einer wichtigen Einsicht: dass es besser ist, ihnen nicht auszuweichen. Doch wir Menschen sind Meister im Entwickeln von Vermeidungs- und Ausweichstrategien. Daher sollten wir uns bewusst machen, auf welche Weise wir uns selbst von heiklen Gesprächen abzuhalten versuchen.

Beliebte Vermeidungsstrategien sind zum Beispiel:

- **So tun, als ob nichts wäre.** Auch wenn allen Beteiligten klar ist, dass eine Sache zwischen ihnen steht, die geklärt werden müsste, tun sie hartnäckig so, als ob nichts wäre. Beide Seiten sind froh, dass der jeweils andere das heikle Thema nicht anspricht. Irritationen, Missverständnisse oder Probleme werden konsequent überspielt. (Meistens allerdings nur so lange, bis es dann zum großen Knall kommt.)

- **Verschleiern der eigenen Meinung.** Wir versuchen, unsere tatsächliche Meinung herunterzuspielen, mehrdeutig auszudrücken oder nur teilweise zu offenbaren, um einer Konfrontation aus dem Weg zu gehen.

- **Die eigene Meinung ganz verschweigen.** Wir halten mit unserer Meinung komplett hinter dem Berg, um keine heikle Situation entstehen zu lassen.

- **Keine andere Meinung zulassen.** Wir versuchen ein Gespräch zu dominieren, damit die Ansichten des Gesprächspartners gar nicht erst zum Tragen kommen und so auch keine Konfrontation entsteht (nicht zu Wort kommen lassen, Monologe halten, abrupter Themenwechsel etc.).

- **Absichtliches Überhören oder Missverstehen von Andeutungen.** Spricht der andere ein heikles Thema andeutungsweise an, tun wir so, als hätten wir das überhört oder ganz anders verstanden.

- **Heikle Themen nur andeutungsweise ansprechen.** Wir machen hinsichtlich eines Problems nur Andeutungen, um den anderen aus der Reserve zu locken und uns selbst im Zweifelsfall auf ein »So hatte ich das gar nicht gemeint« zurückziehen zu können.

Viele dieser oder ähnlicher Vermeidungsstrategien wenden wir eher unabsichtlich an. Deshalb ist es wichtig, sich diese Strategien bewusst zu machen und sich selbst aufmerksam zu beobachten. Diese Aufmerksamkeit für das eigene Verhalten schärft zudem den Blick für das Gegenüber, das natürlich mit den gleichen Strategien aufwarten kann. Und das wäre dann ein sicheres Anzeichen dafür, dass »etwas im Busch ist«.

Eine diplomatische Gesprächsführung macht es leichter, auch bei heiklen Themen miteinander im Dialog zu bleiben.

Statt solche Vermeidungsstrategien anzuwenden, sollte es das Ziel der Beteiligten sein, auch bei sensiblen Themen miteinander im Dialog zu bleiben. Dabei kommen einige der ausschlaggebenden Fähigkeiten von Menschen mit diplomatischem Geschick zum Tragen: Durch eine offene und wertschätzende Gesprächsführung machen sie es ihrem Gesprächspartner leichter, seine Ansichten frei zu äußern. Gleichzeitig gelingt es ihnen, ihre eigene Meinung klar und verständlich auszusprechen. Sie fokussieren sich dabei vor allem auf die Fakten und sehen ihre Interpretationen der Sachlage nicht als die einzig mögliche Betrachtungsweise. Schließlich kann es auch eine andere plausible Erklärung für das Verhalten oder die Reaktionen des anderen geben, die sich im Moment lediglich unserer Kenntnis entzieht.

Dass beispielsweise der Lebenspartner seit ein paar Wochen sehr viel mehr Zeit bei der Arbeit verbringt, muss nicht heißen, dass er der Beziehung aus dem Weg gehen will. Dafür kann es andere und weitaus weniger dramatische Erklärungen geben. Diese lassen sich jedoch nur ergründen, wenn es zu einem Gespräch kommt. Wichtig ist, dass dabei keine vorgefertigten Ansichten regieren, sondern ein offener Austausch über das Problem, die Unzufriedenheit und die Ursachen stattfindet. Deshalb klammern sich diplomatisch agierende Menschen auch nicht hartnäckig an ihre selbst zurechtgelegten Geschichten und Schlussfolgerungen, sondern bleiben offen für neue Informationen und Entwicklungen. Ihnen ist bewusst, dass sie in Wirklichkeit nur das wissen können, was sie selbst gesehen oder gehört haben. Alles andere ist reine Spekulation, solange sie sich mit dem Partner nicht darüber austauschen.

Auf der anderen Seite befassen sie sich auch mit dem, was sie zum Problem beigetragen haben, und richten den Blick auf eine Lösung und nicht auf eine mögliche Schuldzuweisung. So schaffen sie die Grundlagen für einen ergebnisorientierten Dialog, in dem auch in angespannten oder emotional aufgeheizten Situationen alle relevanten Sachverhalte und Ansichten zur Sprache kommen.

Das entscheidende Gespräch

Ein heikles Gespräch beginnt man nun jedoch nicht, indem man mit der Tür ins Haus fällt. Ein Satz wie »Was ich dir schon seit ein paar Tagen mal sagen wollte: Es stört mich total, dass du neuerdings immer bis spätabends im Büro bist« ist wenig geeignet, um einen guten und lösungsorientierten Dialog zu starten. Vergessen Sie nicht, auch für den Gesprächspartner geht es um eine sensible Sache. Geben Sie ihm die Chance, sich darauf einzustellen. Allerdings sollten Sie auch nicht zu vorsichtig und verklausuliert formulieren, denn dann besteht die Gefahr, dass Ihr Gegenüber gar nicht versteht, dass Sie auf etwas Wichtiges hinauswollen. Formulieren Sie stattdessen offen und unmissverständlich Ihr Anliegen, ohne einen Vorwurf oder einen Angriff daraus zu machen, zum Beispiel so: »Mich beschäftigt seit einiger Zeit, dass du oft sehr lange im Büro bist. Ich möchte mit dir gern über die Gründe dafür sprechen.« Ist die Situation sehr angespannt oder ist Ihr Partner aktuell mit anderen wichtigen Dingen befasst, verabreden Sie mit ihm einen verbindlichen Termin für das Gespräch, damit auch er sich darauf vorbereiten kann. Beachten Sie außerdem:

- Begegnen Sie Ihrem Gesprächspartner mit Wertschätzung und Interesse an seiner Meinung, sodass er selbst offen und ehrlich sprechen kann. Fragen Sie ganz direkt nach seiner Meinung. (»Wie ist das für dich, dass ich manchmal schon schlafe, wenn du erst spät am Abend von der Arbeit kommst?«)

- Ermutigen Sie ihn, seine Sicht auf die Dinge zu äußern, und versuchen Sie, ihn wirklich zu verstehen. (»Für mich ist noch nicht ganz klar geworden, warum dieses Projekt so wichtig ist für dich und deine Kollegen. Kannst du mir das genauer erklären?«)

- Machen Sie deutlich, dass Sie Ihre Ansichten in den Dialog einbringen, um gemeinsam zu einer Lösung zu kommen, nicht, um Ihre Meinung durchzusetzen. (»Ich möchte dir erklären, warum ich unzufrieden bin, damit du mich besser verstehst und wir dann zusammen überlegen können, welche Möglichkeiten es gibt, damit wir beide zufrieden sind.«)

- Zeigen Sie Bereitschaft, Ihre Meinung zu ändern, falls sich neue Informationen ergeben oder die Hintergründe erhellt werden. (»So entstand für mich manchmal der Eindruck, dass du es überhaupt nicht eilig hattest, nach Hause zu kommen. Aber jetzt verstehe ich, dass dieser Eindruck falsch war.«)

- Nutzen Sie Ich-Botschaften, um Ihre Ansichten wiederzugeben, und fordern Sie den anderen ausdrücklich zum Widerspruch auf, wenn er anderer Meinung ist. (»Für mich sieht es so aus, als wenn ich in Konkurrenz zu deiner Arbeit stehe. Siehst du das auch so? Oder bist du da anderer Ansicht?«)

- Machen Sie Ihrem Gesprächspartner keine Vorwürfe und verzichten Sie auf Schuldzuweisungen und Verallgemeinerungen (*nicht:* »Immer geht es nur um deine Bedürfnisse!«).

Auch bei heiklen Gesprächen geht es also vor allem darum, *dass* und *mit welcher Einstellung* zum Gegenüber es geführt wird. Wird das Gespräch offen, wertschätzend und konstruktiv angegangen, entsteht ein Dialog, der zu einer echten und tragfähigen Klärung der Sache führt und die Beziehung der Beteiligten stärkt.

Das Kritikgespräch – für beide Seiten schwierig

Das Kritikgespräch kommt im Berufsleben recht häufig vor. Es gehört zum üblichen Tagesgeschäft einer Führungskraft, die Mitarbeiter durch konstruktive Kritik zu unterstützen – sie sollen aus Fehlern lernen und Mängel oder Verhaltensweisen, die die Qualität der (Zusammen-)Arbeit beeinträchtigen, beheben.

Vor allem im Berufsleben sind heikle Gespräche oft Kritikgespräche.

Das Kritikgespräch ist insofern heikel, als neben dem zu kritisierenden Sachverhalt natürlich auch das Verhältnis zwischen Vorgesetztem und Mitarbeiter berührt wird und auf der zwischenmenschlichen Ebene einiges schieflaufen kann. Im Idealfall spürt der Kritisierte wirklich, dass es darum geht, ihn in seiner Entwicklung zu unterstützen. Das ist eine anspruchsvolle Aufgabe für den Vorgesetzten. Die Gefahr, mit einer unbedacht ausgesprochenen Kritik den Mitarbeiter von oben herab zu maßregeln oder persönlich zu verletzen, ist groß. Und auch für den Kritisierten ist es nicht einfach, die Kritik nicht in den falschen Hals zu bekommen. Werden wir kritisiert, fühlen wir uns schnell angegriffen und mit Vorwürfen konfrontiert, auch wenn die Kritik ganz sachlich und konstruktiv gemeint ist. Es fällt uns schwer, unsere gekränkte Eitelkeit außen vor zu lassen und konstruktiv mit der Kritik umzugehen.

Für denjenigen, der Kritik übt, gelten einige grundsätzliche Regeln:

- Wenn es notwendig ist, ein Kritikgespräch zu führen, dann tun Sie es! (Von allein verbessert sich die Lage meistens nicht.)

- Äußern Sie die Kritik möglichst frühzeitig und zu einem Zeitpunkt, an dem eine positive Änderung überhaupt noch möglich ist. Ist das Kind bereits in den Brunnen gefallen, kann die Kritik gar nicht mehr konstruktiv sein.

- Bereiten Sie sich gut auf das Kritikgespräch vor: Welches Verhalten, welche Mängel, welche Fehler wollen Sie kritisieren? Welche Folgen sind daraus entstanden? Welche Lösungsvorschläge können Sie machen? Welche Unterstützung können Sie anbieten?

- Schaffen Sie ein positives Gesprächsklima, nehmen Sie sich Zeit für das Gespräch und sorgen Sie dafür, dass Sie ungestört sind.

- Führen Sie Kritikgespräche immer persönlich und unter vier Augen.

- Denken Sie daran: Es geht nicht darum, den Menschen zu kritisieren oder ihn persönlich anzugreifen, sondern um die sachliche Kritik an einem konkreten Sachverhalt oder Verhalten.

- Verzichten Sie konsequent auf überzogene Kritik, die die Sache unnötig dramatisiert. Berücksichtigen Sie auch die Umstände, unter denen Fehler entstanden sind.

- Beschreiben Sie die Kritikpunkte konkret und unmissverständlich.

- Stellen Sie Ihre Vermutungen oder Interpretationen nicht als Tatsachen dar (»Sie suchen sich gern den bequemsten Weg«) und verallgemeinern Sie nicht (»Sie brauchen immer viel mehr Zeit als die Kollegen«).

- Ermutigen Sie den Kritisierten, Ihnen seine Sicht der Dinge zu erläutern, damit ein ausgewogenes Bild vom Sachverhalt entsteht.

- Unterstreichen Sie Ihre konstruktive Einstellung, indem Sie gemeinsam mit dem Kritisierten Lösungsvorschläge und Unterstützungsmöglichkeiten entwickeln, statt ihm mit Sanktionen zu drohen.

- Stellen Sie sich auf Ihr Gegenüber ein, hören Sie ihm aufmerksam zu und gehen Sie auf seine Anmerkungen ein. Versetzen Sie sich in seine Lage, um zu verstehen, wie die Kritik bei ihm ankommt.

Wer sich in der Rolle des Kritisierten befindet, sollte darauf achten, sich selbst nicht in eine Trotz- oder Abwehrhaltung zu manövrieren. Das geschieht häufig, ohne dass wir es wollen. Eine Kritik trifft uns manchmal emotional so heftig, dass wir dann Schwierigkeiten haben, unsere Emotionen unter Kontrolle zu behalten und nicht reflexartig »einzuschnappen«. Oft vermuten wir hinter einer sachlichen Kritik auch einen persönlichen Vorwurf oder ein negatives Urteil über unsere Person, was zusätzlich Widerstand in uns erzeugt. Deshalb ist es auch für den Kritisierten wichtig, im Kritikgespräch offen, sachlich und konstruktiv zu bleiben. Wenn er merkt, dass die Emotionen hochkochen, sollte er sich auf die sachlichen Aspekte der Kritik und die darin enthaltenen Chancen für die eigene Entwicklung konzentrieren. Für ihn ist es wichtig, sich den eigenen Fehlern zu stellen und sich ehrlich und unvoreingenommen mit den Kritikpunkten auseinanderzusetzen.

Die Verantwortung für das Gelingen eines Kritikgesprächs liegt also in den Händen aller Beteiligten. Wenn es ihnen gelingt, ein sachliches Gespräch auf der Grundlage gegenseitiger Wertschätzung und Offenheit zu führen, wird sich das in jedem Fall für ihr berufliches Miteinander auszahlen.

Eine Entschuldigung aussprechen

Zu einer besonderen Herausforderung in beruflichen wie privaten Beziehungen zählt die aufrichtige Entschuldigung. Obwohl jeder aus eigener Erfahrung weiß, dass man auch nach sehr kränkenden oder ungerechten Vorkommnissen gerne Nachsicht übt, wenn sich jemand aufrichtig entschuldigt, fällt es vielen Menschen schwer, eine Entschuldigung auszusprechen.

Eine aufrichtige Entschuldigung auszusprechen, ist eine besondere Herausforderung.

Natürlich gibt niemand – auch vor sich selbst – gerne zu, dass er im Unrecht war, dass er sich falsch verhalten oder einen Fehler gemacht hat. Wir befürchten, damit unser Gesicht zu verlieren oder gegenüber dem anderen schwach zu erscheinen; vielleicht macht er sich ja sogar über unseren Missgriff lustig. Deswegen wäre es uns häufig lieber, es würde einfach Gras über die Sache wachsen. Doch das tut es meistens nicht. Deshalb gilt auch für Entschuldigungen das, was für heikle Gespräche im Allgemeinen gilt: Wenn man ihnen aus dem Weg geht, wird die Sache nur noch schlimmer.

Nicht ausgesprochene Entschuldigungen sind besonders fatal. Im schlimmsten Fall zeigen wir damit: Ich bin nicht bereit, die Verantwortung für mein Handeln zu übernehmen. Mir ist es egal, wenn ich andere Menschen emotional verletzt, in Schwierigkeiten gebracht oder ungerecht behandelt habe. Ich bedauere es nicht. Und es kann gut sein, dass so etwas in Zukunft wieder passiert. Auch bei einem etwas wohlwollenderen Blick offenbaren wir immer noch: Mir fehlt der Mut oder ich bin nicht in der Lage, mich dieser Situation zu stellen.

Eine Entschuldigung ist kein Zeichen von Schwäche.

Mit einer aufrichtigen Entschuldigung signalisieren wir das Gegenteil. Und das macht es unserem Gegenüber auch in den meisten Fällen so leicht, die Entschuldigung zu akzeptieren. Außerdem erscheinen wir ganz und gar nicht schwach, sondern stark und souverän, weil eben auch jeder weiß, wie schwer es ist, eine ehrlich gemeinte Entschuldigung auszusprechen. Es besteht auch keinerlei Gefahr, mit einer Entschuldigung das Gesicht zu verlieren. Ganz im Gegenteil: Wir stärken unser Ansehen, weil wir Verantwortung übernehmen, die Initiative ergreifen und zeigen, dass uns der andere wichtig ist und wir ihn wertschätzen. Was könnte besser sein für eine Beziehung?

Ein Geständnis ablegen

Besonders heikel wird es nun, wenn vor der Entschuldigung noch ein Geständnis ansteht. Das ursprüngliche Fehlverhalten ist unbemerkt geblieben und jetzt zeigen lediglich die Folgen Wirkung. Manchmal ist dann schon die Frage vorab heikel: Soll ich überhaupt ein Geständnis ablegen oder wäre es nicht besser, das Ganze für mich zu behalten? Das kommt sicherlich auf die jeweilige Situation an. Wenn Menschen zum Beispiel nur gestehen, um sich selbst von ihrem schlechten Gewissen zu befreien, hat das unter

Umständen dramatische Folgen für die andere beteiligte Person, ohne dass an der Situation noch irgendetwas verändert werden könnte. Ein Geständnis könnte also noch mehr Schaden für den ohnehin Geschädigten anrichten und sollte daher vielleicht besser unterbleiben.

Ich bin allerdings der Meinung, dass diese Fälle eher die Ausnahme darstellen. Wenn man das vertrauensvolle Miteinander in Beziehungen wertschätzt, sollte unbedingt über persönliche Fehltritte, die den anderen betreffen, offen gesprochen werden. Deshalb soll es hier auch nicht um die Frage gehen, ob es richtig oder falsch ist, ein Geständnis abzulegen, sondern darum, wie man etwas gesteht, ohne den anderen so tief zu verletzen, dass die Beziehung vielleicht zerbricht. Eines ist jedoch klar: Ein Geständnis wird immer mit Verletzungen auf der anderen Seite einhergehen – in jedem Fall wurde das Vertrauensverhältnis verletzt, weil die »Missetat« nicht sofort offenbart wurde. Die Art und Weise, wie ein Geständnis abgelegt wird, entscheidet mit darüber, ob eine Beziehung eine solche Verletzung übersteht oder nicht.

Ein Geständnis kann eine Beziehung massiv gefährden, deshalb kommt es hier in besonderem Maße auf diplomatisches Geschick an.

Nehmen wir zum Beispiel die zwei Freunde Peter und Martin, die seit mehreren Jahren im selben Segelclub sind, häufig miteinander segeln gehen und gern gemeinsam an ihren Booten herumwerkeln. Nun passiert es, dass Peter bei einem Segelausflug, den er allein unternimmt, durch ein missglücktes Anlegemanöver ausgerechnet das Boot seines Freundes so unglücklich rammt, dass dieses schwer beschädigt wird und sofort Wasser ins Boot eindringt. Peter ist total erschrocken und das erklärt vielleicht seine Reaktion: Statt vernünftigerweise direkt seinen Freund anzurufen und sich um den Schaden zu kümmern, vergewissert sich Peter, dass niemand ihn gesehen hat und an seinem Boot keine Spuren zu sehen sind, und verlässt den Vereinshafen so schnell wie möglich.

Erst am nächsten Tag entdeckt die Hafenmeisterin das beschädigte Boot und informiert Martin. Der sieht sich den Schaden an und ist natürlich stinkwütend und verzweifelt über die hohen Reparaturkosten, die auf ihn zukommen. Er schimpft und wettert über »diesen Idioten«, der so einen Schaden anrichtet und dann einfach abhaut. Peter, der inzwischen auch wieder im Hafen ist, wagt es nicht, seinem Freund zu sagen, dass er sein Boot gerammt hat. Er schämt sich zu sehr, nicht gleich Bescheid gesagt zu haben, und hat Angst, dass Peter ihm die Freundschaft kündigt. Gleichzeitig nagt natürlich das schlechte Gewissen an ihm und er hat Angst, dass das Ganze vielleicht doch noch herauskommt. Außerdem ist ihm sehr wohl bewusst, dass seine Versicherung den Schaden begleichen würde, sodass Peter zumindest die Reparaturkosten erspart bleiben würden. Doch wie stünde er denn da, wenn er erst jetzt mit der Sprache rausrücken würde!

Natürlich ist es richtig und notwendig, dass Peter seinem Freund – möglichst sofort – gesteht, was geschehen ist und die Verantwortung übernimmt. Schon allein der finanzielle Aspekt macht dies zwingend erforderlich – selbst auf die Gefahr hin, dass Martin auf ihn sauer ist und die Freundschaft dadurch womöglich einen Knacks bekommt. Alles andere wäre ein schwerer Vertrauensbruch, der die Freundschaft sicherlich weit mehr belasten würde als der Bootsunfall selbst.

Sich zu einem Geständnis zu entschließen, erfordert nun in der Tat etwas Überwindung. Doch mit einem Tag Abstand zum Geschehen wird Peter erkennen, dass sein bisheriges Verhalten einem Freund ganz und gar nicht gut zu Gesicht steht und dass er nun trotz seiner Befürchtungen im Sinne seines Freundes handeln und in den sauren Apfel beißen muss.

Damit der Schaden für eine Freundschaft durch ein solches Ereignis so gering wie möglich gehalten wird, sollten Sie folgende Hinweise beachten:

- Legen Sie das Geständnis von sich aus und möglichst frühzeitig ab, nicht erst dann, wenn Sie befürchten, entdeckt zu werden.
- Gestehen Sie Ihren Fehler, solange es noch möglich ist, die Sache wieder in Ordnung zu bringen. (Nicht erst, wenn beispielsweise die Bootsreparatur bereits erledigt und bezahlt ist.)
- Erklären Sie offen und ehrlich, was geschehen ist und warum Sie sich erst jetzt offenbaren.
- Sagen Sie die volle Wahrheit und lassen Sie nichts aus, um vielleicht etwas besser dazustehen.
- Versuchen Sie nicht, sich herauszureden, sondern übernehmen Sie die Verantwortung für die Sache und stehen Sie zu Ihrem Fehler.
- Entschuldigen Sie sich aufrichtig für das Geschehene und dafür, dass Sie erst jetzt mit der Sprache herausrücken.
- Ziehen Sie direkt die notwendigen Konsequenzen (zum Beispiel Versicherung informieren, Hilfe bei der Reparatur anbieten).
- Fragen Sie den anderen, was Sie außerdem tun können, um ihm zu helfen.

Eine stabile Beziehung wird sicherlich auch einen solchen Zwischenfall gut wegstecken. Vermutlich wird Martin nach einiger Zeit Verständnis dafür zeigen, dass Peter nach dem Unfall die Nerven verloren und falsch reagiert hat. Da der Schaden mit dem Geld der Versicherung schnell und professionell behoben werden kann, sind die Folgen für Martin nun auch überschaubar und sein Gemüt beruhigt sich wieder. Die Freundschaft wird wohl nicht lange dadurch belastet sein und insgesamt womöglich sogar gestärkt daraus hervorgehen, schließlich kann es Martin seinem Freund hoch anrechnen, dass er doch noch mit der Wahrheit herausgerückt ist.

In weniger stabilen Beziehungen kann so etwas natürlich auch schon einmal anders ausgehen. Dann wird die Sache mit einem Geständnis und einer Entschuldigung sicher nicht erledigt sein. Derjenige, der das Geständnis abgelegt hat, wird vermutlich einige Bewährungsproben bestehen und aktiv am Erhalt und an der Festigung der Beziehung arbeiten müssen. Doch die Gefahr, dass die Beziehung an dem Vorfall zerbricht, ist natürlich geringer, wenn Sie mit dem Geständnis nicht zu lange warten und dann offen und ehrlich kommunizieren und verantwortungsvoll handeln.

Vielen Dank!

Gründe dafür, einfach einmal Danke zu sagen, gibt es genug. Und nichts dürfte leichter sein, als einem freundlichen Menschen ein aufrichtiges Dankeschön für seine Unterstützung zu schenken. Sich zu bedanken, sollte also alles andere als ein heikles Thema für ein Gespräch sein – und ist es oft auch nicht. Doch wer den Dank allzu oft vergisst, wird sich früher oder später rechtfertigen müssen oder er wird künftig ohne Unterstützer dastehen. Dennoch tun wir uns schwer damit, uns zu bedanken. Hilfe und Freundlichkeiten betrachten wir stattdessen gern als Selbstverständlichkeiten, sind gleichzeitig jedoch mit negativen Rückmeldungen, wenn etwas schiefgelaufen ist, weitaus weniger knauserig. Ein Dankeschön kostet nichts, freut den Empfänger und stärkt die Bindung – und es trägt dazu bei, dass wir weiterhin mit Unterstützung rechnen können. Bedanken Sie sich daher für jede Unterstützung, für Freundlichkeiten und Aufmerksamkeiten, die Ihnen entgegengebracht werden. Dadurch erhalten Sie sich Verbündete, auf die Sie immer zählen können, wenn es darauf ankommt. Und wenn Sie sich bedanken, dann am besten nicht nur mit einem Wort. Sagen Sie auch, wofür genau Sie sich bedanken möchten.

19. Jetzt kommt es darauf an – Ernstfall Krise

In diesem Kapitel steigern wir die diplomatische Herausforderung noch einmal und widmen uns einem Phänomen, das wohl jeder Mensch schon einmal selbst erlebt hat: die Krise. Krisen kennen wir nicht nur aus der (Finanz-)Wirtschaft, aus zwischenstaatlichen Beziehungen oder dem beruflichen Umfeld, sondern auch in ihren privaten Erscheinungsformen wie Beziehungskrisen oder persönliche Krisen (zum Beispiel Motivations- oder Sinnkrisen).

So wird aus einem Problem eine Krise

Das charakteristische Merkmal einer Krise ist die subjektiv empfundene Ausweglosigkeit der Situation. Sie macht aus Problemen Krisen. Das geschieht in mehreren Schritten: Zunächst gibt es (nur) ein sachliches Problem, beispielsweise weil die Lebenspartnerin ein attraktives und lukratives Jobangebot in einer anderen Stadt bekommt, ihr Partner am gemeinsamen Wohnort ein eigenes Unternehmen hat und also nicht umziehen kann. Dieses Problem wird jedoch umgehend zu einem persönlichen Problem, weil die Beteiligten Angst haben, dass sie dafür keine Lösung finden, die mit ihrer Partnerschaft vereinbar

Wir selbst machen aus einem Problem eine Krise.

wäre. Er kann sein Unternehmen nicht aufgeben, für sie gibt es aktuell keine andere berufliche Alternative als dieses Jobangebot in der anderen Stadt und eine Fernbeziehung kommt für beide nicht infrage. Entsteht bei den Partnern jetzt das Gefühl, dass sie zwar unbedingt etwas tun müssten, doch einfach nicht wissen, was sie tun können, dann wird der Stress größer und es entwickelt sich eine subjektiv empfundene Ausweglosigkeit. Die Lage spitzt sich zu, da sich die beiden hilflos fühlen. Sie haben trotz vieler Diskussionen und intensivem Nachdenken einfach keine Idee, wie sie dieses Problem lösen können, und sehen deshalb keinen Ausweg aus der Situation. Jetzt ist die Krise da.

Das Beispiel zeigt, dass es vor allem daran liegt, wie wir eine Situation wahrnehmen und bewerten, damit daraus eine Krise wird. Die objektiven Sachverhalte sind dafür weit weniger ausschlaggebend. Stünde für die beiden mit der Frage nach dem Arbeitsort nicht direkt die Liebesbeziehung zur Disposition oder würde die Partnerin langfristig auch andere berufliche Alternativen sehen, wäre das Problem vermutlich einfach ein Problem geblieben, ohne dass sich daraus eine echte Krise entwickelt hätte.

Eine Krise hat auch erhebliche Auswirkungen auf die Beziehung der Beteiligten.

Die Krise kann sich auch noch weiter zuspitzen: Denn je stärker das Gefühl der Ausweglosigkeit ist, umso weiter entfernen sich die beiden Partner in der Auseinandersetzung vom eigentlichen Problem. In den Fokus rücken dann immer mehr all die Aspekte, die mit ihnen persönlich zu tun haben: die individuellen Folgen der Krise, die zu erwartenden Konsequenzen angesichts des unlösbaren Problems und die verbleibenden Optionen, um selbst möglichst schadlos aus der Sache herauszukommen. Die Folge davon ist, dass sich das Paar irgendwann nicht mehr gemeinsam um die Lösung des Sachproblems bemüht, sondern dass jeder für sich versucht, das Bestmögliche (zum Beispiel den guten Job) für sich herauszuholen. Dennoch möchte sich keiner der beiden dem Vorwurf aussetzen, er habe durch das eigene egoistische Verhalten die Beziehung aufs Spiel gesetzt. Aus dem Miteinander wird so schnell ein Gegeneinander und plötzlich geht es dann um Schuldzuweisungen statt um die Lösung des ursprünglichen Problems. Die Krise vertieft sich und bringt die Beziehung der Beteiligten in Gefahr.

Die Krise – ein Wendepunkt zum Guten?

Alle reden und schreiben über die Krise, doch bleibt manchmal unklar, was überhaupt mit dem Begriff gemeint ist – auf jeden Fall ist es etwas Schlechtes, so die verbreitete Annahme. Doch eine Krise ist nicht zwangsläufig schlecht, sie markiert vielmehr einen entscheidenden Wendepunkt. Einen solchen Wendepunkt bezeichnet auch der altgriechische Begriff »crisis«. Infolge der Krise wird es entweder besser oder schlechter und oft haben wir es selbst in der Hand, ob sie ein positives oder negatives Ende nimmt. Besonders aufschlussreich ist der chinesische Begriff für Krise, der sich aus zwei Schriftzeichen zusammensetzt: Eines entstammt dem Zeichen für »Gefahr«, das andere dem Zeichen für »Chance«. In einer Krise liegt ein großes Veränderungspotenzial. Deshalb ist es durchaus legitim, eine Krise auch als etwas Positives zu betrachten. Die Krise ist ein Wendepunkt, eine Herausforderung, deren erfolgreiche Bewältigung durchaus einen Wandel zum Guten möglich macht. »Gestärkt aus der Krise hervorgehen« ist damit auch keine leere Phrase, sondern entspricht häufig den Tatsachen. Das ist vor allem dann möglich, wenn die Gefahr rechtzeitig erkannt und die Chancen frühzeitig ergriffen werden. Ob aus einem Problem eine Krise im negativen Sinne wird, hängt sehr von der eigenen Wahrnehmung und Bewertung des Problems ab. Wird es von vornherein als ausweglos empfunden, ist ein negativer Verlauf der Krise wahrscheinlich. Werden stattdessen Lösungen für das Problem gesucht, ist eine Krise vielfach nichts anderes als ein Wendepunkt zum Guten.

Zurück zum Problem

Damit wäre die Grundkonstellation einer Krise umrissen. Dabei zeigt sich, dass der sinnvollste Weg, um aus einer Krise herauszukommen, in der Rückführung der Krise zum sachlichen Problem liegt. Und wie so oft beginnt dieser Weg bei einem selbst. Denn nur wenn mindestens einer der Beteiligten in der Lage und bereit ist, von seiner persönlichen Betroffenheit und Verunsicherung abzusehen, seine subjektive Wahrnehmung der Situation zu hinterfragen und Verantwortung zu übernehmen, ist es möglich, die Krise zu überwinden und zu ihrem sachlichen Kern – dem ursprünglichen Problem – vorzudringen.

Der Weg aus der Krise führt zurück zum Problem.

Wenn beispielsweise ein Unternehmen in einer Krise steckt, weil ein schwerwiegender Produktfehler für einen großen Imageschaden, unzufriedene Kunden und massive Umsatzeinbußen gesorgt hat, wird die Situation so lange immer auswegloser, solange es nur um die Suche nach dem Schuldigen geht und alle versuchen, irgendwie ihre Haut zu retten. Stellt sich jedoch endlich einer der Beteiligten der Sache selbst und sucht nach einer Lösung für den ausschlaggebenden Produktfehler, ergeben sich plötzlich Lösungswege, die aus der Krise herausführen können. Und dabei spielt es keine Rolle, wer von den Beteiligten die Initiative ergreift. Ob es der Chef ist oder einer der beteiligten Ingenieure oder ein Mitarbeiter der Fertigung – wichtig ist nur, dass jemand bereit ist, die Dynamik aus gegenseitigen Schuldzuweisungen und zunehmenden persönlichen Ängsten zu überwinden, um die Aufmerksamkeit wieder auf das Sachproblem zu lenken. Das geschieht übrigens häufig unter Inkaufnahme eines persönlichen Risikos: Wenn es, aus welchen Gründen auch immer, nicht gelingt, die Krise zu überwinden, und alle anderen bereits ihre Schäfchen ins Trockene gebracht haben, steht der Initiator möglicherweise als Letzter und völlig ungeschützt in der Schusslinie.

Deshalb erfordert es Mut und Charakterstärke, in der Krise die Initiative zu ergreifen und Verantwortung zu übernehmen. Darüber hinaus bedarf es diplomatischen und kommunikativen Geschicks, um die anderen Beteiligten zur Änderung ihres Verhaltens zu bewegen – sie sollten ihren Blick ebenfalls wieder auf die Sachfragen richten, statt nur ihre eigenen Befindlichkeiten zu berücksichtigen. Hinzu kommen außerdem (auch eigene) starke Emotionen, Ängste, Verunsicherungen und gegenseitige Vorwürfe, die bewältigt werden müssen. Doch wenn es gelingt, zum sachlichen Problem zurückzukehren, bestehen gute Chancen, die Krise zu überwinden. Gelingt die Bewältigung der Krise, kann sich eine Beziehung oder ein Unternehmen überdies positiv weiterentwickeln. Durch die Krisen werden häufig Schwachstellen, Konfliktpotenziale, destruktive Verhaltensmuster oder Routinen aufgedeckt, die bei der Auseinandersetzung mit der schwierigen Situation ebenfalls konstruktiv bearbeitet werden.

Es ist nicht leicht, sich der Dynamik der Krise zu entziehen – doch es ist notwendig, um sich dem sachlichen Problem widmen zu können.

Kommunikation *in* der Krise

Einen wichtigen Beitrag zur Krisenbewältigung leistet vor allem eine gute Krisenkommunikation. In privaten Beziehungen ist es genauso wichtig, dass die Partner miteinander im Gespräch bleiben und der Krise nicht einfach ihren Lauf lassen, wie beispielsweise bei Krisen in Unternehmen. Neben der externen Kommunikation ist in Unternehmen besonders eine gute interne Krisenkommunikation – also die Kommunikation mit den Mitarbeitern – sehr wichtig. Zumeist entscheidet sich intern, ob eine Krise bewältigt werden kann und wie stark ihre Auswirkungen sind. Das gilt auch für private Krisen. Die Hinweise für eine gute interne Krisenkommunikation gleichen sich daher auch, wie die folgende beispielhafte Gegenüberstellung einer privaten und einer Unternehmenskrise verdeutlicht.

Private Beziehungskrise – Sie ergreifen die Initiative.	**Unternehmenskrise –** Sie tragen als Führungskraft Verantwortung.
■ Bleiben Sie mit dem Partner im Gespräch und lassen Sie sich nicht dazu hinreißen, schmollend in der Ecke zu sitzen und die Kommunikation zu verweigern.	■ Bleiben Sie in engem Kontakt und im Dialog mit Ihren Mitarbeitern, anstatt auf Distanz zu gehen und Informationen unter Verschluss zu halten.
■ Halten Sie keine Monologe, sondern führen Sie einen echten Dialog.	■ Motivierende Vorträge oder Informationsveranstaltungen sind nicht ausreichend.
■ Zeigen Sie Interesse und Verständnis für die Sorgen, Ängste und Vorschläge Ihres Partners.	■ Zeigen Sie, dass Sie ein offenes Ohr für die Fragen, Ängste und Hinweise der Mitarbeiter haben.
■ Hören Sie aufmerksam und unvoreingenommen zu. Kommunizieren Sie auf Augenhöhe und mit Wertschätzung.	■ Begegnen Sie ihnen aufgeschlossen und mit echtem Interesse. Kommunizieren Sie auf Augenhöhe und mit Wertschätzung.
■ Zeigen Sie Einfühlungsvermögen, um Ihren Partner besser zu verstehen.	■ Zeigen Sie Einfühlungsvermögen, um Ihre Mitarbeiter besser zu verstehen.
■ Bleiben Sie stets bei der Wahrheit und versuchen Sie nicht, relevante Informationen zurückzuhalten, auch nicht, wenn es sich um schlechte Nachrichten handelt. Sprechen Sie ehrlich über Ihre eigenen Gefühle. So verhindern Sie, dass der Partner anfängt zu spekulieren und vor lauter Verunsicherung das Schlimmste mutmaßt.	■ Informieren Sie Ihre Mitarbeiter stets wahrheitsgemäß und vollständig. So verhindern Sie Spekulationen und weitere Verunsicherungen. Drücken Sie sich dabei auch nicht davor, schlechte Nachrichten zu überbringen.

■ Sprechen Sie offen und konkret über die Auswirkungen der Krise auf die Partnerschaft und auf die einzelnen Beteiligten.	■ Erläutern Sie klar und verständlich, ob, wie und in welchem Maße Ihre Mitarbeiter von der Krise betroffen sind.
■ Entwickeln Sie gemeinsam Lösungsansätze für das Sachproblem und besprechen Sie die Umsetzung.	■ Sprechen Sie auch über Lösungsansätze und Maßnahmen, die das Unternehmen ergreift.
■ Machen Sie deutlich, dass Sie die Krise nur gemeinsam lösen können und nicht einfach eine der Parteien eine fertige Lösung präsentieren kann, die dann umgesetzt wird.	■ Verdeutlichen Sie Ihren Mitarbeitern, dass sie selbst ein Teil der Lösung des Problems sind, und besprechen Sie, wie sie zur Überwindung der Krise beitragen können.
■ Flüchten Sie sich nicht in leere Worthülsen (»Das wird schon wieder«), bloß um irgendetwas zu sagen.	■ Verzichten Sie unbedingt auf Floskeln, Allgemeinplätze oder leere Durchhalteparolen.
■ Rechnen Sie mit starken Emotionen, Unverständnis, Widerständen und Auseinandersetzungen. Bleiben Sie stets fair und versuchen Sie, mit den eigenen und den Emotionen Ihres Partners angemessen umzugehen.	■ Bereiten Sie sich darauf vor, dass Sie auf starke Emotionen, Unverständnis oder Widerstände treffen können. Bleiben Sie souverän, lassen Sie sich nicht provozieren und versuchen Sie zu verstehen, was dahintersteckt.
■ Übernehmen Sie Verantwortung für Ihre Entscheidungen und Ihr Handeln.	■ Übernehmen Sie Verantwortung für Ihre Entscheidungen und Ihr Handeln.

Wer in der Krise auf diese Weise kommuniziert, vermittelt den Beteiligten beziehungsweise den von der Krise Betroffenen, dass ihre Belange, Bedürfnisse und Ängste bei der Bewältigung der Krise ernst genommen werden und wichtig sind. So werden alle Beteiligten aktiv in die Bewältigung der Krise einbezogen und die Chancen steigen, dass sie engagiert an der Lösung des Problems mitarbeiten. Für die Beziehung der Beteiligten kann das sogar äußerst positive Effekte haben, da die gegenseitige Wertschätzung und zwischenmenschliche Bindung gestärkt werden.

Kommunikation *über* die Krise

In Krisenzeiten kann es erforderlich sein, extern *über* die Krisensituation zu kommunizieren. Das trifft fast immer auf Unternehmen zu, die nicht nur ihre Mitarbeiter, sondern ebenso ihre Kunden, Geschäftspartner oder auch die Öffentlichkeit über die Auswirkungen einer Krise informieren müssen. Vor allem große und / oder bekannte Unternehmen brauchen eine kluge Krisenkommunikation, da die mediale Aufmerksamkeit sehr groß ist und kommunikative Missgriffe schnell einen weitreichenden Imageschaden verursachen können. Deshalb hat die Krisenkommunikation für ein Unternehmen vor allem das Ziel, das Vertrauen in das Unternehmen und die Unternehmensführung sowie deren Glaubwürdigkeit und Reputation aufrechtzuerhalten und einen geschäftlichen oder Imageschaden abzuwenden.

Der Versuch, eine Krise zu verschweigen, kann nur scheitern.

Inzwischen hat sich auch weitgehend die Einsicht durchgesetzt, dass es für ein Unternehmen kaum möglich ist, eine Krisensituation (ausgelöst zum Beispiel durch Unfälle oder Störfälle, Produktfehlentwicklungen, Kurseinbrüche, schlechte Bilanzen, erforderliche Entlassungen etc.) zu verschweigen. Der Versuch, Informationen zur Krise und deren Auswirkungen unter Verschluss zu halten, wird mit hoher Wahrscheinlichkeit in einem Kommunikations- und Image-GAU enden. Vor allem der langfristige Vertrauens- und Glaubwürdigkeitsverlust bei Mitarbeitern, Kunden und Geschäftspartnern, der mit einer solchen Strategie einhergeht, ist für ein

Unternehmen eine echte Bedrohung. (Und Sie können sicher sein: Früher oder später wird jedes »Geheimnis« gelüftet.)

Deshalb gelten für die externe Kommunikation eines Unternehmens *über* die Krise folgende Grundsätze:

- Im Falle einer Krise kommt es vor allem darauf an, schnell zu reagieren und sowohl die Betroffenen als auch die Öffentlichkeit sofort zu informieren. Auch wenn es noch nicht auf alle Fragen eine Antwort gibt, darf die Unternehmensleitung mit der Kommunikation nicht zögern, denn im Zweifelsfalle sind die Medien oder die Internet-User schneller. Und kommt die erste Meldung über einen Betriebsunfall oder eine Entlassungswelle zum Beispiel über Twitter oder einen Fernsehsender, hat das Unternehmen bereits einen entscheidenden Punkt verloren.

- Auch über neue Erkenntnisse und Entwicklungen muss die Unternehmensführung selbst und unmittelbar informieren, damit sie das Heft in der Hand behält.

- Genauso wichtig ist es, dass die Unternehmensleitung auf Anfragen von Kunden, Geschäftspartnern oder Journalisten reagiert, deren Fragen beantwortet und sich gesprächsbereit zeigt. Der Versuch, sich hinter einem »Kein Kommentar!« zu verschanzen, verunsichert Kunden und Geschäftspartner und öffnet Spekulationen Tür und Tor. Und Journalisten motiviert es dazu, besonders hartnäckig nach Antworten zu suchen.

- Trotz aller Eile: Die Kommunikation über die Krise muss koordiniert und überlegt vonstattengehen.

- Die Führungskräfte des Unternehmens sollten in jedem Fall persönlich in Erscheinung treten und keinesfalls den Anwälten, Pressesprechern oder Vertretern einer Beratungsfirma die Krisenkommunikation überlassen.

- Nur wenn die Unternehmensführung offen über die Schwierigkeiten und eigenen Fehler spricht und die Verantwortung dafür übernimmt, behält sie ihre Glaubwürdigkeit und Vertrauenswürdigkeit.

- Der Versuch, etwas zu vertuschen oder zu verharmlosen, wird früher oder später scheitern und einen massiven Vertrauensverlust herbeiführen.

- Auch in der Kommunikation nach außen sollte die Führungsriege deutlich signalisieren, dass sie Verständnis und Mitgefühl für die Sorgen und Ängste der Mitarbeiter und anderer Betroffener hat.

- Es ist wichtig, umfassend über die Ursachen, den Verlauf und die Folgen der Krise zu informieren.

- Besonders wichtige Partner (Betriebsratsvorsitzende, Geschäftsführer der wichtigsten Kunden, wichtige Investoren etc.) sollten von einer Führungskraft persönlich informiert werden, damit sie absolut verlässliche Informationen aus erster Hand erhalten.

- Auch bei der externen Krisenkommunikation ist es das Ziel, die Aufmerksamkeit auf das sachliche Problem zu lenken, anstatt die vermeintliche Ausweglosigkeit der Situation zu thematisieren.

- Transparenz, Offenheit, Dialog- und Verantwortungsbereitschaft sowie eine konstruktive Herangehensweise machen eine gute externe Krisenkommunikation aus.

In Ausnahmefällen kann es auch erforderlich sein, private Krisen »offiziell« nach außen zu kommunizieren. Wenn eine private Krise (wie die plötzliche Pflegebedürftigkeit der Mutter) zum Beispiel die eigene Arbeitsfähigkeit einschränkt, ist es wichtig, mit dem Vorgesetzten darüber zu sprechen. (Nicht gemeint ist hier jedoch der Fall, wenn man mit Freunden oder Verwandten über eigene Krisen spricht, um sich Rat zu holen oder sich etwas von der Seele zu reden.) In solchen Fällen kommt es darauf an, das richtige Maß zu finden. Überlegen Sie gut, was beispielsweise der Vorgesetzte tatsächlich wissen muss. Lassen Sie sehr private oder gar intime Details weg und sprechen Sie vor allem über konkrete Sachverhalte und die Auswirkungen, die Ihr Gegenüber betreffen. Versuchen Sie trotz Ihrer persönlichen Schwierigkeiten auch die Perspektive Ihres Vorgesetzten zu berücksichtigen. Es ist übrigens absolut tabu, auf die Tränendrüse zu drücken, um ein paar Vorteile herauszuholen. Bleiben Sie stets sachlich und fair.

Nicht immer ist eine private Krise auch eine Privatsache.

Auch hier ist es wichtig, selbst die Initiative zu ergreifen und das Gespräch zu suchen, um Gerüchte oder Irritationen gar nicht erst aufkommen zu lassen. Außerdem sollte die angesprochene Person möglichst auf dem Laufenden gehalten werden, falls sich für sie wichtige Veränderungen oder Entwicklungen ergeben. Wenn ein privates Problem beispielsweise dazu führt, dass Sie dauerhaft die Zahl Ihrer Arbeitsstunden reduzieren müssen (weil beispielsweise Ihre Mutter einige Stunden am Tag von Ihnen selbst betreut werden muss), sollten Sie Ihren Vorgesetzten frühzeitig darüber informieren.

Ob interne oder externe Kommunikation – eine kluge Krisenkommunikation trägt in hohem Maße dazu bei, die Krise zu meistern und die Folgewirkungen zu kontrollieren beziehungsweise negative Effekte zu minimieren. Und wer sich konsequent an dem Grundsatz »Zurück zum Problem« orientiert, behält den roten Faden für seine Kommunikationsstrategie stets in der Hand.

20. Sicher auf glattem Parkett

Diplomatisch geschicktes Verhalten ist nicht nur in Konflikt- oder Krisensituationen gefragt, sondern auch auf dem berühmt-berüchtigten »glatten Parkett«, also zum Beispiel bei großen gesellschaftlichen Ereignissen, im Umgang mit Menschen aus anderen Kulturen oder allgemein auf unbekanntem zwischenmenschlichem Terrain. So mancher hat hier mit einigen Unsicherheiten über das angemessene Verhalten und dem einen oder anderen Fettnäpfchen zu kämpfen. Nun würde es den Rahmen dieses Buches sprengen, für alle möglichen verschiedenen Situationen detaillierte Benimmregeln aufzustellen. (Dafür gibt es zum Beispiel diverse Knigge-Ratgeber und – vor allem für das Zusammentreffen mit Menschen anderer kultureller Herkunft – detaillierte Informationen im Internet.) An dieser Stelle soll es vielmehr darum gehen, übergreifende Aspekte zu klären und einige universelle Verhaltensweisen zu beschreiben, die Ihnen helfen, Ihrem Gegenüber nicht versehentlich auf den Schlips zu treten.

Die wichtigste Voraussetzung für einen sicheren Auftritt auf glattem Parkett: anerkennen, dass hier andere Regeln gelten.

Wichtig ist zunächst einmal die Bereitschaft, anzuerkennen, dass es Unterschiede bei den Gewohnheiten und Wertmaßstäben für das angemessene Verhalten im sozialen Miteinander gibt und dass die fremden Gewohnheiten nicht besser oder schlechter sind als die eigenen, sondern einfach anders. Dass angemessenes Verhalten verschieden aussehen kann, kennen wir aus ganz alltäglichen

Situationen: Auf einer Familienfeier verhalten wir uns selbstverständlich anders als bei einem geschäftlichen Empfang, mit unseren Freunden gehen wir anders um als mit unseren Vorgesetzten, und wenn wir neu in eine Gruppe kommen, benehmen wir uns anders als jemand, der schon seit Jahren dazugehört. Das ist alles ganz normal und auch nicht weiter schwierig, da wir in solchen Fällen recht genau wissen, was angemessen ist und was nicht. Erst wenn wir in Situationen geraten, in denen uns die Gepflogenheiten unbekannt sind, wird es schwierig.

Die potenziellen Stolperfallen kennen

Das Zusammentreffen mit Menschen aus anderen Kulturen gehört sicherlich zu den häufigsten Fällen – sei es privat im Auslandsurlaub oder wenn wir beruflich mit ausländischen Geschäftspartnern zu tun haben. Hier können die Erwartungen an das zwischenmenschliche Verhalten sich so sehr von unseren eigenen Gewohnheiten und Erfahrungen unterscheiden, dass Missverständnisse fast schon vorprogrammiert sind. Die kulturellen Unterschiede sind zum Teil sehr groß und komplex. Dafür einige Beispiele:

- Einige Fallstricke enthält der Umgang mit sozialen oder hierarchischen Unterschieden. In manchen Kulturen hat die soziale Stellung oder die Hierarchiestufe, auf der sich die Anwesenden befinden, eine sehr große Bedeutung. Sie bestimmt, wie ein angemessenes Verhalten aussieht. Wer begrüßt wen zuerst? Wer verhandelt mit wem? Wer fällt Entscheidungen? Wie wird das Gegenüber richtig angesprochen? Diese und ähnliche Fragen kann man nur beantworten, wenn man die Stellung der Personen und ihr Verhältnis zueinander kennt. In asiatischen Kulturen spielt die »Rangordnung« der Anwesenden beispielsweise eine besonders wichtige Rolle. Der höhere Rang kann dabei durch eine höhere Position im Unternehmen oder durch das höhere Lebensalter begründet sein. In unserer Kultur gibt es diese

Rangunterschiede natürlich auch, doch sie geben nicht so strenge Verhaltensregeln vor, wie das in einigen asiatischen Ländern der Fall ist.

- Die unterschiedliche Bedeutung der Zeit für die Menschen aus verschiedenen Kulturen ist ebenfalls ein wichtiger Aspekt. In unserem Kulturkreis ist die Zeit ein wichtiger Orientierungspunkt: Verabredungen, Termine und Uhrzeiten haben eine große Verbindlichkeit, die sich in der sprichwörtlichen deutschen Pünktlichkeit niederschlägt. In anderen Kulturen ist die Zeit nicht so wichtig, weshalb auch der Pünktlichkeit eine geringere Bedeutung beigemessen wird.

- Auch die Körpersprache und nonverbale Zeichen unterscheiden sich in den verschiedenen Kulturen zum Teil sehr deutlich. Setzen die einen die Körpersprache eher dezent ein, benutzen die anderen viele und große Gesten, um sich zu verständigen. Treffen beide aufeinander, kann das Fehlen beziehungsweise der scheinbar übertriebene Einsatz der Körpersprache zu Fehlinterpretationen führen. Zudem können (Hand-)Zeichen oder Gesten (wie der hochgestreckte Daumen, das Victory-Zeichen, Kopfschütteln, Begrüßungsgesten etc.) je nach kulturellem Kontext ganz unterschiedliche Bedeutungen haben.

- Eine komplexe kulturelle Dimension hat das Verhältnis von Individuum zu Gemeinschaft. In manchen Kulturen steht das Individuum im Vordergrund, das sich selbst verwirklichen und seinen eigenen Weg finden soll. Herausragende Persönlichkeiten werden hier mit Aufmerksamkeit und Anerkennung belohnt. In anderen Kulturen geht es hingegen vorrangig um die Gemeinschaft als Gesamtheit; das Individuum und sein Selbstverwirklichungsanspruch treten in den Hintergrund. In diesen Kulturen ist es beispielsweise nicht erstrebenswert, als Einzelner aus der Gruppe herauszuragen, auch nicht mit besonderen Leistungen oder Talenten.

- Die gesellschaftliche Rolle der Frau ist ein weiteres Thema, bei dem es zum Teil große kulturelle Unterschiede gibt. In einigen Kulturen unterliegt das Verhalten und Auftreten von Frauen in der Öffentlichkeit zum Teil strengen Regeln (Kleiderordnung, Umgangsformen, Regeln für die Begrüßung etc.).

- Hinzu kommen noch (religiöse) Riten, Zeremonien und Bräuche wie Hochzeiten, Ehrungen, Initiationsriten, Fastenzeiten oder Karneval, Halloween, Graduiertenfeiern etc., in denen sich die kulturellen Unterschiede zum Teil sehr deutlich niederschlagen.

- Doch nicht nur in der interkulturellen Interaktion spielen diese Unterschiede eine Rolle. Auch wenn wir in ein gesellschaftliches oder berufliches Umfeld eintreten, das uns bislang unbekannt war, werden wir unter Umständen mit (Verhaltens-)Regeln und Erwartungen konfrontiert, die von unseren eigenen abweichen. Wer beispielsweise das erste Mal zu einer Fachmesse geht, wird sich dort mit den besonderen Gepflogenheiten und eingespielten Umgangsformen erst einmal vertraut machen müssen. Auch der Eintritt in eine Internet-Community erfordert es, sich mit neuen Verhaltens- und Kommunikationsregeln zu beschäftigen. Oder stellen Sie sich vor, Sie haben in eine adelige Familie hineingeheiratet und müssen sich von heute auf morgen mit den Etiketten der High Society zurechtfinden.

Der wichtigste Grundsatz: Ich bin nicht das Maß aller Dinge

Um etwaigen Ausrutschern auf dem glatten Parkett vorzubeugen, können und sollten Sie sich vorbereiten. In vielen Fällen ist es möglich, sich vor einem entscheidenden Ereignis oder Zusammentreffen über die wichtigsten Regeln zu informieren. Fragen Sie, worauf Sie beim offiziellen Familiendinner achten müssen. Lesen Sie im Reiseführer, wie man sich in Ihrem Urlaubsland verhalten sollte. Fragen Sie Ihren erfahrenen Kollegen, wie es auf der Messe so zugeht. Und schauen Sie sich die FAQs und die Netiquette der Internet-Community an, um herauszufinden, welche Regeln und Umgangsformen hier gelten. Vor allem im beruflichen Kontext sollte eine solche Vorbereitung obligatorisch sein. Bei geschäftlichen Verhandlungen, Verkaufs- oder Einstellungsgesprächen mit jemandem aus einer fremden Kultur erfordern allein schon Respekt und Höflichkeit, dass man die kulturellen Gepflogenheiten des Gegenübers kennt und berücksichtigt. Zudem steigen die Chancen für ein erfolgreiches Gespräch, wenn Irritationen (oder schlimmer: unbeabsichtigte Beleidigungen) durch kulturelle Missverständnisse gar nicht erst auftreten. Oft reicht es übrigens schon, wenn der Gesprächspartner spürt, dass Sie sich bemühen, die Besonderheiten seiner Kultur zu berücksichtigen, auch wenn Sie vielleicht nicht immer hundertprozentig richtigliegen.

Neben konkreten Benimmregeln für bestimmte Situationen gibt es einige allgemeingültige Verhaltensregeln, die vor Fehltritten schützen.

Doch auch bei einer guten Vorbereitung ist es nicht möglich, alle Eventualitäten zu berücksichtigen und sich mit allen Regeln, Sitten, Ritualen etc. vertraut zu machen. Deshalb kommen wir nun zu den universellen Verhaltensregeln, mit denen Sie die größten Fettnäpfchen auch dann umgehen können, wenn Sie sich auf gänzlich unbekanntem Terrain bewegen:

- Sensibilisieren Sie sich für die Möglichkeit fremder Gewohnheiten und Umgangsformen. Gehen Sie nicht wie selbstverständlich davon aus, dass Ihre eigenen Verhaltensregeln immer und überall Gültigkeit haben.

- Respektieren Sie die fremden Gewohnheiten und akzeptieren Sie deren Gültigkeit. (Diskutieren Sie beispielsweise nicht beim Dinner mit Ihren adeligen Schwiegereltern, ob die steife Etikette wirklich zeitgemäß ist oder nicht.)

- Agieren Sie stets höflich, wertschätzend und respektvoll.

- Bleiben Sie zurückhaltend, wenn Sie nicht genau wissen, wie Sie sich richtig verhalten sollen. Versuchen Sie nicht, etwaige Wissenslücken oder Ihre Unsicherheit durch ein besonders forsches Auftreten zu kompensieren.

- Orientieren Sie sich am Verhalten der Anwesenden, die mit der Umgebung vertraut sind. (Eine passende Redensart gibt es dazu auch: »When in Rome, do as the Romans do.«)

- Achten Sie aufmerksam auf die Reaktionen Ihres Gegenübers, um Irritationen, die durch Ihr Verhalten ausgelöst werden, sofort zu erkennen. Achten Sie auch auf etwaige dezente Hinweise oder Hilfestellungen, die Ihr Gesprächspartner Ihnen vielleicht gibt.

- Stellen Sie sich auf Ihr Gegenüber ein, begegnen Sie ihm aufgeschlossen und interessiert und kommen Sie ihm entgegen. Beharren Sie nicht auf Ihren Gewohnheiten.

- Bevor Sie sich in die Nesseln setzen: Wenn es die Situation erlaubt, fragen Sie jemanden, welche Verhaltensweisen angemessen sind.

- Und wenn Ihnen doch einmal ein Fauxpas unterläuft: Entschuldigen Sie sich.

Um sich auf glattem Parkett sicher zu bewegen, ist es also nicht zwangsläufig erforderlich, dass Sie alle Regeln und Gepflogenheiten kennen und aus dem Effeff beherrschen. Es geht vielmehr darum, Respekt, Einfühlungsvermögen, Akzeptanz sowie Zurückhaltung und Höflichkeit an den Tag zu legen und sich bewusst auf das Gegenüber und den Kontext der Begegnung einzulassen. So geben Sie sich selbst die Gelegenheit, die fremden Gewohnheiten kennenzulernen und Ihr eigenes Verhalten anzupassen. Gleichzeitig signalisieren Sie Ihrem Gegenüber, dass Sie bereit sind, sich für seine

Normen und Regeln zu öffnen, und bringen ihm damit viel Wertschätzung entgegen, was jede Begegnung positiv beeinflussen wird.

Worauf es beim Small Talk ankommt – und welche Themen tabu sind

Manchen Menschen fällt es schwer, ungezwungen mit fremden Menschen zu plaudern. Doch Small Talk ist schlichtweg notwendig, um miteinander ins Gespräch zu kommen. Small Talk erleichtert es, Kontakte zu knüpfen, da beide Seiten sich erst einmal unverbindlich »beschnuppern« können. In ungezwungenen Gesprächen über unverfängliche Themen können die Beteiligten sich kennenlernen und herausfinden, ob man sich prinzipiell sympathisch ist und Gemeinsamkeiten findet. So können Sie auch feststellen, ob tiefer gehende Gespräche möglich und erwünscht sind und ob für die Zukunft vielleicht sogar eine engere Beziehung denkbar ist.

Für den gelungenen Small Talk, gerade bei offiziellen Anlässen, gelten einige Regeln:

- Nutzen Sie ein naheliegendes Einstiegsthema (die Anreise oder Unterbringung, Grund des Treffens, die schönen Blumen auf dem Tisch etc.).
- Bleiben Sie nicht zu lange beim Einstiegsthema kleben.
- Lassen Sie auch Persönliches in das Gespräch einfließen.
- Stellen Sie Ihrem Gesprächspartner Fragen, um mehr über ihn zu erfahren. (Fragen Sie ihm jedoch keine Löcher in den Bauch.)
- Verlieren Sie sich nicht in umständlichen Ausführungen über ein bestimmtes Thema, das für den anderen nicht von Interesse ist.
- Antworten Sie weder zu kurz noch zu langatmig, damit der Gesprächsfluss nicht behindert wird.
- Absolut tabu sind Themen wie Religion, Krankheiten, Kritik an Anwesenden, Schuldzuweisungen, sehr persönliche Angelegenheiten (Familienstreitigkeiten etc.) – und auch politische Themen sind nur sehr bedingt für den Small Talk geeignet.

21. Mehr als zwei Meinungen – Diplomatie in Gruppen

Häufig werden Gespräche in größeren Gruppen geführt – sei es, dass Sie Ihren Sportverein von einer notwendigen Investition überzeugen wollen, mit Ihrer Familie über das nächste Urlaubsziel diskutieren oder mit einer Gruppe von Geschäftsleuten ein Verkaufsgespräch führen. Da in einer solchen Konstellation häufig unterschiedliche Meinungen oder Interessen aufeinandertreffen, stellt es eine besondere Herausforderung dar, sich durchzusetzen, ohne dabei einem der Anwesenden auf die Füße zu treten. Überhaupt ist die Gefahr, dass es in Gruppengesprächen zu unerwünschten Entwicklungen kommt, weitaus größer als im Einzelgespräch. Es ist schnell passiert, dass wir einen oder mehrere Beteiligte gegen uns aufbringen, dass sich innerhalb der Gruppe konkurrierende Fraktionen bilden und eine Gruppendynamik entsteht, die das Gespräch in eine unvorhersehbare Richtung lenkt.

Gruppengespräche können eine ganz besondere Dynamik entwickeln.

Wo mehrere Menschen aufeinandertreffen, entstehen schnell Kontroversen – zumal dann, wenn es um wichtige Entscheidungen geht. Nur selten herrscht hier harmonisches Einvernehmen und es gibt häufig eine besondere Dynamik, die zu unvorhergesehenen Wendungen führen kann. Wir können nicht einmal voraussetzen, dass sich eine Gruppe, die letztlich doch zusammengehört, tatsächlich in allen Punkten einig ist. Hier treffen oft nicht nur verschiedene

Meinungen, Bedürfnisse und Interessenlagen, sondern eben auch unterschiedliche Menschentypen aufeinander. Außerdem kann es sein, dass wir zu einzelnen Gruppenmitgliedern auch noch unterschiedliche Beziehungen haben. Unter solchen Voraussetzungen erfordert es viel Geschick, dem Einzelnen innerhalb der Gruppe ebenso gerecht zu werden wie der Gruppe als Ganzes.

Verbündete suchen und als Team auftreten

In Gruppengesprächen haben wir die schwierige Aufgabe, mehreren Beteiligten gleichermaßen gerecht zu werden. Womöglich stehen wir dabei auch noch einer Übermacht gegenüber. Eine einzelne Person von etwas zu überzeugen, kann schon schwierig sein, bei einer Gruppe ist es unter Umständen noch kniffliger. Statt nun allein einer machtvollen Gruppe gegenüberzutreten, ist es sinnvoll, möglichst von vornherein die Ausgangssituation zu verbessern. Wir sollten uns Verbündete suchen und als Team auftreten. Bei einer geschäftlichen Verhandlung wird beispielsweise niemals ein Einzelner einer Gruppe von fünf oder sechs Personen gegenübertreten – das würde ihn ja von Beginn an durch das unausgewogene Kräfteverhältnis in eine schlechtere Verhandlungsposition bringen. Wenn es möglich ist, sollte man für ein zahlenmäßiges Gleichgewicht sorgen. Doch bringt es wenig, nur als Gruppe aufzutreten; die Gruppe sollte auch als Team agieren. Das erfordert eine sorgfältige Abstimmung. Das Wichtigste hierbei ist: Keinesfalls dürfen während des Gesprächs Diskussionen, Widersprüche oder unterschiedliche Standpunkte in den eigenen Reihen sichtbar werden. Wenn es bei der Feinabstimmung im eigenen Team hapert, verkehrt sich der Vorteil, als Gruppe aufzutreten und zu handeln, sehr schnell ins völlige Gegenteil.

Mehrere Menschen gleichzeitig von etwas überzeugen zu wollen, erfordert eine durchdachte Herangehensweise.

Ein kleiner Vorteil eines Gruppengesprächs besteht darin, dass sie selten spontan stattfinden. In der Regel wissen wir im Vorfeld, wann ein Meeting, eine Verhandlung, ein Vereinstreffen oder auch nur ein Gespräch für die nächste Urlaubsplanung innerhalb der Familie ansteht. Somit haben wir Zeit, um uns entsprechend auf das Gespräch vorzubereiten. Und diese Zeit können Sie effektiv nutzen, indem Sie sich beispielsweise überlegen,

- wer genau am Gespräch teilnehmen wird und welche Interessenkonflikte auftreten könnten;
- welche der Teilnehmer Ihre Ansichten teilen und welche nicht;
- welche Gründe die Teilnehmer dafür haben, dass sie eine andere Ansicht als Sie selbst vertreten;
- welche Kompetenzen und Entscheidungsspielräume Ihre Gesprächspartner haben;
- welche Interessen alle Teilnehmer gleichermaßen haben;
- mit welchen Argumenten Sie sowohl Ihre eigenen Interessen als auch die der Gruppe am ehesten treffen;
- was genau Ihre Ziele für das Gespräch sind und inwieweit Sie Zugeständnisse machen können;
- welche Informationen Ihnen dabei helfen können, Ihre Interessen zu vertreten.

Solche Vorüberlegungen sind eine wertvolle Hilfe, um das Gespräch zielgerichtet führen zu können. Insbesondere in Gruppengesprächen kommt es auf eine gut durchdachte Struktur an. Während Sie im Einzelgespräch unvorhergesehene Wendungen meist noch gut wieder korrigieren können, kann es überaus schwierig werden, ein Gruppengespräch, das vom ursprünglichen Ziel abkommt, auf die gewünschte Bahn zurückzulenken. Zudem ist die Gefahr, dass sich Gruppengespräche auf Nebenschauplätze verlagern, weitaus größer als bei Vieraugengesprächen.

In Gruppengesprächen besteht das erhöhte Risiko, dass sich endlose Diskussionen entwickeln und dass nebensächliche Aspekte plötzlich in den Vordergrund geraten, während die wichtigen Punkte nur noch zerredet werden. In solchen Fällen ist ein entschlossenes Eingreifen erforderlich, weil das Gespräch andernfalls völlig entgleitet und so nicht mehr zum Ziel führen kann. Doch selbst wenn das Gespräch nah am Thema bleibt, beanspruchen Gruppengespräche meist mehr Zeit als Einzelgespräche. Wo mehrere Menschen aufeinandertreffen, stehen immer auch mehrere Meinungen zur Debatte. Und je weiter Sie sich vom Wesentlichen entfernen, desto mehr vergrößert sich nur das Durcheinander unterschiedlicher Meinungen.

Auf offener Bühne oder unter vier Augen?

Nicht alle Themen eignen sich für ein Gespräch vor versammelter Mannschaft. Deshalb kann es ratsam sein, schon im Vorfeld eines Gruppengesprächs oder auch danach zusätzlich ein Vieraugengespräch zu führen – beispielsweise dann, wenn zwischen zwei Personen bekanntermaßen sehr kontroverse Meinungen bestehen. Einen solchen Dissens dann auf offener Bühne auszutragen, trägt meist wenig zur Klärung bei, sondern zieht im Gegenteil auch Unbeteiligte mit in die Kontroverse hinein, obwohl sie doch letztlich etwas völlig anderes besprechen wollten. Hält man die Öffentlichkeit aus solchen Gesprächen heraus, verschafft das den Beteiligten einen größeren Freiraum. Unter vier Augen können sie offen miteinander sprechen, ohne dabei von etlichen Zuschauern beobachtet zu werden. Das nimmt beiden den Druck, Positionen zu vehement zu verteidigen und sich nach außen darzustellen.

Wo also sehr vertrauliche, delikate oder besonders kontroverse Themen zu besprechen sind, wird es eher zu einer Lösung kommen, wenn ein solches Gespräch nicht in einer Gruppe, sondern unter vier Augen stattfindet. In den meisten Fällen wird auch der Gesprächspartner dieses Angebot dankbar annehmen.

Hohe Anforderungen an die Argumentation

Gerade weil in Gruppengesprächen mehrere Meinungen aufeinandertreffen, kommt es darauf an, mit den eigenen Argumenten nicht leichtfertig umzugehen. Wenn Sie ein schwaches Argument in die Runde werfen, wird sich schnell jemand berufen fühlen, dieses Argument zu zerlegen. Auch Argumente, von denen anzunehmen ist, dass sie zu Kontroversen innerhalb der Gruppe führen könnten, sind echter Sprengstoff für das Gespräch. Bevor Sie also Ihre Argumente verwenden, sollten Sie sorgfältig abwägen, ob diese auch tatsächlich nützlich sind oder ob Sie vielleicht nur »schlafende Hunde« wecken.

Wir alle wissen, wie schwierig es mitunter sein kann, von einer einzelnen Person eine klare Entscheidung zu erhalten. Weil in einer Gruppe unterschiedliche Interessenlagen aufeinandertreffen, ist eine Entscheidungsfindung oft noch ungleich schwieriger. Und hat sich erst einmal eine Kontroverse innerhalb der Gruppe entzündet, sitzt man schnell zwischen den Stühlen. Sobald Sie Partei ergreifen, stellen Sie sich damit immer gegen einen Teil der Gruppe. Sie unterstützen so zwar eine Person, jedoch zu dem Preis, dass Sie andere unter Umständen gegen sich aufbringen. Geben Sie in solchen Fällen möglichst keine wertenden Stellungnahmen ab. Verstehen Sie sich selbst ganz nach Diplomatenart eher als objektiver Berater. Aus dieser Perspektive können Sie gemeinsam mit der Gruppe die möglichen Lösungswege abwägen. Stellen Sie ganz sachlich das Für und Wider gegenüber, ohne sich dabei selbst auf eine Position festzulegen. In den meisten Fällen wird die Gruppe einen tragfähigen Konsens finden und Sie brauchen sich nicht zwischen den unterschiedlichen Meinungen aufzureiben.

Auch die eigene Argumentation muss auf die Gruppe abgestimmt werden.

Hier einige Tipps für die Argumentation in Gruppengesprächen:

- Verwenden Sie vorzugsweise Argumente, von denen Sie annehmen können, dass sie auf allgemeine Zustimmung treffen. Gehen Sie dabei von gemeinsamen Wünschen und Interessen des Kollektivs aus.

- Zeigen Sie Vorteile, die möglichst von der gesamten Gruppe als solche anerkannt werden.

- Bedenken Sie, dass der Wissensstand und das Fachwissen in Gruppen meist unterschiedlich ausgeprägt sind. Nutzen Sie daher bevorzugt Formulierungen, die von der gesamten Gruppe verstanden werden (vor allem, wenn fachspezifische Aspekte zur Sprache kommen).

- Versuchen Sie nicht, Argumente durchzuboxen, die bei Entscheidungsträgern der Gruppe auf deutliche Ablehnung stoßen.

- Denken Sie daran, dass Sie eine möglichst breite Zustimmung suchen. Es hilft Ihnen nicht viel, wenn Sie eine Person überzeugen (die womöglich über keine Entscheidungskompetenz verfügt), während andere Teilnehmer ablehnend reagieren.

- Optimal sind Argumente, die einen mehrfachen Vorteil bieten.

Damit Sie wissen, ob Ihre Argumente »zünden«, ist es wichtig, das Verhalten der Gesprächspartner genau zu beobachten und nach Signalen der Zustimmung (Lächeln, Blickkontakt, Kopfnicken) und auch der Ablehnung (verschränkte Arme, Stirn in Falten legen) zu suchen. So erhalten Sie wichtige Hinweise, ob es hilfreich ist, ein Argument weiter auszubauen, oder ob Sie lieber eine andere Richtung einschlagen sollten. In Gruppengesprächen haben wir es zwar mit einer Gruppe, jedoch gleichzeitig mit mehreren Individuen zu tun. Wenn Sie Signale erhalten, die Ihnen zeigen, dass Sie Verbündete gewonnen haben, sind Sie auf dem richtigen Weg. Es kann niemals schaden, einzelne Personen aus der Gruppe auf der eigenen Seite zu wissen. Treffen Sie bei einer Person auf volle Zustimmung, werden sich die anderen nur selten ablehnend verhalten. Zuweilen kann auf diese Weise sogar eine echte Kettenreaktion ausgelöst werden, wenn ein Verbündeter Ihre Argumentation aufgreift und in Ihrem Sinne weiterführt. Das kann Ihnen Ihre Überzeugungsarbeit erheblich erleichtern.

Verbündete helfen dabei, in der Gruppe Zustimmung für die eigenen Argumente zu erreichen.

Es ist allerdings auch wichtig, die Aufnahmekapazität der Teilnehmer nicht überzustrapazieren. Gruppengespräche sind für alle Beteiligten sehr anstrengend. Die Konzentration lässt zwangsläufig irgendwann nach. Gerade Gruppengespräche sollten daher nicht unnötig in die Länge gezogen werden. Manchmal ist es besser, eine Pause einzulegen oder das Gespräch zu vertagen, statt auf Biegen und Brechen zu einer Entscheidung kommen zu wollen. Schließlich wird bei nachlassender Aufmerksamkeit die Überzeugungskraft auch der besten Argumente nachlassen. Wir machen, um nur endlich zu einem Ergebnis zu kommen, vielleicht Zugeständnisse, die wir ursprünglich nicht machen wollten.

Allerdings kommt kein Gruppengespräch ohne Zugeständnisse aus. Wo die Interessen vieler gewahrt werden sollen, ist es nicht möglich, es jedem Einzelnen hundertprozentig recht zu machen. Zeigen Sie sich daher grundsätzlich kompromissbereit. Überlegen Sie jedoch schon vor dem Gespräch, welche Zugeständnisse für Sie noch akzeptabel sind und welche nicht. Gruppengespräche werden nur dann zu einem guten Ergebnis führen, wenn alle Beteiligten den Blick für das Ganze bewahren. Falls es während des Gesprächs zu festgefahrenen Situationen kommt, liegt es meist daran, dass einzelne Gesprächspartner nicht über ihren Schatten springen können oder wollen. In diesen Fällen hilft eine Erinnerung daran, dass es in einem Gruppengespräch eben nicht primär um singuläre Interessen, sondern um das Wohl der Gemeinschaft geht.

22. Mit kleinen Gesten die Beziehung pflegen

Zum Abschluss des Buches möchte ich noch über etwas sprechen, das im Alltag oft ein wenig vernachlässigt wird, obwohl es ein wohltuender Balsam für jede Beziehung ist und keinen großen Aufwand erfordert: Es sind die kleinen Gesten der Aufmerksamkeit und Wertschätzung. Wenn der Partner Ihnen vor einem wichtigen Termin eine »Du schaffst das!«-SMS schreibt oder Ihnen von einem Betriebsausflug ein kleines Souvenir mitbringt, wenn er Ihnen die schwere Tasche aus der Hand nimmt und die Treppe hochträgt, dann wissen Sie: Mein Partner denkt an mich, ich bin ihm wichtig, er will mir Gutes tun. Doch die Gelegenheit für solche kleinen Aufmerksamkeiten gibt es nicht nur in der privaten Partnerschaft, sondern letztlich in jeder Art von Beziehung – mit den gleichen positiven Effekten. Jede Beziehung profitiert davon, wenn die Beteiligten einander ihre Wertschätzung zeigen und die Bedürfnisse und Wünsche des jeweils anderen kennen und darauf eingehen. Das stärkt die Bindung zueinander, gibt Sicherheit und schafft Vertrauen. Und oft sind es nicht die dramatischen Treueschwüre oder die teuren, großen Geschenke, die den größten Eindruck hinterlassen, sondern die unspektakulären Kleinigkeiten, die das alltägliche Miteinander versüßen.

Diplomaten beherrschen diese Kunst der kleinen Gesten mühelos. Es fällt ihnen nicht schwer, sich selbst auch einmal zurückzunehmen, um den anderen gut dastehen zu lassen, ihm Aufmerksamkeit zu schenken oder den Vortritt zu gewähren. So müssen sie zum Beispiel nicht bei jeder Gesprächsrunde den Ton angeben. Wenn sie spüren, dass einer der Anwesenden gerade mit Begeisterung über sein Steckenpferd spricht, halten sie sich selbst gern ein bisschen zurück, um ihm den Raum zu geben, mit seinem Wissen und seiner Begeisterungsfähigkeit zu glänzen. Oder wenn sie wissen, dass ihr Gegenüber große Freude daran hat, kleine Anekdoten aus seiner Jugend zum Besten zu geben, dann fragen sie ihn an passender Stelle danach oder liefern ihm im Gespräch eine geeignete Vorlage. Selbst wenn derjenige nicht bemerkt, dass ihm hier absichtlich eine Gelegenheit für eine kleine Geschichte geschaffen wurde, wird er mit Sicherheit das Interesse an seinem Leben und seiner Person genießen.

Es gibt viele Möglichkeiten für kleine Aufmerksamkeiten, die sich sowohl in privaten als auch in beruflichen Beziehungen leicht umsetzen lassen. Hier einige Beispiele dafür:

- Der Klassiker und überhaupt nicht altmodisch: Wer Geburtstage, Jubiläen und andere Festtage mit einem Glückwunsch honoriert, macht dem Beglückwünschten immer eine Freude – auch ohne geldwertes Geschenk.

- Ebenso klassisch und zeitlos: Das aufrichtige Kompliment wird immer gern gehört.

- Es geht ganz einfach: Einen nützlichen Link weiterleiten, den unbemerkt vom Stuhl gerutschten Schal aufheben, mit etwas Kleingeld aushelfen, die Fahrstuhltür offen halten, von der Post ein paar Briefmarken mitbringen – kleine Hilfestellungen oder Gefälligkeiten kosten keine große Mühe und zeigen dem anderen: Ich tue dir gern einen Gefallen, weil du mir wichtig bist.

- Mit Fingerspitzengefühl: Über einen kleinen Fehler, den der Verursacher selbst direkt bemerkt, kann man ruhig einmal hinwegsehen, statt extra darauf herumzureiten. Und auch bei kleineren

Missgeschicken oder Fehlversuchen sind manchmal Nachsicht und Geduld sinnvoller als Belehrungen und eine ausführliche Fehleranalyse. Doch dafür ist Fingerspitzengefühl gefragt. Es ist ein schmaler Grat zwischen Großzügigkeit und Gönnerhaftigkeit, die immer etwas Überhebliches hat.

- Im richtigen Moment: Ist der andere beispielsweise einem Irrtum aufgesessen, muss man das nicht unbedingt vor Dritten richtigstellen und ihn so vielleicht in Verlegenheit bringen. Besser ist es, die Gelegenheit für eine kurze Bemerkung unter vier Augen abzuwarten.

- Es ist schon schwer genug: Wer merkt, dass der andere ein heikles Gespräch beginnen will, tut ihm einen großen Gefallen, wenn er es seinem Gegenüber möglichst leicht macht, mit der Sprache herauszurücken.

- Über den eigenen Schatten springen: Manchmal bestehen nach langer Funkstille auf beiden Seiten Hemmungen, den Kontakt zu einem Bekannten wieder aufzunehmen. Wer dann den ersten Schritt unternimmt, um die Bekanntschaft wieder aufleben zu lassen, zeigt deutlich, dass ihm viel an dem anderen liegt.

- Ohne Neid: Die Leistung des anderen anerkennen, sich mit ihm freuen und seinen Triumph zelebrieren – deutlicher kann man kaum sagen: Ich finde dich gut und schätze, was du tust.

- Wenn einem Gutes widerfährt: Kommt man in den Genuss einer kleinen Aufmerksamkeit, zeigt ein aufrichtiges Dankeschön, dass man diese Aufmerksamkeit bemerkt hat und zu schätzen weiß.

Wer aufmerksam durchs Leben geht und seinen Mitmenschen offen und mit Interesse begegnet, wird im Alltag viele solcher Gelegenheiten finden, um anderen eine Freude zu machen und Wertschätzung oder Zuneigung zu zeigen. Doch auch hier ist natürlich das richtige Maß gefragt. Der Bogen ist schnell überspannt, wenn man sich selbst und die eigenen Anliegen stets und ständig zurücknimmt oder die Gefälligkeiten zu Anbiederungen werden. Dann kann der Verdacht aufkommen, dass ein manipulativer Zweck hinter diesen Aufmerksamkeiten verborgen ist oder eine Gegenleistung erpresst werden soll. Statt die Beziehung zu stärken, entstünden dann Misstrauen und Argwohn. Die kleinen Aufmerksamkeiten sollten daher – auch wenn das etwas kitschig klingt – von Herzen kommen.

Schlusswort

Sie haben gesehen: Die Kunst der Diplomatie hat viele Gesichter. Sie ist alltagstauglich, hat im Geschäftsleben einen festen Platz, hilft Ihnen dabei, private wie berufliche Beziehungen zu stärken, unterstützt Sie in Verhandlungen, Auseinandersetzungen und Konflikten und versetzt Sie in die Lage, sich durchzusetzen, ohne die Beziehung zum Gegenüber negativ zu beeinflussen. Diplomatie ist ein echter Allrounder, von dem Sie – und Ihre Mitmenschen! – in allen Lebenslagen profitieren können. Es lohnt sich also, das eigene diplomatische Geschick zu trainieren und auszubauen. So stärken Sie Ihre Persönlichkeit, führen gute Beziehungen und können Ihre Ziele verwirklichen.

Nutzen Sie dieses Buch als Anstoß, der den Stein ins Rollen bringt. Sie kennen jetzt die wichtigsten Wegmarken, die Ihnen die Richtung weisen, und die drängendsten Fragen, die Sie für sich selbst beantworten müssen. Sie wissen, worin die Kunst der Diplomatie besteht und wie Sie Ihnen hilft, beruflich und privat mehr zu erreichen. Nutzen Sie dieses Wissen! Auch wenn sich nicht alles von heute auf morgen umsetzen lässt, so lassen sich doch die grundlegenden Prinzipien der Diplomatie direkt in den alltäglichen Umgang mit Menschen, Situationen und Beziehungen integrieren. Und oft kostet es nicht mehr als eine kleine Geste.

Sie werden sehen, wie schnell Ihre Bemühungen Früchte tragen. Denn ein besonders erfreulicher Aspekt an der Kunst der Diplomatie ist, dass sie auch auf die Menschen in Ihrer Umgebung wirkt. Als

Folge Ihrer diplomatischen Herangehensweise wird sich auch das Verhalten Ihrer Mitmenschen in Gesprächen, Auseinandersetzungen, Verhandlungen oder heiklen Situationen positiv verändern. Dann wird das Miteinander insgesamt harmonischer, die Gespräche verlaufen erfolgreicher und die Beziehungen werden stärker.

Mit Diplomatie zum Ziel habe ich zur Maxime meiner Lebensführung gemacht. Und ich wünsche Ihnen, dass auch Sie so großartige Erfahrungen damit machen wie ich.

Ihr Stéphane Etrillard

Literaturverzeichnis

Alain: Die Pflicht, glücklich zu sein. Frankfurt am Main: Suhrkamp, 1982

Aristoteles: Rhetorik. München: Fink, 1995

Benien, Karl: Schwierige Gespräche führen. Modelle für Beratungs-, Kritik- und Konfliktgespräche im Berufsalltag. Hamburg: Rowohlt, 2005

Blickle, Gerhard; Witzki, Alexander H.; Schneider, Paula B.: Mentoring Support and Power: A Three Year Predictive Field Study on Protégé Networking and Career Success. Journal of Vocational Behavior, 74 / 2009, S. 181–189

Breuer, Jochen Peter; Frot, Pierre: Das emotionale Unternehmen. Wiesbaden: Gabler, 2010

Brüggemeier, Beate: Wertschätzende Kommunikation im Business. Wer sich öffnet, kommt weiter. Paderborn: Junfermann, 2011

Christakis, Nicholas A.; Fowler, James H.: Connected! Die Macht sozialer Netzwerke und warum Glück ansteckend ist. Frankfurt am Main: S. Fischer, 2010

Cowden, Patrick D.: Mein Boss, die Memme. Was läuft schief in deutschen Chefetagen? Berlin: Ullstein, 2012

Etrillard, Stéphane: Charisma. Einfach besser ankommen. 55 Fragen und Antworten zum Mythos Charisma. Von grauen Mäusen und echten Persönlichkeiten. Paderborn: Junfermann, 2010

Etrillard, Stéphane: Gesprächsrhetorik. Souverän agieren – überzeugend argumentieren. Göttingen: BusinessVillage, 2005

Etrillard, Stéphane: Prinzip Souveränität. Als souveräne Persönlichkeit sicher entscheiden und handeln. Paderborn: Junfermann, 2006

Etrillard, Stéphane: Selbst-PR für Verkäufer. Wiesbaden: Gabler, 2005

Etrillard, Stéphane; Marx-Ruhland, Doris: Erfolgreich führen durch gelungene Kommunikation: Die sieben Grundregeln für perfekte Gesprächsführung. Göttingen: BusinessVillage, 2005

Fisher, Roger; Brown, Scott: Gute Beziehungen. Die Kunst der Konfliktvermeidung, Konfliktlösung und Kooperation. München: Heyne, 1989

Fisher, Roger; Ury, William; Patton, Bruce: Das Harvard-Konzept. Der Klassiker der Verhandlungstechnik. Frankfurt am Main: Campus, 2004

Glasl, Friedrich: Konfliktmanagement. Ein Handbuch für Führungskräfte, Beraterinnen und Berater. Stuttgart: Freies Geistesleben, 2011

Goleman, Daniel: Emotionale Intelligenz. München: dtv, 2004

Gordon, Thomas: Managerkonferenz. München: Heyne, 2005

Hartig, Willfried: Moderne Rhetorik und Dialogik. Heidelberg: Sauer, 1993

Hugo-Becker, Annegret; Becker, Henning: Psychologisches Konfliktmanagement. München: dtv, 2004

Kellner, Hedwig: Rhetorik: Hart verhandeln – erfolgreich argumentieren. München: Hanser, 1999

Lindemann, Gabriele; Heim, Vera: Erfolgsfaktor Menschlichkeit. Wertschätzend führen – wirksam kommunizieren. Paderborn: Junfermann, 2011

Löhken, Sylvia: Leise Menschen – starke Wirkung. Wie Sie Präsenz zeigen und Gehör finden. Offenbach: GABAL, 2012

Naumann, Frank: Die Kunst der Diplomatie. Zwanzig Gesetze für sanfte Sieger. Hamburg: Rowohlt, 2008

Niermeyer, Rainer: Mythos Authentizität. Die Kunst, die richtigen Führungsrollen zu spielen. Frankfurt am Main: Campus, 2010

Patterson, Kerry (u.a.): Heikle Gespräche. Worauf es ankommt, wenn viel auf dem Spiel steht. Wien: Linde, 2012

Rausch, Marcel; Stürmer, Oskar: Die Wahrheit über Kompetenzen. Das Zukunfts-Gen im 21. Jahrhundert? Deggendorf: Ebner, 2011

Rogers, Carl R.: Der neue Mensch. Stuttgart: Klett-Cotta, 2007

Rosenberg, Marshall B.: Gewaltfreie Kommunikation: Aufrichtig und einfühlsam miteinander sprechen. Paderborn: Junfermann, 2001

Schulz von Thun, Friedemann: Miteinander reden. Reinbek bei Hamburg: Rowohlt-Taschenbuch-Verlag, 2001 (Band I bis III)

Schwarz, Gerhard: Konfliktmanagement. Konflikte erkennen, analysieren, lösen. Wiesbaden: Gabler, 2005

Ueding, Gert: Grundriss der Rhetorik. Stuttgart: Metzler, 1994

Ueding, Gert: Klassische Rhetorik. München: C.H. Beck, 2000

Ueding, Gert: Moderne Rhetorik. München: C.H. Beck, 2000

Weisbach, Christian-Rainer: Professionelle Gesprächsführung. München: dtv, 2003

Register

Über den Autor

Stéphane Etrillard: Er inspiriert die Besten

Stéphane Etrillard ist internationaler Keynote Speaker und zählt zu den meistgefragten und besthonorierten Top-Wirtschaftstrainern im deutschsprachigen Raum. Der mehrsprachige Vortragsredner gilt als führender europäischer Experte für »persönliche Souveränität«.

Stéphane Etrillard, Kosmopolit französischen Ursprungs, lebt in der Kulturmetropole Berlin. In seiner Freizeit beschäftigt er sich leidenschaftlich mit Philosophie, Literatur und Klaviermusik und lernt mit großer Begeisterung das Klavierspielen. Sein einzigartiges Know-how ist in den letzten 18 Jahren in der Beobachtung und Begleitung von mehreren Tausend Führungs- und Nachwuchskräften aus unterschiedlichsten Branchen entstanden. Zudem wurde er als Ausnahmepersönlichkeit unter die Top 100 Speakers aufgenommen.

Mit seinen Privatissima im Bereich Rhetorik, Dialektik und Körpersprache sowie Selbst-PR verhilft er seinen Kunden zu mehr Souveränität in allen Lebenslagen. Er steht einigen der angesehensten Familien Europas als Privatcoach mit Rat und Tat zur Seite. Zu seinen Klienten zählen Manager aus Top-Unternehmen, mittelständische Unternehmer und Politiker sowie viele Menschen, die sich bei ihm neue Impulse holen, um ihre Kommunikation noch souveräner und ihr Leben erfolgreicher zu gestalten.

Durch zahlreiche Vorträge und Publikationen ist er einem breiten Publikum bekannt geworden. Er ist Autor von über 40 Büchern und Audio-Coaching-Programmen, die zu den Business-Topsellern zählen. Täglich lesen über 30 000 Menschen seine Coaching-Impulse in den sozialen Netzwerken.

Kontakt:

E-Mail: info@etrillard.com
www.etrillard.com
www.mastermind-coaching.de